Hans-Martin Schönherr-Mann

Auf der Spur des verlorenen Gottes

W0236790

HERDER spektrum

Band 5351

Das Buch

„Nur noch ein Gott kann uns retten" – dieser berühmt gewordene Satz Martin Heideggers weist das 20. Jahrhundert als Zeit der Krise aus: Einerseits haben viele Millionen Menschen unter Kriegen, Massenvernichtung, Natur- und Umweltkatastrophen furchtbar gelitten, andererseits fühlen sich viele Menschen in der westlichen Welt trotz ihres enormen Wohlstands haltlos und unglücklich. Als Symptome der Krise erscheinen Nihilismus, Wertezerfall und Sinnverlust. Während sich das Göttliche entzieht, haben sich diverse Ersatzreligionen ausgebreitet, so vor allem der Glaube an Technik, Fortschritt und Wissenschaft. Was aber sind die Wege aus dieser Krise? Wie kann ein postmoderner Glaube aussehen, nachdem die Religionen ihre Verbindlichkeit verloren haben? Welche neuen moralischen Maßstäbe brauchen wir? Ausgehend von Kierkegaard und Nietzsche werden zwölf der maßgeblichen religionsphilosophischen Denker des 20. Jahrhunderts vorgestellt, u. a. Max Weber, Ludwig Wittgenstein, Karl Jaspers, Martin Heidegger, Hans Jonas und Emmanuel Lévinas.

Dabei geht es um die Frage, worin die Bedeutung und Aktualität der Religion 100 Jahre nach Nietzsches Satz, Gott sei tot, für die heutigen Menschen besteht. Die Denker, die Hans-Martin Schönherr-Mann porträtiert, geben darauf ganz verschiedene Antworten. Die vielleicht schönste stammt von Ludwig Wittgenstein: „Die Religion ist sozusagen der tiefste ruhige Meeresgrund, der ruhig bleibt, wie hoch auch die Wellen oben gehen."

Der Autor

Hans-Martin Schönherr-Mann ist Professor für Politische Philosophie an der Ludwig-Maximilians-Universität, München. Essayist u. a. im Nachtstudio des Bayerischen Rundfunks, Südwestrundfunk, Sender Freies Berlin, Hessischen Rundfunk, Deutschlandfunk. Zahlreiche Veröffentlichungen.

Hans-Martin Schönherr-Mann

Auf der Spur des verlorenen Gottes

Die großen Religionsphilosophen
im 20. Jahrhundert

HERDER

FREIBURG · BASEL · WIEN

Für Irmi

Gedruckt auf umweltfreundlichem,
chlorfrei gebleichtem Papier

Originalausgabe

Alle Rechte vorbehalten – Printed in Germany
© Verlag Herder Freiburg im Breisgau 2003
www.herder.de
Satz: Barbara Herrmann
Druck und Bindung: fgb · freiburger graphische betriebe 2003
www.fgb.de
Umschlaggestaltung und Konzeption:
R·M·E München / Roland Eschlbeck, Liana Tuchel
Umschlagmotiv: Antoni Tàpies: Die Leiter (L'escala) 1974.
Farbe und Marmorstaub auf Holz.
© Fundació Antoni Tàpies, Barcelona / VG Bild-Kunst, Bonn 2003
ISBN 3-451-05351-9

Inhalt

Vorwort

Seit dem Tod des Sokrates, der von den Athenern der Einführung neuer Götter bezichtigt wurde, prägt das Verhältnis von Philosophie und Religion eine nachhaltige Spannung. Diese erhöht sich eminent im 17. Jahrhundert durch die Entstehung der neuzeitlichen Naturwissenschaften, die seither zusammen mit der modernen Technik das Denken der Menschen beherrschen. Nicht nur, daß sich dadurch die Welt nachhaltig verändert – das moderne wissenschaftlich-technische Denken mischt sich vielmehr in Bereiche ein, die früher die Religion dominierte: primär natürlich das Welt- und Menschenbild und daran anschließend Fragen der Ethik, der Lebensführung, der Politik und der Gesellschaft.

Auf den damit verbundenen Bedeutungsverlust des Religiösen reagieren nicht allein Theologien, Kirchen oder gläubige Menschen. Auch die Philosophie selbst sucht nach Wegen, die über die weiter aufreißende Kluft wieder hinüberführen könnten. Viele herausragende Denker des 20. Jahrhunderts erweisen sich gerade nicht als Gegner der Religion. Vielmehr suchen sie nach einer Vermittlung zwischen der modernen Welt und der Religion.

Solchen philosophischen Bemühungen möchte ich im vorliegenden Text nachspüren. Vieles wäre darüber auch aus theologischer oder religionswissenschaftlicher Perspektive zu sagen, aber das würde den Rahmen dieses Buches sprengen. Deswegen gehe ich auf theologische Ansätze, der übermächtigen Moderne zu widerstreiten, nur am Rande und gelegentlich ein. Mich interessiert vielmehr, daß in der Philosophie des 20. Jahrhunderts die Religion zwar weitgehend nur eine kleine Nebenrolle spielt, daß aber der alte Gegensatz zwischen moderner Wissenschaft und Theologie oder gar Atheismus und Theismus längst verblaßt ist.

Außerdem ist an die Stelle der einstigen rationalistischen und wissenschaftlichen Gewißheiten die Einsicht getreten, daß der technologische Fortschritt keine Gewähr für eine humanere Welt bietet. Im Gegenteil: Er diente Rassenwahn, Völkermord, atomarer Bedrohung und treibt die Menschheit zur totalen Ausbeutung des Planeten an. In dieser Situation könnte die Religion auf die Krisen der modernen Welt beruhigend und heilend einwirken.

Es darf also nicht verwundern, wenn sich als roter Faden durch den vorliegenden Text die wissenschaftlichen und technologischen Herausforderungen erweisen – mit ihrem jeweiligen Potential an sozialen, politischen und ökologischen Bedrohungen. Sie haben die Religion seit etwa drei Jahrhunderten vor schwierige Fragen gestellt. Wie die Religion darauf heute antworten kann, damit beschäftigt sich die Religionsphilosophie im 20. Jahrhundert. Sie verfolgt dabei weniger innerreligiöse Probleme, z. B. die Rolle spiritueller Bedürfnisse heute, Fragen der Ökumene oder des interreligiösen Dialogs – aber eben durchaus die Chancen der Religion im Zeitalter der Globalisierung.

Mit der Auswahl im vorliegenden Buch möchte ich dabei zeigen, daß sich gerade die spannendsten Philosophen des 20. Jahrhunderts gegenüber religiösen Fragen öffnen: Sie vertreten in den zentralen Bereichen der Philosophie – der Sprachphilosophie, der Philosophie der Naturwissenschaften, der politischen Philosophie, der Technikphilosophie, der Ontologie, der Ethik und der Hermeneutik – die fortgeschrittensten Ideen und interessieren sich gleichzeitig für die Religion. Natürlich gibt es noch einige Bereiche der Philosophie, die hier keine Berücksichtigung finden. Das bedauere ich vor allem hinsichtlich der Sozialphilosophie – man denke an die theologischen Implikationen bei Theodor W. Adorno, Walter Benjamin und Ernst Bloch.

Daß hier vornehmlich Philosophen aus dem angelsächsischen, dem deutschen und dem französischen Raum zu Wort kommen, liegt einerseits an diesen Auswahlkriterien. Darin verbirgt sich andererseits natürlich die Unterstellung, daß in diesen Regionen im 20. Jahrhundert die weitreichendsten philosophischen Entwicklungen stattgefunden hätten – und nicht in Spanien, nicht in Italien, nicht in Japan und auch nicht in Rußland. Ich weiß sehr wohl um die Willkürlichkeit solcher Urteile. Aber ein besseres habe ich nicht zu bieten.

Herzlich danken darf ich allen, die dazu beigetragen haben, daß dieses Buch entstand, besonders meiner Frau Irmgard Wennrich, Katrin Wilke, Paul Ricœur, Gerhard Adler, Lukas Trabert und Gianni Vattimo.

Einleitung

Der verlorene Gott als philosophische Herausforderung

Angesichts schrecklicher Katastrophen und eminenter Bedrohungen geht im 20. Jahrhundert die Epoche des überschwenglichen Fortschrittsoptimismus nieder. Immense Hoffnungen, die Welt endlich humaner gestalten zu können, verblassen zusammen mit dem Glauben an die Vernunft, die einige Jahrhunderte lang religiöse Überzeugungen verdrängte und ersetzte. Übrig bleibt ein Pragmatismus, der sich bewußt wird, auf keinen letzten Wahrheiten zu fußen. Zwar setzt sich im 20. Jahrhundert der Atheismus vielerorts häufig militant und gewaltsam durch und unterdrückt die Religionsausübung. Zwar schwindet dadurch bei vielen Menschen die Verbundenheit mit religiösen Traditionen. Doch andererseits eröffnet der verunsicherte Glaube an den fragwürdig gewordenen Vernunftfortschritt auch Chancen zur religiösen Besinnung. Nicht nur, daß sich Gottesvorstellungen doch nicht so einfach widerlegen lassen, wie es sich manche Atheisten einbildeten. Nicht nur, daß man religiöse Gefühle nicht durch schlichte rationale Argumente erledigen kann. Dadurch, daß sich unter den modernen Lebensbedingungen traditionelle und umgreifende Verwurzelungen der Menschen in ihre Umwelten auflösten und diese keinen umfassenden Lebenssinn mehr zu erkennen vermochten, wurden um so mehr spirituelle Bedürfnisse und religiöse Neugier geweckt.

Die großen Religionsphilosophien des 20. Jahrhunderts antworten somit nicht nur auf die großen Krisen der Moderne. Sie fassen nicht nur die spirituellen Sehnsüchte ihrer Zeitgenossen in Worte. Indem die aufklärerischen Erschütterungen der Theologien abebben, eröffnet sich ihnen einerseits die Chance, die Gottessuche wiederaufzunehmen. Andererseits aber schreiten

Wissenschaften und Technologien eher noch schneller weiter. Ihre Erkenntnisse relativieren sich, werden dadurch aber auch nicht einfach aufgehoben. Die zeitgenössische Religionsphilosophie muß sich daher mit der Frage auseinandersetzen, inwieweit der Glaube sich den Ergebnissen der modernen Wissenschaften stellen sollte und inwieweit er womöglich an diese anzuschließen vermag oder ob er in der Lage ist, den Sinn moderner Wissenschaften neu zu durchdenken.

Genausowenig läßt sich die Geschichte vor die Aufklärung zurückdrehen und beispielsweise ein mittelalterlicher theologischer Standpunkt einnehmen. Durch die Krise des Fortschrittsoptimismus kehrt der verlorene Gott nicht eiligst wieder unter die Menschen zurück. Die Religionsphilosophie im 20. Jahrhundert versucht zumeist gar nicht erst, sich am berühmten Verdikt Nietzsches „Gott ist tot" vorbeizumogeln. Ihr bleibt zumeist nichts anderes, als sich auf die Spur des verdrängten Gottes zu begeben. Die Welt mag nicht besonders hoffnungsfroh stimmen. Eine solche Suche muß allerdings – um an ein Wort Max Webers zu erinnern – der Realität in ihr ernstes Antlitz blicken.

1. Nietzsches Diagnose „Gott ist tot"

Nietzsches Wort „Gott ist tot" darf man keinesfalls mit einer atheistischen Erklärung verwechseln. Es bringt vielmehr die geistige und moralische Situation der Zeit auf den Begriff. Ihre wichtigste Formulierung findet sich in *Die fröhliche Wissenschaft*: „Der tolle Mensch sprang mitten unter sie und durchbohrte sie mit seinen Blicken. ,Wohin ist Gott?' rief er, ,ich will es euch sagen! *Wir haben ihn getödtet*, – ihr und ich! Wir Alle sind seine Mörder!'" (FW[1] Nr. 125) Wenn die Menschen Gott ermordet haben, muß er zuvor gelebt haben. Vor allem aber fragt sich, wodurch der Gottesmord den Menschen über-

---

[1] Friedrich NIETZSCHE, Die fröhliche Wissenschaft (1881–82), KSA Bd. 3, München, Berlin, New York 1988 (FW)

haupt gelingen konnte. Was mußten die Menschen unternehmen, um als Gottesmörder in die Geschichte einzugehen? Denn es handelt sich natürlich nicht um die Tat eines einzelnen Attentäters, eines Gottesfeindes, der vielleicht wie Marx die Religion als Ideologie und Opium fürs Volk entlarvt. Die Menschen haben Nietzsche zufolge diese Tat zusammen vollbracht, nämlich in einer längeren Geschichte.

Die Kulturentwicklung begreift Friedrich Nietzsche (1844–1900) durchaus als einen Prozeß der Ausbreitung rationaler Strukturen in allen Lebensbereichen, also in der Wissenschaft, der Technik, der Sittlichkeit und der Religion. Speziell die Aufklärung unterstellt dabei lange eine Einheit von Vernunft, Natur und Geschichte: Die Vernunft befähigt den Menschen, die Natur richtig zu erkennen, so daß er sie technisch perfekt beherrschen kann – so wie er es auch unternimmt, die Gesellschaftsentwicklung zu steuern. Galileo Galilei (1564–1642) glaubte in der Tat, daß das Buch der Natur in mathematischer Schrift geschrieben sei, daß also in ihrem Inneren die Natur durch eine quantitativ berechenbare Struktur zusammengehalten würde. Es verwundert also auch nicht, wenn sich Galilei gegen die Bevormundung durch die Inquisition wehrt und fordert, daß auch die Laien eigenständig die Bibel auslegen dürfen – ein Vorrecht, das der Papst beanspruchte. Denn da sich die mittelalterliche Philosophie immer wieder der Theologie unterwerfen mußte, hoffte man bereits in der Renaissance auf wissenschaftlichen und technischen Fortschritt dadurch, daß sich die Vernunft endlich von theologischer Vorherrschaft emanzipierte. Die Vernunft will nach ihren eigenen Prinzipien die Natur ungestört betrachten.

Nietzsche dagegen vermag diese aufklärerische Einheit von Vernunft und Natur nicht mehr zu erkennen. Wenn sich die Vernunft in ihrem Kern auf Mathematik und Logik stützt, dann entwickelt sie dadurch keine Strukturen, die automatisch mit der Natur übereinstimmen. Vielmehr konstruiert sie sich ihre Begriffe selbst: „Wir operieren mit lauter Dingen, die es nicht giebt, mit Linien, Flächen, Körpern, Atomen, theilbaren Zeiten, theilbaren Räumen (…)" (FW Nr. 112). Der

Erfolg der Vernunft beruht für Nietzsche nicht auf ihrer Wahrheit, nicht auf der Übereinstimmung ihrer Begriffe und Grundsätze mit den Sachverhalten der Natur, sondern darauf, daß sich der Mensch mittels Vernunft in der Natur erfolgreich durchsetzen konnte, daß er mit ihr am besten sein Überleben zu sichern wußte. Hinter der Vernunft steht also der Wille zur Macht, der sich in der Technik realisiert, mit der der moderne Mensch sowohl sich selbst als auch die Natur äußerst effizient beherrscht.

Aber Nietzsche rüttelt nicht nur an der Wahrheit der naturwissenschaftlich-technischen, sondern auch an der ethisch-praktischen Vernunft. Dabei blickt er noch weiter zurück, nämlich bis zu Sokrates, zu den jüdischen Priestern und vor allem zu Christus. Zweifellos ist Nietzsche ein scharfer Kritiker des Christentums. Er wirft ihm die ,Umwertung aller Werte' vor, nämlich die aristokratischen Werte der Vornehmen und Starken aus Ressentiment und Neid durch Werte der Sklaven ersetzt zu haben, die in einem ,Sklavenaufstand in der Moral' das Arme, Schwache, Kranke zum Guten erheben. Dabei realisiert sich keineswegs eine göttliche Vernunft, sondern der Wille zur Macht der Schwachen, der sich in einer langen Geschichte bis heute durchgesetzt hat. Noch in der Aufklärung und in der Sozialbewegung des 19. Jahrhunderts verlängert sich diese Intention. An die Stelle Gottes tritt die Vernunft. Sie soll Ethik und moralische Gesetze jetzt rational begründen. Doch das mißlingt. Seit der Aufklärung, das erkennt Nietzsche, findet sich die Moral genauso wie letzte Ziele und höchste Werte dem Belieben ausgesetzt: „Aber bisher sollte das Moralgesetz *über* dem Belieben stehen: man wollte diess Gesetz sich nicht eigentlich *geben*, sondern es irgendwoher *nehmen* oder irgendwo es *auffinden* oder irgendwoher es *sich befehlen lassen*."[2]

Mit diesen beiden Aspekten läßt sich Nietzsches Wort „Gott ist tot" skizzieren: Einerseits hat sich die wissenschaftliche Vernunft von der Vorherrschaft der Theologie befreit, da-

---

[2] Friedrich NIETZSCHE, Morgenröthe (1880–81), KSA Bd. 3, Nr. 108

mit aber ihre Rückkoppelung an eine göttliche Schöpfung verloren, so daß sich der Mensch plötzlich in einer feindlichen Umwelt wiederfindet, die er zwangsläufig beherrschen muß. Andererseits haben die Menschen gemeinsame höchste ethische Werte verloren, die sie zuvor ebenfalls mit Gott verknüpften – eine Diagnose, an die vor allem Max Weber und Martin Heidegger anschließen werden.

2. Nietzsches Übermensch und der nihilistische Zeitgeist

„Gott ist tot": Die Welt hat ihr Zentrum genauso wie ihre Koordinaten verloren, und zwar sowohl in ethischer wie in naturwissenschaftlicher Hinsicht. „Was thaten wir, als wir diese Erde von ihrer Sonne losketteten? Wohin bewegt sie sich nun? Wohin bewegen wir uns? Fort von allen Sonnen? Stürzen wir nicht fortwährend? Und rückwärts, seitwärts, vorwärts, nach allen Seiten? Giebt es noch ein Oben und ein Unten?" (FW Nr. 125) Hier triumphiert sicherlich kein Atheist. Hier verzweifelt eher – nach Martin Heidegger – ein leidenschaftlich Gott suchender Denker. Denn damit – so eine zentrale Konzeption Nietzsches – droht die ewige Wiederkehr der immer gleichen Sinnlosigkeit, eine Ewigkeit ohne Erlösung, ohne Hoffnung: die unendliche Wiederholung des menschlichen Taumels – eine unerträgliche Vorstellung.

Friedrich Nietzsche umschreibt derart die nihilistische Situation, in der sich seine Zeitgenossen wiederfinden. Sie haben keine festen Orientierungen und keine obersten ethischen Werte mehr. Sie ergehen sich vielmehr in einem vergnügungssüchtigen und erlebnishungrigen Materialismus, der den Zeitgeist bestimmt. In seiner Zarathustra-Dichtung spricht Nietzsche denn auch vom zu verachtenden ‚letzten Menschen', der in der Welt dominiert. Er hat vielleicht zum eigentlichen Gottesmord im Zuge der Aufklärung weniger beigetragen, sondern mehr zu dessen Verdrängung aus dem öffentlichen Bewußtsein. Insofern bleibt er doch mitverantwortlich für den Tod Gottes. Genau an diese nihilistische Situation aber schließen die Religionsphilosophien des 20. Jahrhunderts denn auch gezwungenermaßen an: an die Situation, in der ein massiver Verlust traditioneller ethischer Werte stattfindet, in der ein kalter naturwissenschaftlicher Geist der Abstraktion herrscht, der der Spiritualität keinen Platz mehr läßt, in der sich monotone Lebensformen der Industriegesellschaft ausbreiten, in der die Menschen diversen ideologischen oder materialistischen Götzen verfallen.

Nietzsches Antwort auf dieses nihilistische Bewußtsein seiner Zeitgenossen heißt denn auch nicht schlichte Lebensbejahung, die er vor allem beim Christentum vermißt. Gleichwohl ist seiner Konzeption des Willens zur Macht ein lebensbejahender Vitalismus zu eigen, an welchen vor allem Henri Bergson und indirekt – von diesem beeinflußt – William James und Alfred North Whitehead anschließen werden. Nietzsche folgt seinen Zeitgenossen jedoch nicht in deren schnellebigen Materialismus hinein. Auch kehrt er nicht einfach zu den aristokratischen Werten der griechischen Klassik zurück. Doch er bedauert deren Niedergang genauso wie den Untergang der von ihm so benannten Volksgötter, die noch nicht dem guten christlichen Gott entsprachen und ein eher harsches Regiment führten. „Ein Volk, das noch an sich selbst glaubt, hat auch noch seinen eignen Gott."[3] Doch seine Antwort auf die nihilistische Situation der Zeit besteht trotzdem nicht alleine in einer grundsätzlichen Orientierung an einer elitären Ethik der Vornehmen und Stolzen.

Ein solches Ethos bedarf natürlich einer Perspektive. Der zweite Teil von Nietzsches Antwort entwickelt daher die Konzeption des Übermenschen, der den Gedanken an den Tod Gottes nicht mehr – so wie die Zeitgenossen es tun – nihilistisch verdrängt, sondern der lernt, im Schatten dieser Katastrophe, der nun ewigen Wiederkehr des Gleichen, zu leben. Wenn Gott tot ist, wenn es keinen jenseitigen Sinn des Lebens mehr gibt, dann lernt der Übermensch sich mit einem rein diesseitigen Sinn einzurichten, der sich allerdings mehr auf

---

[3] Friedrich NIETZSCHE, Der Antichrist (1888), KSA Bd. 6, Nr. 16

den Geist als auf das bloß Materielle konzentriert. So verkündet denn Zarathustra den Übermenschen: „Ich will die Menschen den Sinn ihres Seins lehren: welcher ist der Übermensch, der Blitz aus der dunklen Wolke Mensch."[4] Der Übermensch erträgt die Situation der fehlenden Koordinaten der Wirklichkeit, des Mangels oberster ethischer Werte, ohne dem Nihilismus zu verfallen. Er strebt trotzdem nach einem hohen geistigen Ethos, von dem er weiß, daß er es eher in der Dichtung oder in der herrlichen Natur des Engadin finden wird als in der Wissenschaft – eine Bewegung, die vor allem Martin Heidegger nachvollziehen wird. Angesichts des verlorenen Gottes entwirft Nietzsches Gedicht *Sils-Maria* die metaphysische Sehnsucht nach geistigem Lebenssinn:

> „Hier sass ich, wartend, wartend, – doch auf Nichts,
> Jenseits von Gut und Böse, bald des Lichts
> Geniessend, bald des Schattens, ganz nur Spiel,
> Ganz See, ganz Mittag, ganz Zeit ohne Ziel.
> Da, plötzlich, Freundin! wurde Eins zu Zwei –
> – Und Zarathustra gieng an mir vorbei ..." (FW Nr. 649)

3. Kierkegaards Verteidigung der individuellen Existenz

Die Situation, daß die Wissenschaften die Welt objektivieren, d. h. vom individuellen Leben absehen, und daß dabei auch das Christentum verblaßt, daß die Menschen Orientierungsschwierigkeiten bekommen, daß sie sich in Oberflächlichkeiten flüchten – eine solche Gegenwartsanalyse formulierte vor Nietzsche bereits der dänische Philosoph Sören Kierkegaard (1813–1855). In seinem frühen Hauptwerk *Entweder/Oder* stellt er fest: „Laß andre darüber klagen, daß die Zeit böse sei; ich klage darüber, daß sie jämmerlich ist; denn sie ist ohne Leidenschaft. Die Gedanken der Menschen sind dünn und zer-

---

[4] Friedrich NIETZSCHE, Also sprach Zarathustra (1882–84), KSA Bd. 4, Vorrede Nr. 7

brechlich wie Klöppelspitzenwerk, sie selber bejammerswert wie Spitzenklöpplerinnen." (EO[5] 29)

Vor allem verliert die individuelle Existenz in den entstehenden Massengesellschaften an Bedeutung und verkommt in Banalitäten. Daß dieser Prozeß gar so kraß ausfällt, liegt für Kierkegaard wesentlich am Niedergang des Christentums, das sich zwar immer noch christlich nennt, aber eigentlich seinen Glauben längst verloren hat. Vor allem in den letzten Jahren seines Lebens führte Kierkegaard in Kopenhagen denn auch einen vehementen Kampf gegen die lutherische Kirche, der er vorwarf, vom rechten Weg des Glaubens abgefallen zu sein. „Die Christenheit hat das Christentum abgeschafft, ohne es selber richtig zu merken; folglich muß man, wenn man etwas ausrichten will, versuchen, das Christentum wieder in die Christenheit einzuführen." (EC[6] 34)

Kierkegaards Vater gehörte der Herrnhuter Brüdergemeine an. Ihn beseelte eine tiefe Frömmigkeit, verbunden mit einem extremen Schuld- und Sündenbewußtsein, das aus der protestantischen Erweckungsbewegung des 18. Jahrhunderts stammte. Diese wandte sich gegen die institutionalisierten Kirchen sowie gegen den im 18. Jahrhundert vorherrschenden Vernunftglauben. Die ganze Familie, besonders der Sohn Sören, litt unter der harten Frömmigkeit des Vaters, den selbst schwere Depressionen plagten. Während seines Studiums zwischen 1830 und 1840 wehrte sich Kierkegaard anfänglich massiv gegen die Übermacht des Vaters, bis er sich ihm auch religiös unterwarf. Kurze Zeit darauf starb der Vater. Kierkegaard schloß 1841 sein Theologiestudium ab. Anstatt aber in das Pfarramt einzutreten, löste er seine Verlobung auf und lebte vom kleinen Vermögen, das er vom Vater geerbt hatte. Er starb 1855, kurz nachdem er mittellos geworden war.

Kierkegaards wie Nietzsches Welt beherrschen die Natur-

[5] Sören KIERKEGAARD, Entweder/Oder, Erster Teil (1843), Gesammelte Werke, 1. Abteilung, Düsseldorf, Köln 1956 (EO)
[6] Sören KIERKEGAARD, Einübung im Christentum (1850), Gesammelte Werke, 26. Abteilung, Düsseldorf, Köln 1955 (EC)

wissenschaften, so daß sich der religiöse Glaube nicht mehr selbstverständlich aus der Tradition bzw. den Sitten und Gepflogenheiten heraus ergibt. Die Ordnung der Welt gründet nicht mehr selbstverständlich in Gott. Insofern erleidet auch Kierkegaard bereits die Situation, die Nietzsche mit dem Wort vom Tode Gottes umschreibt – die die Ausgangslage für die Religionsphilosophie im 20. Jahrhundert markiert. Wie kann, wie muß sich der Glaube in einer solchen Situation noch seiner selbst versichern? Diese Grundfrage, die Kierkegaards Werk durchzieht, wendet sich zwangsläufig der individuellen Existenz zu, und zwar aus zwei Gründen: Erstens bleibt für Kierkegaard der Einzelne in seinem Glauben allein. Er schreibt in seinem philosophischen Hauptwerk *Abschließende unwissenschaftliche Nachschrift zu den Philosophischen Brocken*: „Das Bewußtsein von meiner Unsterblichkeit gehört mir ganz allein; gerade in dem Augenblick, wo ich mir meiner Unsterblichkeit bewußt bin, bin ich absolut subjektiv, und ich kann nicht unsterblich werden in Kompanie mit zwei anderen alleinstehenden Herren und der Reihe nach." (AN[7] 164) Zweitens gefährdet die soziale Entwicklung die individuelle Existenz, somit auch den Glauben.

Wenn eher Wissenschaften und Gesellschaft den Menschen prägen als die Religion, dann muß sich Kierkegaard natürlich auch mit jenen Seiten seiner Existenz beschäftigen, die nicht im Glauben gipfeln, ja die sogar als unabhängig vom Glauben erscheinen. Kierkegaard unterscheidet dabei drei Stufen der Existenz: ihre ästhetische Seite, ihre ethische und schließlich als Höhepunkt ihre religiöse. Ästhetisch präsentiert sich die individuelle Existenz, wie sie ist – ohne Rücksicht auf ethische Orientierungen und religiöse Ziele. Ich existiere so, wie ich da bin: äußerlich, sinnlich, folglich ästhetisch. Ich lebe meinen Alltag, „lebe so dahin" und kümmere mich nicht um ethische, religiöse oder wissenschaftliche Fragen. Mich quälen

---

[7] Sören KIERKEGAARD, Abschließende unwissenschaftliche Nachschrift zu den philosophischen Brocken (1846), Erster Teil, 3. Aufl., Gütersloh 1994 (AN)

viele Probleme. Aber ich suche nach keiner Lösung, sondern richte mich in diesem Dilemma ein und versuche bestenfalls, ihm ein kleines, momentanes Glück abzuringen. Diese ästhetische Dimension der Existenz begreift daher auch die Tragweite der Verzweiflung nicht, die die gesamte menschliche Existenz beherrscht. „ (...) und tief, tief drinnen zu allerinnerst in des Glückes heimlicher Verborgenheit, da wohnt auch hier die Angst, welche die Verzweiflung ist."[8] Die ästhetische Lebensweise kann die Existenz nicht verändern. Wenn aber Angst und Verzweiflung die Existenz prägen, dann verlangt das nach Veränderungen und Entscheidungen.

Also muß man tiefer in die Existenz eindringen und in ihre ethische Dimension gelangen: „Das Aesthetische in einem Menschen ist das, dadurch er unmittelbar das ist was er ist; das Ethische ist das, dadurch er das wird was er wird." (EO 190) Die Ethik – so Kierkegaard – setzt sich mit den Widersprüchen des wirklichen Lebens auseinander. Dabei soll sie von der realen Existenz des Einzelnen aber nicht abstrahieren, wie es in den Wissenschaften üblich ist. Sie soll vielmehr die individuelle Existenz so begreifen, daß das Subjekt in deren Widersprüchen zu sich selbst findet.

4. Kierkegaards paradoxe Entscheidung zum Glauben

Geht es in der Ethik nicht wie bei Hegel um die Normen, die der Einzelne als Mitglied einer Gesellschaft zu befolgen hat? Diese Aufgabe stellte die Ethik bisher dem Menschen, nämlich die sittlichen Vorschriften zu befolgen. Zwischenzeitlich hat sich die Lage dramatisch verändert. Wie wird Nietzsche diagnostizieren: Es gibt keine gemeinsamen obersten Werte mehr! Daher zielt für Kierkegaard die Aufgabe der Ethik primär darauf ab, daß sich der Mensch in seiner Existenz selbst erkennt: Die Ethik spielt sich jetzt primär auf der individuellen Ebene

---

[8] Sören KIERKEGAARD, Die Krankheit zum Tode (1849), Gesammelte Werke, 24. u. 25. Abteilung, Düsseldorf, Köln 1957, 21

ab – Kierkegaards Wegweisung für die Ethik im 20. Jahrhundert, die vor allem in der Konzeption von Emmanuel Lévinas gipfeln wird, die aber bereits Jean-Paul Sartre zutiefst prägt, an welchem sich auch Gabriel Marcel und Karl Jaspers reiben.

Wie aber kann es dem Individuum gelingen, nicht bloß vor sich hinzuleben? Wenn der Mensch seine Existenz ethisch gestalten will, dann muß er das ethische Leben wählen. Auf die Wahl kommt es an, daß überhaupt gewählt wird. Wer jedenfalls nicht wählt, der lebt bloß so dahin. Diese Notwendigkeit einer Entscheidung führt der Titel *Entweder/Oder* vor: Entweder man lebt nur ästhetisch, oder man wählt sich ethisch und drückt seine Existenz in dieser Entscheidung aus. Der Augenblick der Entscheidung, das – so Sören Kierkegaard – das ist die Freiheit. Die Freiheit wird nicht wie bei Hegel vom Staat dem Menschen zugebilligt. Sie liegt in der Innerlichkeit des Menschen.

Mit den Begriffen Wahl und Entscheidung weist Kierkegaard nicht zufälligerweise dem Existentialismus wie dem Dezisionismus des 20. Jahrhunderts den Weg. Wenn es keine selbstverständlichen obersten Werte mehr gibt, dann obliegt es dem Einzelnen, sich für bestimmte Werte selber zu entscheiden. Eine solche Wahl erfüllt die Existenz mit Leidenschaft – das 20. Jahrhundert wird von Engagement und Verantwortung sprechen.

Doch das Leiden, die Angst und die Verzweiflung überwindet die ethische Entscheidung letztlich nicht. Immerhin läßt sich ethisch das Leiden individuell aushalten, wenn ich mich entschieden habe und dem dadurch eingeschlagenen Weg unbeirrt von Zweifeln und Verzweiflung folge. Doch indem die Ethik den Einzelnen auf seine individuelle Existenz zurückwirft, isoliert sie ihn wiederum, während er in Staat und Gesellschaft von übergreifenden Systemen beherrscht wird. Beides verschlägt den Einzelnen in eine Einsamkeit, die als großes Thema den Existentialismus wie die Religionsphilosophie im 20. Jahrhundert beherrschen wird.

Nur der Glaube bestärkt für Kierkegaard den Einzelnen innerlich. Doch das zeitgenössische Christentum kümmert sich um diese Problematik gar nicht mehr. Bestenfalls versuchen die Kirchen, dem Christentum ein freundliches und mildes Gesicht zu geben. Gerade darin erschlafft aber der richtige Glaube: „Es ist aus Liebe, daß Gott so will, aber es ist auch Gott der da will, und Gott will was er will. Er will sich nicht umschaffen lassen von den Menschen und ein gar lieber – menschlicher Gott werden: er will umschaffen, die Menschen umschaffen, und das will er aus Liebe." (EC 61)

So eröffnet sich allein in der jüdisch-christlichen Tradition eine Alternative zur verwissenschaftlichten Welt. Die anderen großen Religionen setzen das sittlich Allgemeine mit dem Religiösen gleich, die zusammen das Individuum unterwerfen. Das Christentum jedoch betont die individuelle Existenz. Bereits in seiner frühen Schrift *Furcht und Zittern* diskutiert Kierkegaard diese Thematik am alttestamentarischen Beispiel Abrahams, der auf Gottes Anweisung hin sich bereit findet, seinen Sohn Isaak zu opfern – eine unfaßliche Absicht, unfaßlich aber nur für ein ethisches, nicht für das religiöse Verständnis: Abraham „hat mit seiner Tat das gesamte Ethische überschritten, er hatte ein höheres Verhältnis außerhalb, und im Verhältnis dazu suspendierte er das Ethische."[9] Abraham handelt allein aus sich heraus auf Gottes Geheiß, nicht im Dienst oder Interesse irgendeiner Allgemeinheit, der Gesellschaft oder der Familie. Einerseits entfaltet sich damit der Glaube jenseits des Ethischen als ein davon unabhängiger Bereich – eine Trennung, die vor allem Ludwig Wittgenstein aufgreifen wird. Beruft sich andererseits der Einzelne unmittelbar auf Gott, erhält für ihn die individuelle Existenz mehr Gewicht als die Allgemeinheit.

Der individuelle Glaube, der in der Bereitschaft Abrahams gipfelt, seinen Sohn zu opfern, bleibt ethisch betrachtet absurd, unverständlich, nicht nachvollziehbar – dieses ist gerade die Situation des Glaubens in einer verwissenschaftlichten oder technisch geprägten Umwelt, die Lage, auf die die Religionsphi-

---

[9] Sören KIERKEGAARD, Furcht und Zittern (1843), Gesammelte Werke, 4. Abteilung, 2. Aufl., Düsseldorf, Köln o.J., 63

losophie danach reagieren wird. Daß der Glaube wirklich paradox ist, sich somit dem ethischen Zugriff entzieht, daß er nur geglaubt und nicht gewußt werden kann, das drückt sich vollständig erst im Christentum aus, und zwar darin, daß Gott einerseits ewig ist und andererseits in Christus in der Zeit auftritt – ein logisch nicht nachvollziehbarer Widerspruch: „Der Satz, daß Gott in menschlicher Gestalt dagewesen ist, geboren worden ist, gewachsen ist usw., ist wohl das Paradox sensu strictissimo, das absolute Paradox." (AN 208) Glauben – so Kierkegaard – muß man gegen den Verstand. Man kann dieses absolute Paradox nicht verstehen. Man kann darüber nicht spekulieren. Das Christentum verlangt jedoch einen glaubenden Bezug zu Gott, der im bloßen Licht des Verstandes absurd erscheinen muß: „Der Glaube selbst ist ein Wunder, und alles was vom Paradox gilt, gilt auch vom Glauben."[10]

Daher kennt Kierkegaard auch keinen Übergang zum Christentum, keinen Weg der langsamen Überzeugung. Man muß sich vielmehr auf das Christentum mit der ganzen Existenz einlassen. Der Glaube entwickelt sich nicht schrittweise, sondern entsteht eruptiv. Dieser Sprung springt notgedrungen ins Ungewisse, ins Paradoxe und Unverstehbare. Denn es gibt kein Wissen von Gott mehr in einer Welt, in der Wissen dem wissenschaftlichen Paradigma genügen muß – eine Sachlage, die vor allem das Denken Martin Heideggers vorprägt. Wer sich statt dessen auf das Risiko des Sprungs einläßt, der erlebt eine Umbildung seiner Existenz, der existiert erst wirklich als Individuum, das die subjektive Gewißheit seiner Existenz in der Entscheidung für den Glauben findet: „Alle Entscheidung, alle wesentliche Entscheidung wurzelt in der Subjektivität." (AN 29)

Man kann das Paradox nur subjektiv glauben, wenn man dazu genügend Leidenschaft aufbringt. Dann beherrscht es unmittelbar die Existenz, verleiht ihr eine absolute letzte Wahrheit von Ewigkeit und Zeitlichkeit – aber natürlich keine ob-

---

[10] Sören KIERKEGAARD, Philosophische Brocken (1844), Gesammelte Werke, 10. Abteilung, Düsseldorf, Köln 1951, 62

jektive. Die Existenz, die sich logisch und objektiv nicht erfassen läßt – ihre Leidenschaft wie ihre Verzweiflung –, ist eben genauso paradox wie der Glaube. Nur die christliche Religion vermag daher die individuelle Existenz auszudrücken und ihr im Paradox Sinn zu verleihen. Und sie drückt nur diese aus und nicht die Existenz welcher Gemeinschaft auch immer: Kierkegaard ebnet damit den Weg in die Lebensphilosophie wie in den Individualismus, vor allem aber in die sprachphilosophisch orientierte Ethik von Ludwig Wittgenstein.

1. Kapitel

Ludwig Wittgensteins Suche nach dem unsagbaren Gott

Wie kann man im Angesicht der modernen Wissenschaft, die Gott genauso wie die lebendige individuelle Existenz des Menschen systematisch verdrängt – also nach Nietzsches Diagnose vom ermordeten Gott –, trotzdem am religiösen Glauben festhalten? Diese Frage bewegt einen der bedeutendsten Philosophen des 20. Jahrhunderts: Ludwig Wittgenstein (1889–1951) begründet die moderne Sprachphilosophie und damit die Disziplin, die für das 20. Jahrhundert nicht nur typisch, sondern auch ungeheuer einflußreich werden wird. Ihre Ausläufer reichen bis in die Computersprachen der Informationstechnologien hinein.

Um so mehr mag verwundern, daß sich Wittgenstein zeit seines Lebens mit Fragen des religiösen Glaubens beschäftigt. Die Hauptströmung der mittelalterlichen scholastischen Philosophie attestiert der Sprache göttlich gegebene Bedeutungen. Das Wort Pferd hängt direkt mit dem Pferd auf der Wiese zusammen, da nach dem Schöpfungsmythos Gott das Pferd nach seinen Vorstellungen schuf, die sich im Wort Pferd repräsentieren. Dagegen unterstellt die moderne Sprachphilosophie eine fundamentale Differenz zwischen dem Wort Pferd und dem Pferd auf der Wiese: Bedeutungen können sich nämlich verändern. Jede mystische Verbindung zwischen dem Wort und seiner Bedeutung entfällt. Wie also kann Wittgenstein gerade als Sprachphilosoph am christlichen Glauben festhalten?

Wittgensteins Glauben prägten zunächst die Kriegserfahrungen an der Front. Wittgenstein, der nie dementierte, Katholik zu sein, bekennt in seinen *Tagebüchern* am 1. August 1916: „Wie sich alles verhält, ist Gott. Gott ist, wie sich alles verhält. Nur aus dem Bewußtsein der *Einzigkeit meines Lebens* entspringt Religion – Wissenschaft – und Kunst."[1]

1. Die logische Einheit von Sprache und Welt

In dieselbe Zeit datieren auch seine aktiven philosophischen Anfänge. Wittgensteins Werk muß man in zwei Phasen einteilen: Erstens, eine starke positivistische Ausrichtung des jungen Wittgenstein an der Logik und den Naturwissenschaften in seinem einzigen von ihm selbst publizierten philosophischen Buch mit dem Titel *Tractatus logico-philosophicus*. Zweitens, eine gegenüber der naturwissenschaftlichen und logischen Methodologie skeptische Phase, in der er sich auf die Alltagssprache besinnt. Im *Tractatus* stößt man in der Einleitung auf folgenden Satz: „Was sich überhaupt sagen läßt, läßt sich klar sagen; und wovon man nicht reden kann, darüber muß man schweigen." (T[2] 7) Welchen Raum beläßt eine solche Position noch dem religiösen Glauben?

Wittgenstein studierte in Berlin, Manchester und Cambridge Ingenieurwissenschaften, Mathematik und Philosophie unter anderem bei Bertrand Russell, einem der Begründer der analytischen Philosophie, die sich primär mit der logischen Klärung von Begriffen befaßt. So akzeptiert auch Wittgenstein nur, was sich logisch und klar sagen läßt: „Die meisten Sätze und Fragen, welche über philosophische Dinge geschrieben worden sind, sind nicht falsch, sondern unsinnig." (T 4.003)

Damit erklingt bereits das zentrale Thema des *Tractatus:* Wenn man sie richtig verwendet, eignet der Sprache eine logische Struktur, die nur häufig verzerrt wird. Wenn man die Logik der Sprache beachtet, erfaßt man die Welt richtig, d. h. die Tatsachen und Sachverhalte, aus denen sich die Welt zusam-

---

[1] Ludwig WITTGENSTEIN, Tagebücher 1914–1916, Schriften Bd. 1, Frankfurt/M. 1960, 171

[2] Ludwig WITTGENSTEIN, Tractatus logico-philosophicus (1921), 10. Aufl., Frankfurt/M. 1971 (T)

mensetzt. Die einzelnen Dinge kommen in der Welt nicht für sich alleine vor, sondern hängen in Sachverhalten immer mit anderen Dingen zusammen. Sachverhalte gehorchen der Logik: Wenn der Mord mit einem Messer geschah, kann dazu keine Pistole benutzt worden sein.

Sachverhalte lassen sich durch Bilder darstellen. Bild und Wirklichkeit besitzen dieselbe Struktur, wenn das Bild die Wirklichkeit richtig wiedergibt. Diese Struktur wird von der Logik geprägt. Beispielsweise entspricht ein surreal verfremdetes Bild nicht der logischen Form der Wirklichkeit. Es gibt die Wirklichkeit überhaupt nicht wieder, auch nicht falsch. Wie ein Bild drückt auch die Sprache die Wirklichkeit aus. Sie gibt die einzelnen Gegenstände genauso wieder wie die Relationen zwischen ihnen: „Der Satz ist ein Bild der Wirklichkeit: Denn ich kenne die von ihm dargestellte Sachlage, wenn ich den Satz verstehe." (T 4.021) Mir wird sofort klar, in welchem Verhältnis sich die beiden Gegenstände zueinander befinden, wenn ich den Satz höre: „Der PC steht auf dem Tisch."

Die Sprache repräsentiert also einerseits die Gegenstände – Tisch und PC – durch die Worte – „Tisch" und „PC". Andererseits enthält der Satz auch die Beziehung, die Tisch und PC zueinander haben. Er besitzt dieselbe Struktur wie die Sachlage: Er sagt nämlich, daß sich der PC *auf* dem Tisch befindet. Die logische Struktur des Satzes entspricht der logischen Struktur des Sachverhalts. Der Satz *vertritt* nicht die logischen Verhältnisse der Realität. Der Satz besitzt vielmehr dieselbe logische Struktur. Die Logik, die in der Realität herrscht, entfaltet sich gleichzeitig auch in der Sprache. Der Satz kann die Wirklichkeit deshalb abbilden, weil er mit denselben logischen Strukturen arbeitet – die Logik der Sprache entspricht der Logik der Wirklichkeit. In der Welt gilt überall dieselbe Logik, ob in der Sprache oder in den Sachverhalten.

Gerade deswegen ist die Sprache in der Lage, die Welt richtig, d. h. logisch adäquat wiederzugeben. Allerdings gelingt das nicht der Alltagssprache, auch nicht der Philosophie, sondern gemäß dem positivistischen Geist der Zeit nur den Naturwissenschaften: „Die Gesamtheit der wahren Sätze ist die gesamte Naturwissenschaft." (T 4.11) Im Grunde unterstellt Wittgenstein die Übereinstimmung einer bestimmten Sprache mit der Welt, nämlich der naturwissenschaftlichen Sprache, die sich von Unklarheiten, Doppeldeutigkeiten oder Widersprüchen logisch gereinigt hat. Damit vollzieht Wittgenstein Nietzsches Diagnose „Gott ist tot", gerade weil er dessen Skepsis gegenüber der Vernunft nicht teilt. Bleibt so kein Raum mehr für den Glauben?

Auch die Philosophie hilft der Religion hierbei nicht weiter. Sie übernimmt eine andere Aufgabe, nämlich letztlich den Naturwissenschaften zu dienen: „Der Zweck der Philosophie ist die logische Klärung der Gedanken. (...) Ein philosophisches Werk besteht wesentlich aus Erläuterungen. Das Resultat der Philosophie sind nicht ‚philosophische Sätze', sondern das Klarwerden von Sätzen." (T 4.111–4.112) Die Naturwissenschaften stellen die Welt dar, wie sie wirklich ist. Die Philosophie soll sich nicht ähnliche Aufgaben anmaßen. Sie formuliert keine vergleichbar exakten und klaren Sätze über die Wirklichkeit. Aber sie übernimmt zumindest eine reflexive Aufgabe, nämlich sich vor allem darüber klar zu werden, was sie alles nicht kann. Und diese Aufgabe soll Wittgensteins *Tractatus* erfüllen. Wenn man ihn richtig verstanden hat, beschäftigt man sich hinterher nur noch mit Sätzen der Naturwissenschaften, jedenfalls wenn man wahre Sätze über die Welt formulieren möchte. Wittgenstein bezeichnet denn auch sein Buch als eine Leiter, die man wegwirft, nachdem man mit ihr hinaufgestiegen ist: „Die richtige Methode der Philosophie wäre eigentlich die: Nichts zu sagen, als was sich sagen läßt, also Sätze der Naturwissenschaft – also etwas, was mit Philosophie nichts zu tun hat –, und dann immer, wenn ein anderer etwas Metaphysisches sagen wollte, ihm nachzuweisen, daß er gewissen Zeichen in seinen Sätzen keine Bedeutung gegeben hat." (T 6.53)

2. Das Sagbare und das Unsagbare im *Tractatus*

Damit schließt Wittgenstein zunächst alle religiöse Erfahrung aus Philosophie und Naturwissenschaften aus. Trotzdem entzieht er dem Glauben keineswegs den letzten Boden unter den Füßen. Gerade im *Tractatus* begrenzt Wittgenstein auch den Bereich der Naturwissenschaften, den Bereich dessen, was sich klar sagen läßt. Hier besitzt die Philosophie wiederum eine Aufgabe: „Die Philosophie begrenzt das (...) Gebiet der Naturwissenschaft. Sie soll das Denkbare abgrenzen und damit das Undenkbare. (...) Alles was überhaupt gedacht werden kann, kann klar gedacht werden. Alles was sich aussprechen läßt, läßt sich klar aussprechen." (T 4.113–4.116)

Doch taucht offenbar neben dem Bereich des Sag- und Denkbaren der Bereich des Unsagbaren wie Undenkbaren auf. Nur: wenn es sich wirklich um den Bereich des Unsagbaren handelt – dann kann man darüber auch nicht sprechen. Man kann die Welt nicht von außen betrachten. Auch vermag niemand aus seiner Welt herauszutreten. Man befindet sich immer schon in der Sprache, wenn man über die Sprache spricht. Das macht das Unsagbare so unzugänglich. Mit der Sprache überschreitet man die Grenze zum Unsagbaren nicht: „Die Grenzen meiner Sprache bedeuten die Grenzen meiner Welt. Die Logik erfüllt die Welt; die Grenzen der Welt sind auch ihre Grenzen." (T 5.6–5.61)

Die Welt, die sich mit der Sprache und ihrer Logik erfassen läßt, schließt offenbar jede religiöse Erklärung aus. Aber der christliche Glaube, so Kierkegaard, an den Wittgenstein anschließt, gründet nun einmal auf einem Paradox, das sich wissenschaftlich auch nicht erfassen läßt. Keinesfalls dementiert Wittgenstein denn auch im *Tractatus* das Göttliche schlechthin: „Gott offenbart sich nicht *in* der Welt. (...) Nicht *wie* die Welt ist, ist das Mystische, sondern *daß* sie ist. Die Anschauung der Welt sub specie aeterni ist ihre Anschauung als-begrenztes-Ganzes. Das Gefühl der Welt als begrenztes Ganzes ist das Mystische." (T 6.432–6.45)

Das schließt aber nicht ein Jenseits des Sagbaren aus, nämlich das Unsagbare. Religiöse Erfahrung ordnet Wittgenstein aber genau jenseits des Sag- und Denkbaren ein: „Es gibt allerdings Unaussprechliches. Dies *zeigt* sich, es ist das Mystische." (T 6.522) Der junge Wittgenstein will nur von Erfahrung sprechen, wenn sich diese in der Sprache der Naturwissenschaften formulieren läßt. Nur lösen sich – wie Kierkegaard bereits ahnte – dadurch nicht die konkreten Lebensprobleme der Menschen in der Alltagswelt: „Wir fühlen, daß selbst, wenn alle möglichen wissenschaftlichen Fragen beantwortet sind, unsere Lebensprobleme noch gar nicht berührt sind." (T 6.52)

Wittgenstein zieht in seiner positivistischen frühen Phase also eine sehr deutliche Trennungslinie zwischen einer diesseitigen Welt, die sich letztlich in der Sprache der Naturwissenschaften klar formulieren läßt, und einer Welt des in diesem Sinne Unsagbaren und Undenkbaren – eine der grundsätzlichen Möglichkeiten, die Wissenschaften nicht in Frage zu stellen und trotzdem auf den Spuren des verlorenen Gottes zu bleiben. Das Unsagbare kann dann der diesseitigen Welt keine Antworten geben. Aber auch umgekehrt tangieren die Naturwissenschaften den religiösen Glauben nicht. Beide bestehen als getrennte Welten nebeneinander. Insofern vermag die moderne Naturwissenschaft den religiösen Glauben gar nicht in Frage zu stellen: Der Tod Gottes hat nur im Diesseits stattgefunden.

In seinen *Geheimen Tagebüchern* – sie wurden zunächst nicht entdeckt und dann seinem Willen gemäß noch lange geheimgehalten – heißt es am 6. Mai 1916, als er an der Front die Vorarbeiten zum *Tractatus* schrieb: „In steter Lebensgefahr. Die Nacht verlief durch die Gnade Gottes gut. Von Zeit zu Zeit werde ich verzagt. Das ist die Schule der falschen Lebensauffassung! Verstehe die Menschen! Immer, wenn du sie hassen willst, trachte sie stattdessen zu verstehen. Lebe im inneren Frieden! Wie aber kommst du zum inneren Frieden? NUR indem ich Gott gefällig lebe! Nur so ist es möglich, das Leben zu ertragen."[3]

---

[3] Ludwig WITTGENSTEIN, Geheime Tagebücher 1914–1916, 2. Aufl., Wien 1991, 70

3. Die unendliche Vielfalt der Sprachspiele

Wittgenstein beginnt bereits gegen Ende der 20er Jahre am Fundament der Logik zu zweifeln. Sperrt sich das unübersichtlicher werdende Feld der Sprache, das sich vor Wittgenstein jetzt ausbreitet, nicht noch stärker gegenüber religiösen Orientierungen als die Logik?

Besitzt der *Tractatus* eine sehr systematische Gliederung, so setzen sich Wittgensteins spätere Schriften eher aus losen Textsammlungen mit teilweise durchaus aphoristischem Charakter zusammen. Denn Wittgenstein entwickelt einen Stil des philosophischen Fragens, um sich mit elementaren Problemen der Sprache auseinanderzusetzen. Er versucht nicht von außen an die Sprache heranzutreten: „Die Erklärung einer Sprache (der Zeichen einer Sprache) führt uns nur von einer Sprache in eine andere." (BT[4] 3.4.1.1)

Die Erklärung der Sprache verharrt in der Sprache. Daher definiert Wittgenstein auch keinen Sprachbegriff, der die Wesensmerkmale der Sprache enthielte. Vielmehr analysiert er anhand von einfachen Beispielen die Mechanismen des Sprechens, wie Sprache funktioniert. Farbwörter werfen beispielsweise das eigentümliche sprachliche Problem auf, „daß ich das Wort ‚rot' erkläre, indem ich auf etwas Rotes zeige und sage ‚das ist rot', während doch dieses Rote später meinem Blick entschwindet. Und nun scheinbar etwas Anderes an seine Stelle tritt (die Erinnerung oder wie man es heißen mag)." (BT 132.2.1) Mit dem Wort „rot" mögen sich bestimmte Vorstellungen verknüpfen. Aber diese Vorstellungen lassen sich schwerlich vereinheitlichen. Daher bleibt nichts anderes, als anhand von vielen einzelnen Fällen zu überprüfen, was mit Farbwörtern jeweils gemeint ist.

Wittgenstein konzentriert sich zunehmend auf das Problem der Bedeutung von Sprache: „Aber laßt uns nicht vergessen, daß ein Wort keine Bedeutung hat, die ihm gleichsam von einer von uns unabhängigen Macht gegeben wurde, so daß man

---

[4] Ludwig WITTGENSTEIN, The Big Typescript (ca. 1930/31), Wiener Ausgabe Bd. 11, Wien, New York 2000 (BT)

eine Art wissenschaftlicher Untersuchung anstellen könnte, um herauszufinden, was das Wort *wirklich* bedeutet."[5] Bedeutung erhält ein Wort dadurch, daß es jemand verwendet. Daher entdeckt Wittgenstein die Alltagssprache. Sie ist nicht besser oder schlechter als die Sprache der Logik. Man kann bezüglich der Sprache keinen übergeordneten Standpunkt einnehmen, von dem aus man die Sprache überblicken und beurteilen könnte. Man spricht vielmehr immer schon, wenn man über die Sprache spricht.

Wie gewinnt man einen möglichst voraussetzungslosen Blick auf die Sprache? Ansonsten wird man über die Sprache nichts Neues lernen! Ist ein solcher Blick überhaupt möglich? Zumindest muß man es probieren. Wittgensteins Philosophie gerade in den letzten zwei Jahrzehnten seines Lebens kann man als ein solches andauerndes Probieren verstehen. Im unvollendeten zweiten Hauptwerk, den *Philosophischen Untersuchungen*, propagiert Wittgenstein: „Und wir dürfen keinerlei Theorie aufstellen. Es darf nichts Hypothetisches in unsern Betrachtungen sein. Alle *Erklärung* muß fort, und nur Beschreibung an ihre Stelle treten." (PU[6] Nr. 109)

Wittgenstein will keine Theorie der Sprache entwerfen, sondern ihrem Funktionieren nachspüren: „Man kann für eine *große* Klasse von Fällen der Benützung des Wortes ‚Bedeutung' – wenn auch nicht für *alle* Fälle seiner Benützung – dieses Wort so erklären: Die Bedeutung eines Wortes ist sein Gebrauch in der Sprache." (PU Nr. 43) Gebrauch als Bedeutung stellt einen umfassenden Ansatz dar, der auch die Möglichkeit beinhaltet, daß man ein Wort, z. B. „Tisch", sagt und dabei auf einen bestimmten Tisch deutet. Aber jedes einzelne Wort ohne Zusammenhang, bloß abstrakt genommen, hat eigentlich keine Bedeutung. Insofern läßt sich Sprache gerade nicht in einer sterilen und künstlichen Laborsituation erforschen. Wenn man eine logische

---

[5] Ludwig WITTGENSTEIN, Das Blaue Buch (1933/34), Frankfurt/M. 1980, 52

[6] Ludwig WITTGENSTEIN, Philosophische Untersuchungen (1949), Frankfurt/M. 1971 (PU)

Sprache konstruiert, geht man darüber hinweg, daß Sprache in Lebenszusammenhänge eingebunden bleibt. Ja Sprache drückt überhaupt Lebenszusammenhänge aus. Jeder spricht die Sprache seiner jeweiligen Umgebung, sei es beruflich, sei es die der sozialen Herkunft, sei es der Dialekt. So gelangt Wittgenstein zu seiner berühmten Formulierung: „Und eine Sprache vorstellen heißt, sich eine Lebensform vorstellen." (PU Nr. 19)

Wittgenstein will nicht ein Konstrukt von Sprache rekonstruieren. Er will der lebendigen Sprache gerecht werden. Daher braucht er ein Konzept, das der Vielfalt der Sprache entspricht, das also deren unendliche Formen vorzuführen vermag. Mit dieser Intention führt Wittgenstein den berühmten Begriff des Sprachspiels ein: „Es gibt *unzählige* solcher Arten: unzählige verschiedene Arten der Verwendung alles dessen, was wir ‚Zeichen', ‚Worte', ‚Sätze' nennen. Und diese Mannigfaltigkeit ist nichts Festes, ein für allemal Gegebenes; sondern neue Typen der Sprache, neue Sprachspiele, wie wir sagen können, entstehen und andre veralten und werden vergessen." (PU Nr. 23)

Solche neuen Typen will das Sprachspiel vorführen; denn man kann nur einzelnen konkreten Aspekten der Sprache nachforschen, indem man beispielsweise der Bedeutung der Farbe „rot" nachspürt. Sprachspiele erheben insofern zumeist nicht den Anspruch auf Exaktheit. Denn die einzelnen Aspekte der Sprache lassen sich häufig nur ungenau gegeneinander abgrenzen. Zudem wandeln sich die Strukturen der Sprache andauernd. Gegen angebliche Sprachregeln beispielsweise verstoßen auch die Zeitgenossen immer wieder. Sprachspiele führen vor, daß sich die Sprache in ihrer Vielfalt nicht unter einen einzigen Blickwinkel bringen läßt. Sie drücken die unübersichtlichen Bedingungen der Sprache selbst aus. Anstelle einer bestimmten Struktur, die ihr zugrunde zu liegen scheint, stößt der Mensch in der Sprache, wenn er genauer achtgibt, auf ein ziemlich undurchschaubares Labyrinth: „Die Sprache ist ein Labyrinth von Wegen. Du kommst von einer Seite und kennst dich aus; du kommst von einer anderen zur selben Stelle, und kennst dich nicht mehr aus." (PU Nr. 203)

4. Entscheidung zum Glauben im Labyrinth der Sprache

Wird mit einer solchen labyrinthischen Vorstellung von Sprache nicht jeder Bezug zum religiösen Glauben ausgeschlossen? Religiöse Vorstellungen avancieren dabei doch bestenfalls selber zu Sprachspielen oder eben zu zufälligen Lebensformen! Man könnte meinen, Ludwig Wittgensteins wechselvolles Leben spiegele sein Verständnis von Sprache wider. Er entstammte der Familie eines Großindustriellen jüdischer Herkunft. 1913, nach dem Tode des Vaters, erbte er ein beträchtliches Vermögen, das er 1919 seinen Geschwistern schenkte. Im Ersten Weltkrieg wurde er freiwillig Soldat – ein traumatisches Erlebnis. Anfang der 20er Jahre versuchte er sich als Dorfschullehrer in Niederösterreich. Mehrere Lehr- und Forschungsaufträge in England bekam er in den 30er Jahren. 1939 erhielt er schließlich den Lehrstuhl von George Edward Moore in Cambridge, den er 1947 jedoch vorzeitig wieder aufgab. Er lebte in diesen Jahrzehnten abwechselnd in seiner Hütte in Norwegen, in Cambridge, Wien, London, ganz zuletzt auch längere Zeit in Dublin. Während des Zweiten Weltkrieges arbeitete er freiwillig als Laborant in einem Hospital in London.

In einer labyrinthischen Sprache, in der es keine innere Stabilität gibt, läßt sich, so Wittgenstein, der religiöse Glaube nicht so ausdrücken, daß seine Gehalte, seine Bilder und Motive als konkrete Realität erschienen. Man kann religiöse Erfahrungen, Gotteserfahrungen nicht wie die Natur wissenschaftlich beschreiben: „Wenn ich mich auch nur vage an das erinnere, was mir über Gott beigebracht wurde, würde ich doch sagen: ‚Was immer der Glaube an Gott sein mag, es kann kein Glaube an etwas sein, das wir nachprüfen oder durch Nachschauen herausfinden können.'" (VG[7] 96)

Eine göttliche Existenz jenseits der Alltagswelt vermag die labyrinthische Sprache sowenig auszudrücken wie die logi-

---

[7] Ludwig WITTGENSTEIN, Vorlesungen und Gespräche über Ästhetik, Psychologie und Religion (1938), Göttingen 1968 (VG)

sche. Man kann auf Gott sowenig zeigen wie auf den Ernst einer Angelegenheit. „Wie Du das Wort ‚Gott' verwendest, zeigt nicht, *wen* Du meinst – sondern, was Du meinst." (VB[8] 97) Die Rede von Gott weist auf einen religiösen Glauben hin, nicht auf die Existenz Gottes.

Umgekehrt versperrt das der Religion jegliche Aussicht, ihrerseits die innerweltliche Realität zu erklären. Religiöser Glaube muß sich selbst dort von den Welterklärungen zurückziehen, wo es um die Schöpfung der Welt geht: „Wenn der an Gott Glaubende um sich sieht und fragt ‚Woher ist alles, was ich sehe?', ‚Woher das alles?', verlangt er *keine* (kausale) Erklärung; (...) Er drückt also eine Einstellung zu allen Erklärungen aus." (VB 160)

Wissenschaftliches Wissen besitzt eine ganz andere Struktur als religiöser Glaube. Einerseits kann man dieses empirisch überprüfen, was religiösem Glauben abgeht. Andererseits folgt das wissenschaftliche Wissen immer den Wandlungen des Wissensstandes. Daher bekräftigt auch kein historischer Blick in die Geschichte den religiösen Glauben. Wittgenstein folgt hier Kierkegaards Dezisionismus: „Das Christentum gründet sich nicht auf eine historische Wahrheit, sondern es gibt uns eine (historische) Nachricht und sagt: jetzt glaube! Aber nicht, glaube diese Nachricht mit dem Glauben, der zu einer geschichtlichen Nachricht gehört, – sondern: glaube, durch dick und dünn und das kannst Du nur als Resultat eines Lebens. *Hier hast Du eine Nachricht, – verhalte Dich zu ihr nicht, wie zu einer anderen historischen Nachricht!* Laß sie eine *ganz andere* Stelle in Deinem Leben einnehmen. – Daran ist nichts *Paradoxes*!" (VB 67)

Aus diesem Grund läßt sich auch Gott nicht beweisen. Gottesbeweise sollen dem religiösen Glauben einen verstandesmäßigen Halt verleihen. Einerseits lassen sich aber die naturwissenschaftlichen Ansprüche an einen solchen Beweis nicht erfüllen. Andererseits entspräche die labyrinthische

---

[8] Ludwig WITTGENSTEIN, Vermischte Bemerkungen (1947), Frankfurt/M. 1977 (VB)

Struktur der Sprache nicht den Erfordernissen des Glaubens. Die Wissenschaften und der religiöse Glaube treten daher beim späten Wittgenstein wie beim frühen so weit auseinander, daß sie sich gegenseitig nicht bekräftigen können – die Situation nach dem „Tode Gottes", auch wenn Wittgenstein selbst dieser Diagnose schwerlich zugestimmt hätte.

Statt dessen spielt die Alltagswelt eine entscheidende Rolle für den Glauben – natürlich im Anschluß an Kierkegaards paradoxale Struktur von Glauben und individueller Existenz. Dies ermöglicht der labyrinthische Sinn der wittgensteinschen Sprachspielauffassung, nicht die Wissenschaft. Der Glaube gehört zum Leben der Menschen, obgleich er sich im Alltag nicht objektiv diagnostizieren läßt. Aus dem steten Wandel der Alltagssprache heraus, aus ihrem labyrinthischen Charakter, aus Chaos und Orientierungslosigkeit, inspiriert das Leben den religiösen Glauben stärker als jeder vermeintliche wissenschaftliche Beleg für die Religion oder ein logisch deduzierter Gottesbeweis. Die Ungewißheit der Alltagswelt motiviert zur Suche nach dem religiösen Glauben – eine Struktur, die ansatzweise auch Whitehead verfolgt, wenn für ihn die Welt aus Ereignissen besteht, in die sich allerdings Gott selbst kosmologisch verwickelt.

Für Wittgenstein erlebt der Mensch Gott eher in einer hintergründigen Perspektive des Lebens, die sein Leben anstoßen und nachhaltig beeinflussen kann. Als vordergründige Erscheinung, die noch dazu in Konkurrenz zu den Alltagserfahrungen treten müßte, geriete dieser Gott in den unendlichen Streit der Meinungen, den die Religion nicht beenden kann. Denn wenn sich der religiöse Glaube auf innerweltliche Begründungen einlassen wollte, verlöre er seine eigentliche Stärke. „Die Religion sagt: Tu dies! – Denk so! – aber sie kann es nicht begründen, und versucht sie es nur, so stößt sie ab; denn zu jedem Grund, den sie gibt, gibt es einen stichhaltigen Gegengrund. Überzeugender ist es, zu sagen: ‚Denke so! – so seltsam dies scheinen mag.'" (VB 62)

Einerseits lehnt es Wittgenstein ab, den religiösen Glauben als eine nachprüfbare, objektive Realität in der Erfahrungswelt zu begreifen. Andererseits reduziert sich der religiöse Glaube aber keinesfalls auf eine beliebige individuelle Einstellung, eine bloß subjektive Sichtweise – unter dem Motto: jeder folge seinem Gott. Nein, von jedem einzelnen verlangt der Glaube eine grundsätzliche Entscheidung, eine andere Einstellung zum Leben. Wittgenstein knüpft hier direkt an Sören Kierkegaard an, wenn er 1947 feststellt: „Es kommt mir vor, als könne ein religiöser Glaube nur etwas wie das leidenschaftliche Sich-entscheiden für ein Bezugssystem sein. Also obgleich es *Glaube* ist, doch eine Art des Lebens, oder eine Art das Leben zu beurteilen. Ein leidenschaftliches Ergreifen *dieser* Auffassung." (VB 122)

Eine solche leidenschaftliche Entscheidung zum Glauben läßt sich auch deshalb nicht begründen, weil es in einer labyrinthischen Sprache keine letzten Gründe gibt. Die leidenschaftliche Entscheidung zum Glauben entspringt also nicht nur dessen Unsagbarkeit, sondern auch Wittgensteins sprachphilosophischen Einsichten. Die Unübersichtlichkeit einer Welt der Sprachspiele fordert solche Entscheidungen jenseits aller Gründe heraus, weil sich die Suche nach Gründen im Labyrinth der Sprache verirrt. „Jeder, der die Briefe des Apostels Paulus liest, findet es ausgesprochen: nicht nur, daß der Glaube nicht vernünftig ist, sondern daß er eine Torheit ist. Er ist nicht nur nicht vernünftig, sondern gibt auch nicht vor, vernünftig zu sein." (VG 93) Die Vernunft ist innerweltlich, diesseitig. In deren Horizont erscheint der Glaube zwangsläufig als Torheit. Aber mit der Vernunft will und kann sich der Glaube im wissenschaftlichen Zeitalter auch nicht ausstaffieren.

Es mag überraschen: Wittgensteins Einsichten in die Sprache als Sprachspiel eröffnen den Weg zur Entscheidung für den religiösen Glauben. Insofern stehen das Sagbare und das Unsagbare nicht wie im *Tractatus* bloß nebeneinander, ohne sich zu tangieren. Nein, das Sagbare selbst eröffnet in Wittgensteins Spätwerk dem Unsagbaren eine Perspektive, weil sich das Sagbare nicht so klar sagen läßt, weil die Sprache sich nicht präzise beherrschen läßt, weil in sie auch immer Un-Vernünftiges, Irrationales eindringt: die labyrinthische wie paradoxale Struktur der Alltagssprache, die auch bei Kierkegaard die menschliche Existenz prägt. Umgekehrt könnte das Sagbare ob seines labyrinthischen Charakters auf dem Unsagbaren aufruhen – der religiöse Glaube als der ruhende Pol im Chaos der Sprache. Wittgenstein schreibt: „Die Religion ist sozusagen der tiefste ruhige Meeresgrund, der ruhig bleibt, wie hoch auch die Wellen oben gehen." (VB 102)

2. Kapitel

Henri Bergsons mystischer Élan vital als Antwort auf das technische Zeitalter

Wenn für Kierkegaard und Wittgenstein wissenschaftliche Welt und die Alltagsexistenz des Menschen auseinandertreten und die Religion zu einer individuellen Frage wird, so beschleunigt sich dieser Prozeß für den französischen Philosophen Henri Bergson (1859–1941) primär durch die Technik. Deren materieller Erfolg hat die spirituelle Entwicklung des Menschen längst hinter sich gelassen. Im Gegensatz zu Nietzsche und seiner Diagnose „Gott ist tot" wendet sich Bergson aber nicht von der Tradition des abendländischen Denkens ab. Im Rückgriff auf den Gehalt an Lebenskraft in den religiösen wie geistigen Überlieferungen sucht seine Lebensphilosophie nach einem Ausweg aus dem rein technizistischen und mechanistischen Denken der modernen Wissenschaften und einer vergnügungssüchtigen zeitgenössischen Gesellschaft, die dem rein diesseitigen Erlebnis nachjagt.

Nach dem Studium an der französischen Elitehochschule École normale supérieure im selben Jahrgang wie der spätere Sozialistenführer Jean Jaurès und Émile Durkheim, einer der Begründer der modernen Soziologie, der Bergsons erklärter wissenschaftlicher Gegner wurde, arbeitete Bergson zunächst wie viele berühmte französische Intellektuelle als Gymnasiallehrer. Erst elf Jahre später gelang ihm der Sprung zurück an die Universität, allerdings gleich an das renommierte Collège de France. Gegenüber einer extrem materialistisch ausgerichteten Zeit wurde Bergson zum intellektuellen Leitbild der jungen Generationen vor dem Ersten Weltkrieg, die sich nicht damit zufrieden gab, daß der Mensch eine Maschine sei. Auch der bedeutend ältere William James beruft sich auf Bergson, ebenso wie sein Zeitgenosse Alfred North Whitehead und natürlich sein Schüler Gabriel Marcel. Bergson ist vielleicht der einflußreichste französische Philosoph am Anfang des 20. Jahrhunderts.

1. Der Élan vital als geistiger Antrieb des Lebens

Bergsons Lehre vom Menschen widerspricht der modernen Anthropologie und begreift den Menschen nicht bloß als mechanistisches Triebwesen, sondern macht in seinem Innern einen geistig-seelischen Antrieb aus. Trotzdem motiviert den Menschen von Natur aus – wie schon Nietzsche sagt – auch ein Wille zur Macht: Wenn der Mensch mit technischem Geschick und Verstand begabt ist, so ist das der Not des Überlebens geschuldet und treibt zugleich die Lust an der Gewalt an. Die Natur hat den Menschen nämlich nicht mit Werkzeugen ausstaffiert. Sie verlieh ihm statt dessen eine werkzeugschaffende Intelligenz, der die Technik entspringt. Eine ähnliche Naturanlage stellen auch die ethischen Fähigkeiten dar. Die frühen Gesellschaften stützen sich auf eine moralische Struktur des Menschen, die für Bergson in einer Anlage zur Religiosität gipfelt. Beide stabilisieren das soziale Band und ermöglichen dadurch erst die weitere kulturelle Entwicklung. Die werkzeugschaffende Intelligenz und die ethischen Naturanlagen besitzen eine innere Dynamik und entfalten sich daraus als ein Lebensschwung: Der Élan vital steht im Zentrum von Bergsons Denken, mit dem er an Nietzsche anschließt. Zugleich soll der Élan vital in der wissenschaftlich-technischen Welt eine Spur zum verlorenen Gott aufnehmen.

Bereits seine Doktorarbeit *Zeit und Freiheit*, die 1889 erschien, bereitet den Weg zu diesem Begriff. In den modernen Naturwissenschaften wird Zeit immer im Zusammenhang mit dem Raum bestimmt. Auf diese Weise – so Bergson – wird das Bewußtsein an das äußerliche, räumlich-materielle Sein gebunden: Dieses Bewußtsein, das sich nur nach außen an sozialen Bezügen ausrichtet, ist unfrei. Es unterscheidet zwangsweise gemäß der üblichen Zeitvorstellungen linear zwischen Vergangenheit, Gegenwart und Zukunft in einem Raum, der von materiellen Dingen beherrscht wird. Für Bergson erfährt das Bewußtsein die Zeit jedoch auch als ein inneres Phänomen der Dauer, als Augenblick, der sich in die Vergangenheit genauso verlängert wie in die Zukunft: wenn sich das Bewußtsein dem Leben einfach überläßt und eben nicht mehr zwischen Vergangenheit und Gegenwart unterscheidet, wenn gegenwärtige Ereignisse mit vorhergehenden zusammenfließen. Das Gefühl „lebt aber, weil die Dauer, worin es sich entfaltet, eine Dauer ist, deren Momente einander durchdringen: trennen wir diese Momente voneinander, entfalten wir die Zeit in den Raum, so nehmen wir damit dem Gefühl seine Lebendigkeit und seine Farbe."[1] Aus diesem inneren Bewußtsein der Dauer, das keine räumlichen Grenzen kennt, entspringt für Bergson die Freiheit, die sich nicht auf die äußeren räumlichen Umstände reduzieren läßt. Sie befreit das Bewußtsein von der Abhängigkeit von materiellen Gegenständen.

Sein Zeitverständnis bzw. den Begriff der Dauer als innere Zeit transformiert Bergson in seine Lehre vom Élan vital, und zwar in seiner bekanntesten Schrift *Die schöpferische Entwicklung* aus dem Jahre 1907, für die er 1927 den Nobelpreis für Literatur erhielt. Diese Lehre stellt er der positivistischen Wissenschaft, vor allem der darwinschen Evolutionstheorie entgegen. Der Élan vital als innerliches Lebensprinzip, als vornehmlich geistiger Kern des Lebendigen, belebt überhaupt erst die tote Materie, treibt die Entwicklung des Lebendigen in verschiedene Richtungen an, ermöglicht neue Formen des Lebens und führt zu Sprüngen in der Evolution.

Der Élan vital manifestiert sich sowohl in der Intuition, dem Prinzip des Lebens, als auch in der Intelligenz, dem Prinzip von Wissenschaft und Technik. Die Intelligenz kann nämlich ob ihrer analytischen Fähigkeiten ihre Gegenstände immer nur zerlegen – die wissenschaftliche Beschäftigung wird den Élan vital als Prinzip des Lebens niemals richtig verstehen. Auch Bergson kann die Differenz zwischen Wissenschaft

---

[1] Henri BERGSON, Zeit und Freiheit (1889), Hamburg 1994, 100

und Leben nicht völlig überwinden, gibt sich aber – anders als Kierkegaard oder der frühe Wittgenstein – nicht mit einer absoluten Trennung zufrieden. Die Intuition kann sich dagegen zwar nicht selbst durchschauen wie die Intelligenz. Man kann sie aber unmittelbar als Lebensimpuls spüren. „Die Intuition (...) bezieht sich also vor allem auf die innere Dauer. Sie erfaßt eine Aufeinanderfolge, die keine Nebeneinanderstellung ist, ein Wachstum von innen her, die ununterbrochene Verlängerung der Vergangenheit in eine Gegenwart hinein, die ihrerseits in die Zukunft eingreift."[2]

Der Lebensschwung ist kein materielles Prinzip. Aber er treibt das Materielle an. Er beseelt es und läßt so Leben entstehen und sich entwickeln. Der Lebensschwung ist somit ein spirituelles Prinzip des Lebens als Prinzip der Natur, das Prinzip der geistigen Schöpfung, also eine Art weltimmanenter Gott. Zwar entfaltet sich der Lebensschwung auch in der Intelligenz, in der technischen Dynamik, stärker jedoch in der spirituellen Intuition, im Gefühl für das Ewige, für die ursprüngliche Schöpferkraft. Der Élan vital ist der originäre geistige Kern des Lebens.

Vor allem in der Ethik zeigt sich der Élan vital als Lebensprinzip, das dem Bewußtsein bzw. dem Geist entspringt. Wenn die Ethik den Lebensschwung verwirklicht, erhält sie die Kraft, die sie über die Jahrtausende hinweg trägt. Die Intelligenz wie die ethisch-religiösen Naturanlagen verhelfen aber zur Ausbildung von Individualitäten, die sich nicht mehr selbstverständlich in den sittlichen Rahmen fügen. Einerseits entspringt die ethische Gemeinschaft dem Élan vital, der das soziale Band spirituell und metaphysisch festigt. Andererseits treibt den Menschen selbst der Élan vital, der ihm damit zusammen mit seiner Intelligenz ermöglicht, unterschiedlich auf die ethischen Forderungen zu reagieren, die moralischen Normen auch egoistisch zu überschreiten – im Grunde die Bedingung, die umgekehrt Kierkegaard in die Chance zur individuellen Entscheidung zum Glauben wendet.

---

[2] Henri BERGSON, Denken und schöpferisches Werden. Aufsätze und Vorträge (1939), Hamburg 1993, 44

2. Die Wiederbeseelung des technischen Körpers

Der Mensch strebt für Bergson zwischen Élan vital, Egoismus, ethischer und technischer Intelligenz nach Glück, das ein Mindestmaß an Dauerhaftigkeit verlangt. Soweit das Glück von äußeren Gütern abhängig ist und da diese häufig schwer zu bekommen oder nicht leicht zu behalten sind, bestehen zwei Möglichkeiten, um dem Glück Zukunft zu verleihen: Man kann das Glück entweder durch bewußten weitgehenden Verzicht auf äußere Dinge oder durch deren Beherrschung dauerhaft stabilisieren, also entweder durch Askese oder durch Technik. Soll Askese dabei dauerhaft wirken, muß sie zu einer nachhaltigen Abwendung vom Materiellen bzw. vom Diesseits führen. Eine derartige Haltung einzunehmen, gelingt vornehmlich Mystikern. Die dauerhafte Entsagung von den materiellen Dingen beruht für Bergson überhaupt auf einem mystischen Gefühl der Einheit von Mensch, Welt und Gott, auf der Unio mystica. Sie steht häufig am Beginn großer sittlicher Wandlungen. Der innere moralische Antrieb hat gerade im Élan vital mystische Wurzeln. In ihm präsentiert sich die unergründliche Einheit des Lebens als religiös-ethische, letztlich mystische Triebfeder.

Im Angesicht des Einheitsgedankens, der Einheit mit Gott, verblassen die materiellen technischen Werte und Mittel bzw. das bloß diesseitig gesuchte Glück. Deshalb scheinen Mystik und Ethik von ihrer Natur her wenig mit der technischen Intelligenz gemein zu haben. Doch für Bergson eröffnet sich der Mystik eine andere Perspektive: „Wie könnte (die Mystik) sich (...) in einer Menschheit verbreiten, die von der Furcht besessen ist, daß sie nicht satt zu essen haben wird? Der Mensch wird sich nicht über die Erde erheben, wenn nicht ein mächtiger Apparat von Werkzeugen ihm den Stützpunkt liefert. Er wird auf der Materie ruhen müssen, wenn er sich von ihr lösen will. Mit anderen Worten: die Mystik ruft die Mechanik herbei." (Q[3] 482) Es gibt also – das ist Bergsons Pointe – ein mysti-

---

[3] Henri BERGSON, Die beiden Quellen der Moral und der Religion (1932), Materie und Gedächtnis und andere Schriften, Frankfurt/Main 1964 (Q)

sches Bedürfnis nach technischer Naturbeherrschung. Technik und Mystik brauchen einander: Die Mystik führt zur Technik. Nach Bergson wurde das bisher weitgehend übersehen, weil die moderne Technik in ein übertriebenes Luxusbedürfnis geführt hat. Das war allerdings nicht immer so, sondern ist erst das Ergebnis der jüngeren Entwicklung des Kapitalismus. Eine solche Entwicklung kannte das asketische Mittelalter nicht.

Fordert die Mystik die Technik ursprünglich heraus, so schwillt schließlich der technische Körper so an, daß er kaum noch als Entfaltung des menschlichen Körpers verstanden werden kann: „Maschinen, die mit Petroleum, mit Kohle oder Elektrizität angetrieben werden und Millionen von Jahren hindurch aufgehäufte potentielle Energien in Bewegung umsetzen, haben unserm Organismus eine so große Ausdehnung und eine so bedeutende Macht verliehen, die zu seiner Größe und Kraft gar nicht mehr im Verhältnis stehen, daß davon in dem Anlageplan unserer Spezies sicher noch nichts vorhergesehen war: das war ein einmaliger Glücksfall, der größte materielle Erfolg des Menschen auf unserem Planeten." (Q 483) Die Technik gehört zum natürlichen Wesen des Menschen, so daß auch die Entfaltung der Industrie kein unnatürliches Übel sein kann. Doch ein großer Körper, dessen Seele zu klein geriet, führt in die geistige Leere, die sich bereits in der zweiten Hälfte des 19. Jahrhunderts in einem Mangel an ethischen Orientierungen offenbart – eben die Situation, die Nietzsche in sein Verdikt faßte: „Gott ist tot." – Im Sinne Bergsons eher ein Szenario eines verlorenen Gottes, das sich historisch auch erheblich später erst arrangiert. Denn mit diesem schier unendlich anwachsenden technischen Körper, der die Rolle des menschlichen Körpers einnimmt, konnte das Wachstum der menschlichen Seele, konnte der Élan vital mit seinem ethisch-mystischen Kern nicht mehr mithalten: „Daher die furchtbaren sozialen, politischen, internationalen Probleme, die ebenso viele Definitionen dieser Leere sind und zu ihrer Überbrückung heute so viel ungeordnete und unwirksame Anstrengungen hervorrufen." (Q 483)

Den fatalen Krisen kann man nur begegnen, wenn man diesen Mangel an Sittlichkeit ausgleicht. Verselbständigt sich die Technik, kommt es jetzt darauf an, sie wieder unter die sittliche Kontrolle zu bringen: „Wir möchten hinzufügen, daß der vergrößerte Körper auch ein Mehr an Seele erwartet und daß die Mechanik eine Mystik erfordern würde. Die Ursprünge dieser Mechanik sind vielleicht mystischer als man glaubt; sie wird ihre wahre Richtung nur dann wiederfinden und ihrer Macht entsprechenden Dienst nur dann leisten, wenn die Menschheit, die sie noch mehr zur Erde niedergedrückt hat, durch sie dazu gelangt, sich wieder aufzurichten und den Himmel zu sehen." (Q 483)

Bergson formuliert das Verhältnis von Technik und Ethik vor, wie es von Gabriel Marcel, Hans Jonas und von vielen Vertretern des ökologischen Denkens wiederholt werden wird. Ohne erneute Ethisierung wird das technische Gehäuse sich weiter zu einem Übel entwickeln, wird es das soziale Band auflösen, während es unter der Kontrolle einer praktischen Mystik positive Beiträge zu leisten in der Lage wäre.

Doch woher kommen die zu einer Umkehr der Entwicklung nötigen sittlichen Energien? Reicht bereits dieses Bedürfnis nach Lebenssinn angesichts der geistigen Leere im angeschwollenen technischen Körper? Diese Leere provoziert für Bergson in der Tat die Wende der fatalen Entwicklung; denn die Entfaltung der Industriegesellschaft werde sich überleben: Diese werde an sich selbst zugrunde gehen: „Das immer wachsende Bedürfnis nach Wohlleben, die Vergnügungssucht, der zügellose Geschmack an Luxus, alles, was uns für die Zukunft der Menschheit so große Beunruhigung einflößt, weil sie darin wirkliche Befriedigungen zu finden scheint, alles das wird wie ein Ballon scheinen, den man wie verrückt mit Luft gefüllt hat und der ebenso plötzlich zusammensackt." (Q 478) Fordern künstliche Bedürfnisse Erfindungsgeist und Technik heute immer weiter heraus, so könnten höchstens einfache Bedürfnisse die sittliche Wende herbeiführen und die technische Entwicklung wieder unter die menschliche Kontrolle bringen. Von der Technik, von der materiellen Welt kommt eine solche Wende mit Sicherheit nicht her, obwohl sie von dort durch deren geistige Leere und durch krisenhafte Entwicklungen angetrieben wird. Eine solche Wende entwickelt sich nur aus der Mystik und der Religion, die der Sittlichkeit wieder Stärke verleihen können. In asketischer Absicht brauchte die Mystik die Technik, um die Dinge zu beherrschen. In diesen Zustand als Instrument im Dienst des Menschen muß die Technik wieder versetzt werden: „Höchstens wird man sagen, (...) die Mystik könne sich nicht verbreiten, ohne einen ganz besonderen ‚Willen zur Macht' zu ermutigen. Es wird sich darum handeln, eine Herrschaft auszuüben, aber nicht über die Menschen, sondern über die Dinge, gerade damit der Mensch nicht mehr so viel über den Menschen herrsche." (Q 484)

Die Technik muß ethisch gelenkt werden und dazu schafft sie sogar selbst die Bedingungen, und zwar nicht nur in dem Sinne, daß die mit ihr einhergehende geistige Entleerung ihr Gegenteil provozierte. Die moderne Technik versorgt vielmehr die körperlichen Bedürfnisse so weitgehend, daß der Mensch beinahe nicht mehr an die materiellen Bedingungen gebunden ist – eine Vision, die zuvor Karl Marx in materialistischer Perspektive einer zukünftigen, auch geistig befreiten Menschheit entwickelt hatte. Für Bergson eröffnen sich daraus primär Möglichkeiten für die mystischen Anlagen, obgleich diese ihre Dynamik noch nicht entfaltet haben. Es gilt sie jedoch wieder zu wecken, nachdem sie in der technischen Entwicklung zum Stillstand kamen. Stillstand ist jedoch immer schwächer als Bewegung, als der Élan vital. Sieht Wittgenstein in der labyrinthischen Struktur der Sprache Chancen für den religiösen Glauben, so entspringt für Bergson aus der geistigen Entseelung durch die Technik ein mystisches Bedürfnis, das die Menschen wieder auf die Spur des verlorenen Gottes bringen könnte. Wo Kierkegaard bloß eine willkürliche Entscheidung zum Glauben propagieren kann, suchen Religionsphilosophen im 20. Jahrhundert nach Ansätzen für den Glauben gerade in den Entwicklungen, die zur Verdrängung der Religion beigetragen haben.

3. Warten auf die Ankunft des mystischen Genies

Alleine jedoch aus dem technischen Körper mit seinen fatalen Wirkungen entspringt noch keine ethische Dynamik, explodiert der Élan vital noch nicht. Um die Askese in der Welt wieder heimisch werden zu lassen, bedarf es eines Anstoßes. Wie können die ethischen Anlagen geweckt werden?

Der Impuls – so Bergson – müßte von der Politik kommen. Doch gegenüber der Demokratie nimmt Bergson ähnlich wie Gabriel Marcel oder Hans Jonas eine eher skeptische Haltung ein. Mit ihrer an sich rationalen Vermittlungsbemühung zwischen gesellschaftlichem Druck, den Ansprüchen der Allgemeinheit und individueller Freiheit ist die Demokratie der Natur bzw. dem Élan vital am weitesten entgegengesetzt, da man diesen ja mit Rationalität alleine schwerlich zu erfassen oder zu fördern vermag. Gleichzeitig entfalten sich in der Demokratie häufig auch egoistische Sonderinteressen, die überhaupt jeder Verbindung mit mystischen Motiven widerstreben. Die ethisch-mystische Bewegung bedarf statt dessen eines eher heroischen Anstoßes von Religionsstiftern oder von großen Mystikern, die einem intuitiven Drang nach mystischer Einheit zwischen Mensch, Welt und Gott folgen – ein Anstoß, der schwerlich von einer demokratischen Bewegung kommt, deren Interessen allein im materiellen Diesseits liegen.

Bergson hofft auf die Ankunft eines mystischen Genies, das den ethischen Stillstand bloß beenden müsse. „Wenn jetzt ein mystisches Genie auftaucht, dann wird es eine Menschheit mit sich reißen, die einen schon ungeheuer vergrößerten Körper und eine durch ihn umgeformte Seele hat." (Q 484) Stillstand bedarf nämlich immer der Legitimation, die die Bewegung nicht braucht. Denn die Bewegung ist das Leben selbst, der Élan vital, der weder wissenschaftlich durchschaut werden kann noch sich irgendwie politisch rechtfertigen muß.

Zusammen mit der technischen Intelligenz entfaltet sich die moralische Fähigkeit des Élan vital naturhaft von selbst. Doch da diese Anlage momentan schlummert, muß sie erst von einem mystischen Genie wieder geweckt werden. Ja sie harre – so Bergson – nur darauf, wieder entfesselt zu werden: „Dann mag der Ruf des Heros kommen: wir werden nicht alle ihm folgen, aber wir werden alle fühlen, daß wir es tun sollten, (...) man hatte eine Reise begonnen, man hatte sie unterbrechen müssen; indem man sie wieder aufnimmt, tut man nichts anderes, als daß man weiter das will, was man schon wollte. Es ist immer der Aufenthalt, der eine Erklärung verlangt, und nicht die Bewegung." (Q 485)

Gegen Ende des 19. Jahrhunderts entdeckte man die Bewegung als Grundstruktur der Welt bzw. des Lebens. Die Welt beruht nicht auf statischen Gesetzen, einem ruhenden Pol, auf einem Gott als unbewegtem Beweger, sondern auf dem Prinzip der Veränderung, das sich beispielsweise bei Whitehead als Prozeß auch auf Gott ausdehnt.

Wenn das mystische Genie den momentanen Stillstand mit seinen ethischen Krisen überwindet, wenn die seelischen Kräfte sich weiter entfalten, wenn somit der verdrängte Gott wiederkehrt, dann wird das den technischen Körper beseelen und den Menschen von der Herrschaft der materiellen Dinge befreien. „Stifter und Reformatoren der Religionen, Mystiker und Heilige (...): durch ihr Beispiel mitgerissen, schließen wir uns ihnen an, wie einer Armee von Eroberern (...); sie haben den Widerstand der Natur gebrochen und die Menschheit zu neuen Geschicken erhöht." (Q 282)

Diese ethischen bzw. mystischen Heroen oder Genies sind für Bergson keine historischen Einzelfälle, keine isolierten Schicksale, die sich dem Zufall verdanken. Vielmehr besteht zwischen ihnen eine innere Verbindungslinie über die Zeiten hinweg: Sie heißt natürlich Élan vital; sie heißt Prinzip des Lebens; sie heißt Schöpfung, Gott. „Aber die großen ethischen Gestalten, die in der Geschichte Epoche gemacht haben, reichen sich die Hände über die Jahrhunderte hinweg, über unsere menschlichen Gemeinwesen hinweg: sie bilden zusammen ein göttliches Gemeinwesen, in das einzutreten sie uns einladen." (Q 296)

Doch solange die große geniale Umkehr nicht in Sicht ist,

wird man sich mit Notbehelfen arrangieren müssen. Bleibt der ethische Appell an die Freiwilligkeit zu schwach, um bei den Menschen eine Umkehr zu erreichen, wird man – so Bergson – auf politische Zwangsmaßnahmen nicht verzichten können. Noch ist eine Öko-Diktatur, vor der Hans Jonas 1979 in seinem Buch *Das Prinzip Verantwortung* warnen wird, in weiter Ferne, da beschleicht Bergson schon eine derartige makabre Vorahnung.

4. Die asketische Wende der modernen Wissenschaften

Bergson hofft nicht nur auf die mystische Seele. Er erkennt vielmehr auch Verbindungen zwischen einem ethischen Wandel, der aus dem Élan vital entspringt, und dem rationalen Blick der Wissenschaften. Auch dort keimen erste Ansätze, die ein ethisches Umdenken befördern, die den Weg der Luxusorientierung in die Richtung einer Askese wie einer Mystik ablenken: „Während Physik und Chemie uns helfen, unsre Bedürfnisse zu befriedigen und uns dadurch ermuntern, sie zu vermehren, kann man voraussehen, daß Physiologie und Medizin uns mehr und mehr offenbaren werden, wie gefährlich diese Vermehrung ist und wieviel Enttäuschung sich in der Mehrzahl unserer Befriedigungen birgt." (Q 476)

Wenn die Wissenschaften den Menschen zunehmend vor den Gefahren der Bedürfnisbefriedigung warnen, dann beginnen sie sich den religiösen Erfahrungen wieder anzunähern, dann zeigen sich Spuren des verlorenen Gottes nicht nur mystisch, sondern womöglich auch wissenschaftlich. Die Wissenschaften werden beispielsweise dazu beitragen, daß sich Ernährung und Lebensweise wandeln, daß sie vor allem einfacher werden. Eine solche Entwicklung wird – so Bergson – auf Industrie, Handel und Landwirtschaft rückwirken, die sich auf diese veränderten Gepflogenheiten einstellen müssen. Vieles ist jedenfalls bis heute in der von Bergson prophezeiten Richtung entstanden, wenn auch vielleicht nicht im erhofften Ausmaß und häufig mit geringerer asketischer Neigung: „Die

Forderungen des Geschlechtstriebes sind mächtig, aber man würde schnell mit ihnen fertig werden, wenn man sich an die Natur hielte. Indessen hat die Menschheit um eine starke, aber armselige Empfindung herum, die sie als Grundton nahm, eine immer wachsende Zahl von Akkorden erstehen lassen; (...) Es ist ein dauerndes Anrufen der Sinnlichkeit mittels der Phantasie. Unsre ganze Kultur ist ein Aphrodisiakum. Auch hier hat die Wissenschaft noch ein Wort zu reden, und sie wird es eines Tages so deutlich sagen, daß man sie wohl wird hören müssen: es wird dann kein Vergnügen mehr sein, das Vergnügen so sehr zu lieben." (Q 477)

In den letzten drei Jahrhunderten hat sich die Wissenschaft fast nur der Materie zugewandt. Heute muß sie sich daher dringend wieder dem Geist zuwenden. Auf diese Weise läßt sich der Dualismus von Materie und Geist für Bergson durchaus überwinden. Denn zwischen diesen vermittelt das Gedächtnis. Anstatt bloß ein Speicher zu sein, verbindet das Gedächtnis Vergangenheit und Gegenwart im Bewußtsein der Dauer. Durch diese veränderte, auf die Dauer ausgerichtete Wirkungsweise befreit das Gedächtnis den Geist vom materiellen Zeitverständnis. Dadurch vermag der Geist selbständig handelnd in die Welt einzugreifen – ein Gedanke, an den Hans Jonas anschließt –, vermittelt sich der Geist mit der Materie, weist er den Weg zur Überwindung des Dualismus. „Der Geist entnimmt der Materie die Wahrnehmungen, aus denen er seine Nahrung zieht, und gibt sie ihr als Bewegung zurück, der er den Stempel seiner Freiheit aufdrückt."[4]

In diesem Sinne müssen die Wissenschaften jetzt anfangen, den Geist und die Seele zu beachten – eine Tendenz, die sich für Bergson langsam durchsetzt. Doch richten sie ihren Blick noch weitgehend aus der Perspektive des Körpers auf die Seele. Noch dementieren sie, so Bergson, Phänomene der Seele, beispielsweise die Telepathie, obwohl es doch zahlreiche Zeugnisse für diese gebe.

---

[4] Henri BERGSON, Materie und Gedächtnis (1896), Frankfurt/M. 1964, 245

In diesem Sinne schließt Paul Ricœur an Bergson an, wenn er die Psychoanalyse, also auch den Blick in die Seele, in seine Vermittlungsbemühung zwischen Glaube und Wissenschaft mit einbeziehen wird. Bergson wie Ricœur wollen sich letztlich mit Nietzsches Diagnose „Gott ist tot" nicht zufriedengeben. Vielmehr wollen beide den Gegensatz von Religion und Wissenschaft überwinden, der ja der eigentliche Hintergrund für Nietzsches Diagnose ist.

Bergson will dem Menschen wieder zur Einsicht in die Dauer bzw. Unsterblichkeit der Seele verhelfen, und zwar nicht nur als religiöse Botschaft, sondern auch als eine der Philosophie. Denn zu dieser Einsicht könnten auch die Wissenschaften beitragen, wenn sie sich wandelten, sich von der Materie ab- und dem Geist zuwenden würden: „Nehmen wir an, ein Strahl dieser unbekannten Welt käme zu uns, sichtbar für das körperliche Auge. Welche Umwälzung für eine Menschheit, die gewöhnt war (...) nur das als vorhanden zu betrachten, was sie sieht und was sie berührt! (...) In Wahrheit könnten wir, wenn wir des Fortlebens sicher, absolut sicher wären, gar nicht mehr an etwas andres denken. Die Vergnügungen würden weiterbestehen, aber matt und farblos sein (...) Das Vergnügen würde überstrahlt werden von der Freude." (Q 488f)

Als Hitlers Truppen 1940 Frankreich besetzten, floh Bergson zunächst nach Bordeaux, kehrte jedoch kurz darauf nach Paris zurück. Ob seines Alters und sicherlich angesichts seiner Berühmtheit bot die deutsche Besatzungsmacht ihm an, daß er sich nicht den Reglementierungen unterwerfen müsse, denen Juden sofort ausgesetzt waren. Er lehnte ab und starb im Januar 1941 einundachtzigjährig an einer Lungenentzündung, die er sich zuzog, als er in der Schlange wartete, um sich als Jude registrieren zu lassen. Zu seiner Beerdigung kamen Tausende. Es war die erste große Demonstration gegen das deutsche Besatzungsregime in Frankreich.

3. Kapitel

William James' pragmatisches Plädoyer für den Nutzen des Glaubens

Von Nietzsches These, daß Gott tot sei, ließ sich der erste international bekannte US-amerikanische Philosoph, William James (1842–1910), kaum beeindrucken. Auch sah er sich nicht dem Zwang zu einer Entscheidung zum Glauben ausgesetzt. Doch tief beeindruckt von Bergsons Élan vital, spürte er die Verunsicherung des Glaubens durch den Ansturm der Aufklärung im 18. Jahrhundert, den Anspruch auf Mündigkeit, auf die Freiheit des Denkens. Mit den Naturwissenschaften verbreitet sich im 19. Jahrhundert ein materialistisches Verständnis der Welt, das den Geist zu einer Funktion der Materie reduziert und ihm jede höhere Bedeutung abspricht. Dabei interessiert sich solch positivistische Weltsicht nur für konkrete Probleme, die man in der technischen wie der sozialen Praxis lösen kann.

Zu derartigen Konzeptionen rechnet man gemeinhin auch jene Richtung, zu deren Hauptvertretern William James und sein Studienfreund Charles Sanders Peirce (1839–1914) sowie John Dewey (1859–1952) gehören: nämlich den Pragmatismus als erste originär US-amerikanische Philosophie. Dieser fragt weder nach letzten Einsichten noch nach höchsten Leitideen. Solche Bemühungen führen erfahrungsgemäß in unendliche Dispute. Erkenntnisse sollen vielmehr genauso wie Prinzipien dem Handeln dienen; sie müssen zu etwas gut sein: Es geht um ihren Nutzen. Ansonsten erscheinen sie in pragmatischer Perspektive sinnlos.

Allerdings gibt sich William James ähnlich wie Bergson nicht damit zufrieden, daß die modernen Wissenschaften die Sinnfragen der Menschen weitgehend außer acht lassen. Trotzdem richtet William James die Philosophie radikal an der Erfahrungswelt aus. Dort will er auch die Realität der Religion empirisch beweisen. Neigt aber der Empirismus nicht zum Materialismus wie zum Atheismus, indem er gemeinhin jede Jenseitsorientierung ausblendet? Bleibt hier noch Spielraum für religiöse Einsichten?

1. Die individuelle Perspektive des radikalen Empirismus

Am Empirismus kommt man – so James – angesichts des Erfolges von Technik und Naturwissenschaften nicht vorbei. Eine quasi göttliche Perspektive von einem höheren Standpunkt aus auf die Welt als Ganzes bleibt damit versperrt. Der einzelne Mensch, auch wenn er in der Gemeinschaft von Forschenden agiert, übersieht immer nur Bereiche der Welt. Obgleich man die einzelnen Dinge miteinander verknüpft, gelingt es den positivistischen Wissenschaften niemals, einen Gesamtzusammenhang als Ganzes zu überblicken. Die Naturwissenschaften unterstellen auch keine göttlich gegebenen Gesetze in der Natur mehr – der göttliche Schöpfungsakt ist nicht mehr Garant für die Einheit und Ganzheit der Natur.

Doch dabei verlieren die Wissenschaften – so James' Kritik, die derjenigen Kierkegaards ähnelt und die Whiteheads Konzeption einer Welt als Ereigniszusammenhang antizipiert – die konkreten und lebendigen Zusammenhänge aus den Augen, die für sie keine Rolle spielen. Die Naturwissenschaften berechnen die Welt und stellen sie experimentell nach. James schließt hier an Bergsons mystischen Lebenstrieb an, den die Wissenschaften nicht erfassen. Sie reduzieren die Welt auf das rein Materielle und vernachlässigen die geistigen und erst recht die religiösen Seiten. Daher drohen weiter reichende Gefahren, die ein damals weit verbreiteter, der wissenschaftlich-technischen Welt gegenüber skeptischer Zeitgeist bereits zur Sprache brachte. James schreibt: „Die naturwissenschaftlichen Denkmethoden haben der praktischen Naturbeherrschung ein weitaus größeres Gebiet erschlossen als der gesunde Menschenverstand. Dieses Gebiet wächst mit solcher

Geschwindigkeit, daß niemand seine Grenzen zu bestimmen vermag. Ja man muß sogar fürchten, daß die vom Menschen entfesselten Kräfte sein eigenes Wesen zermalmen. Wer weiß, ob sein Organismus dem Ansturm der zu beängstigender Größe emporwachsenden Kräfte standzuhalten vermag, ob dieser Organismus der geradezu göttlichen Schöpferkraft gewachsen ist, die sein eigener Intellekt in seine Hände legt. Er ertrinkt vielleicht in seinem eigenen Reichtum, wie ein Kind in einer Badewanne ertrinken kann, wenn es die Wasserleitung aufgedreht hat und nicht wieder abzudrehen vermag." (P[1] 117)

Damit kritisiert William James den damals üblichen wissenschaftlichen Empirismus: Dieser zerlege die Welt gemäß den wissenschaftlichen Disziplinen und atomisiere dabei die Natur in jene zusammenhanglosen Einzelteile, die sich dann technisch ausnützen lassen. In ihrer individuellen Erfahrung jedoch erleben die Menschen die Welt tagtäglich in vielfältigen Zusammenhängen. Für solche konkreten Erfahrungen, zu denen auch religiöse gehören, interessiert sich der wissenschaftliche Empirismus praktisch gar nicht. Er beschäftigt sich ausschließlich mit den wissenschaftlich erstellten Fakten. Für James geht der Empirismus in dieser Hinsicht gerade nicht weit genug, ist nicht empirisch genug. James propagiert deshalb einen radikalen Empirismus, der sich nicht auf die wissenschaftlichen Daten beschränkt, sondern alles zu seinen Gegenständen erhebt, was Menschen als konkrete Erfahrungen zusammentragen, somit auch religiöse Erlebnisse – eine pragmatische Perspektive, die sich beim späten Wittgenstein einstellt und die das Denken im 20. Jahrhundert tief beeinflussen wird. Gerade dieser radikale Empirismus, der sich für alle Erfahrungen – die individuellen wie die wissenschaftlichen – öffnet, verschließt somit nicht die Augen vor Erfahrungen, die irrational erscheinen. Damit möchte James einen Zugang zu religiösen Erfahrungen herstellen.

---

[1] William JAMES, Der Pragmatismus. Ein neuer Name für alte Denkmethoden (1907), 2. Aufl., Hamburg 1994 (P)

William James stammte aus einer calvinistischen Familie. Sein Vater Henry James sen. war Theologe. Sein Bruder Henry James jun. erlangte als Schriftsteller Berühmtheit. William James studierte in Harvard zunächst Chemie und Biologie, danach Medizin. 1872 wurde er dort Dozent für Physiologie und Anatomie. Zunehmend beschäftigte er sich mit Psychologie und Philosophie und lehrte in Harvard ab 1885 als Professor. 1890 veröffentlichte er das grundlegende Werk *Principles of Psychology*. Danach konzentrierte er sich stärker auf die Philosophie und hielt Vorträge und Vorlesungen an zahlreichen amerikanischen und europäischen Universitäten.

2. Die pragmatische Wahrheit der Wirkung

Auch die religiöse Dimension in ein wissenschaftliches Konzept zu integrieren, mag vielen aus empiristischer Sicht schon dubios erscheinen; bei einer pragmatischen Orientierung wird es noch fragwürdiger. Das Wort Pragmatismus greift zuerst 1878 Charles Sanders Pierce auf. Für ihn drücken sich Gedanken in Handlungen aus. Darin liegt ihr Sinn oder ihre Bedeutung. Subtile Unterscheidungen, die in der Philosophie ja sehr beliebt sind, aus denen aber keine weiteren Handlungen folgen, liefern auch keine zusätzlichen Informationen, haben daher im Grunde auch gar keine Bedeutung.

1898 übernimmt James diesen Begriff. Danach legt dieser eine steile Karriere hin. Auch die pragmatische Methode, wie sie vor allem von James weiterentwickelt wird, fragt somit, ob ein Urteil, z. B. „das Universum ist unendlich", praktische Konsequenzen nach sich zieht. Stellen sich keinerlei Folgen ein, wie immer diese auch geartet sein mögen, ändern sich die menschlichen Handlungen dadurch nicht, daß man das Universum für unendlich hält, dann hat dieses Urteil auch keine Relevanz, und man kann es getrost übergehen. Streiten sich zwei vermeintlich gegensätzliche Positionen miteinander, ergeben sich aus den beiden Positionen aber keine unterschiedlichen Handlungen, dann braucht man den Streit auch nicht weiter zu führen, sondern kann ihn gelassen beenden. „Die pragmatische Methode ist zunächst eine Methode, um philosophische Streitigkeiten zu schlichten, die sonst endlos wären." (P 27)

William James lebt im anbrechenden Zeitalter des Kriegs der großen Ideologien, der vornehmlich die europäische Philosophie durchherrscht, auf den bereits Max Weber antwortet und an dem sich auch Eric Voegelin, Karl Jaspers und Gabriel Marcel abarbeiten. Marxismus, Sozialismus, Liberalismus und Konservativismus liefern sich erbitterte weltanschauliche Gefechte über fundamentale Urteile und Prinzipien. Für die alltägliche individuelle und soziale Praxis bleiben sie jedoch zumeist irrelevant. Für solche Probleme müssen immer konkrete Lösungen gefunden werden.

Diese eher europäischen Grundsatzdebatten will der Pragmatismus aufgeben. Dazu entwirft James eine neue Definition der Wahrheit. Die philosophische Tradition unterstellt der Welt zumeist eine bestimmte unabänderliche Struktur. Erkennt man diese, gewinnt man wahre Erkenntnisse als Einsichten in die Welt, wie sie wirklich ist. Doch solche ewigen Wahrheiten büßen ihre Bedeutung für das Leben der Menschen weitgehend ein.

Widerspricht der Pragmatismus damit nicht jedem religiösen Wahrheitsverständnis, das sich doch immer auf feste, wenn nicht gar ewige Wahrheiten stützt? Dieser Verdacht scheint sich zu erhärten, wenn James Wahrheit nicht um ihrer selbst willen anstrebt. Vielmehr erklärt er Wahrheit zu einem Mittel, das mir Vorteile verschafft: „,Das Wahre' ist (...) nichts anderes als das, was uns auf dem Wege des Denkens vorwärts bringt, so wie ,das Richtige' das ist, was uns in unserem Benehmen vorwärts bringt." (P 140)

William James versteht die Wahrheit instrumentell, eben als ein Mittel, das erfolgreiches Handeln gewährleistet. Daher eignet der Wahrheit eine zeitliche Struktur. Sie kann belanglos oder bedeutungslos werden. Sie kann sich auch als Irrtum erweisen, eine Einsicht, auf der vor James vor allem Nietzsche insistierte. Somit kann man auch nicht mehr von der einen, unabänderlichen Wahrheit sprechen. Vielmehr muß man akzeptieren, daß viele Wahrheiten neben- und nacheinander existieren: „Wenn wir von der Wahrheit sprechen, so sprechen wir unserer Theorie gemäß von Wahrheiten in der Mehrzahl, von Führungen, die sich im Gebiete der Tatsachen abspielen und die nur die eine Eigenschaft gemeinsam haben, daß sie *lohnen*. (...) Die Wahrheit wird im Lauf der Erfahrungen erzeugt, so wie die Gesundheit, der Reichtum, die Körperkraft erzeugt wird." (P 137)

Die philosophische Tradition trennt das Wahre vom Guten. Das Wahre stellt das zentrale Kriterium der theoretischen Philosophie bzw. der Erkenntnistheorie dar. Das Gute präsentiert sich dagegen als rein ethische Leitidee. Indem James diese strikte Trennung aufhebt, verliert das ethisch Gute seinen rein moralischen Charakter und geht genauso wie die Wahrheit in dem auf, was dem Menschen nützt: „Wahr heißt alles, was sich auf dem Gebiete der intellektuellen Überzeugung aus bestimmt angebbaren Gründen als gut erweist." (P 48)

Wahrheit entwickelt sich im Kommunikationszusammenhang und nicht schlicht durch logische und wissenschaftliche Prinzipien. Hier unterscheidet sich der Pragmatismus auch vom klassischen Utilitarismus John Stuart Mills, der zwar den Nutzen in den Vordergrund schiebt, dabei aber auf der Vernunft insistiert und sich nicht wie James primär am Einzelfall orientiert. Dann aber entspringt Wahrheit im gemeinsamen Handeln der Menschen, wenn ich mit anderen kommuniziere und andere meine Urteile als wahr, richtig oder nützlich akzeptieren: „Um meine Behauptung ,der Tisch existiert' zu bewahrheiten, so daß Sie ihn als real anerkennen, muß es mir möglich sein, daß ich Ihren Tisch schüttele, daß ich mich mit Worten erkläre, um diesen Tisch Ihrem Bewußtsein nahe zu bringen, oder daß ich eine Zeichnung mache, die dem Tisch ähnelt, den Sie sehen."[2]

---

[2] William JAMES, The Meaning of Truth (1909), 2. Aufl., Westport 1979, 218 (eigene Übersetzung)

3. Der Pluralismus der Weltanschauungen

Wenn James in radikal empiristischer Tradition von der Vielfalt individueller Erfahrungen ausgeht, muß er zudem die Einheitlichkeit des Universums in Frage stellen, die die monistische Philosophie im 19. Jahrhundert vor allem im Anschluß an Hegel vertritt. James schreibt in seiner unvollendeten, erst 1911 posthum erschienenen Einführung *Some Problems of Philosophy*: „Die Alternative zwischen Pluralismus und Monismus (...) ist das fruchtbarste Dilemma in der Philosophie, obgleich es erst in unserer Zeit deutlich formuliert wird. Besteht die Realität aus Einzelteilen? (...) Oder nur in der Form einer Allheit oder Ganzheit?"[3] Tatsächlich entwickelt James zunehmend ein pluralistisches Verständnis der Welt, in der eben diverse Weltanschauungen miteinander konkurrieren, ohne daß sie sich gegenseitig widerlegen könnten.

Läßt sich eine solche Konzeption mit dem religiösen Glauben vereinbaren? Diese Frage entfaltet ihren vollen Ernst, wenn James mit den folgenden Worten offenbar auch jede religiöse Grundlage von Welt und Wirklichkeit ablehnt: „Der Begriff einer Realität, die von uns verlangt, daß wir mit ihr übereinstimmen, und zwar aus keinem anderen Grunde als bloß deshalb, weil dieser Anspruch ein ‚unbedingter' und ‚transzendenter' ist, das ist etwas, womit ich schlechterdings nichts anzufangen weiß." (P 149)

Eine bestimmte Realität aus religiösen Gründen als die einzig richtige und wahre akzeptieren zu müssen, einen solchen Anspruch weist James in US-amerikanischer Verfassungstradition zurück: Politik und Religion werden hier nicht zuletzt deshalb strikt getrennt, weil in den Vereinigten Staaten zahlreiche, vor allem protestantische Strömungen und verschiedene Kirchen ihre Heimat fanden. Sie hätten sich schwerlich auf eine gemeinsame Staatsreligion einigen können. Der Pragmatismus überträgt diese Trennung von Staat und Religion

---

[3] William JAMES, Some Problems of Philosophy (1911), New York 1968, 114 (eigene Übersetzung)

auf philosophische und weltanschauliche Konflikte, die von der Politik möglichst ferngehalten werden sollten.

Der Mensch kann nur Ausschnitte des Universums wahrnehmen und beobachten, nie das Ganze. Daher läßt sich das Universum aus Daten der Erfahrung nur aggregativ, Stück für Stück, zusammensetzen: Zwischen Einzelteilen werden Verbindungen hergestellt. Nach jedem neuen Detail kommt ein weiteres: *Und* noch etwas. James' pluralistischen Pragmatismus kann man daher als die Philosophie des „Und" bezeichnen: „Im Sinne des Pragmatismus bedeutet der Pluralismus oder die Lehre, daß das Universum eine Vielheit darstellt, nur daß die verschiedenen Teile der Wirklichkeit in *äußerlichen Beziehungen zueinander stehen können.* (...) Die Dinge sind ‚mit'einander in vielen Weisen verknüpft, aber es gibt keines, das alles umschlösse oder alle anderen vollkommen beherrschte. Das Wort ‚und' schleppt hinter jede[m] Satz her. (...) Die pluralistische Welt gleicht so mehr einer föderativen Republik als einem Imperium oder einem Königreich." (U[4] 208)

Hegels monistische Philosophie des absoluten Geistes unterstellt einen logischen Zusammenhang der Welt: Der Mensch kann die Welt nur als Einheit denken. Dem entgegnet der Pragmatismus, daß auch die absolute Philosophie die Erfahrungswelt braucht, um die Einheit der Welt zu entwerfen. Die Idee einer Einheit bietet für den Pluralismus überhaupt keine Vorteile. Natürlich kann man die Einheit der Welt als das *Uni*-Versum unterstellen. Genauso sinnvoll und berechtigt erscheint dem Pluralismus die Vielheit, das *Multi*-Versum. Einheitlichkeit stellt keine bessere Qualität dar als Vielheit oder gar als das Chaos. Einheit erweist sich nicht von vornherein als das Gute.

Der Pluralismus bleibt ein radikaler Empirismus, für den die logische Einheit der Welt praktisch folgenlos ist: Sie wirkt sich nicht auf das Handeln aus. Vielmehr beeinflussen die realen Gegebenheiten in ihrer Vielfalt das Alltagsleben – es ist ein

---

[4] William JAMES, Das pluralistische Universum. Vorlesungen über die gegenwärtige Lage der Philosophie (1909), Darmstadt 1994 (U)

solcher Ausgangspunkt, den Wittgenstein in der Alltagssprache sucht. Wenn man überhaupt zu einem Gesamtzusammenhang gelangen will, muß man die einzelnen Erfahrungsdaten miteinander verknüpfen. Das will eine Philosophie des „Und" formulieren: „Das Geheimnis eines zusammenhängenden Lebens, das das Universum so sicher kennt, und nach dem es jeden Augenblick handelt, kann nicht innerlichst widerspruchsvoll sein. Wenn das die Logik behauptet, um so schlimmer für die Logik. Die Wirklichkeit steht höher als die Logik; diese ist nur eine leblose unvollkommene Abstraktion. Deshalb muß die Logik der Wirklichkeit, aber nicht die Wirklichkeit der Logik weichen." (U 131)

4. Erfahrbarkeit und Wirksamkeit der Religion

Kann der Pragmatismus mit seiner empirisch-pluralistischen Ausrichtung die Realität der religiösen Dimension konkret aufweisen? James behauptet das vehement: „Lassen Sie den Empirismus sich einmal mit der Religion verbinden, wie er bisher auf Grund eines seltsamen Mißverständnisses mit Irreligiosität verbunden war, und ich glaube, ein neues Zeitalter sowohl der Religion wie der Philosophie wird anheben." (U 203) Nicht nur bemüht sich James in allen seinen Schriften immer wieder um eine Vermittlung von Empirismus und religiösem Glauben. Er widmet diesem Problem auch eine umfängliche Studie mit dem signifikanten Titel *Die Vielfalt religiöser Erfahrungen*, auf die sich Whitehead bezieht, der William James besonders verehrt, und die man mit Max Webers religionssoziologischer Studie *Die protestantische Ethik* vergleichen kann. Als Empiriker kann James die religiöse Welt nicht als schlicht gegeben voraussetzen, obgleich er sie zumindest hypothetisch annimmt: Die materielle Welt – so die These – entfaltet sich nur als andere Seite einer Einbindung in eine geistige Welt. Eine solche geistige Dimension muß sich indes in der Erfahrungswelt nachweisen lassen; sonst blieben Empirismus und Religion getrennt. Daher sucht

James nach empirischen Belegen für die religiöse Welt in der religiösen Erfahrung der einzelnen Menschen – eine Vermittlungsbemühung zwischen Religion und Wissenschaft, die derjenigen Bergsons ähnelt und die dem individuellen Ansatz von Kierkegaard entspricht: „Alle Fakten aber sind einzelne Fakten und das ganze Interesse der Frage nach Gottes Existenz scheint für mich in den Konsequenzen für einzelnes Seiendes zu liegen, die diese Existenz möglicherweise mit sich bringt." (VR[5] 476)

Die einzelnen Menschen erleben den Glauben freilich sehr unterschiedlich, besonders intensiv natürlich die religiösen Virtuosen, die Gründer von Religionen und herausragenden Prediger. So stützt sich James auf Zeugnisse religiöser Führer und wichtiger Vertreter diverser religiöser Richtungen: „Vielmehr müssen wir nach den Originalerfahrungen suchen (…). Diese Erfahrungen können wir nur in Individuen finden, für die Religion nicht als eine dumpfe Gewohnheit existiert, sondern eher als ein akutes Fieber. Aber solche Individuen sind religiöse ‚Genies' (…)." (VR 18)

Religiöse Erfahrungen reduziert James dabei nicht auf psychologische Konstellationen, erklärt sie nicht bloß als vielleicht neurotische Erscheinungsweisen, interpretiert sie eben nicht als etwas anderes, als sie jene verstehen, die sie erlebten. Er begreift sie somit als Zeugnis dafür, daß das Bewußtsein mit einer geistigen Umgebung zusammenhängt. Aber muß man dem individuellen Zeugnis notwendig vertrauen? Schwerlich! Individuelle religiöse Erfahrungen – gerade bei Virtuosen bzw. religiösen Genies – nehmen oft mystische Züge an. James betrachtet die mystische Erfahrung als religiöses Zeugnis des Individuums, das man genauso akzeptieren muß wie jede andere Äußerung, sei diese etwa rational oder gar wissenschaftlich.

Bestätigt die Mystik damit die Realität der Religion bzw. bekräftigt sie für alle nachvollziehbar die individuelle religiöse

---

[5] William JAMES, Die Vielfalt religiöser Erfahrungen. Eine Studie über die menschliche Natur (1901/02), Olten, Freiburg im Breisgau 1979 (VR)

Erfahrung? Hier trennen sich die Wege von Bergson und James: Genau an dieser Nachvollziehbarkeit hapert es bei der Mystik. Vielmehr entwickeln derartige Erfahrungen ein hohes Maß an Entrücktheit, die sich anderen kaum vermitteln läßt. Ob ihres daher zutiefst individuellen Charakters bleibt die Mystik eher privat, auf der schlichten subjektiven Ebene religiöser Erfahrung, vermag sie diese nicht auch empirisch zu bekräftigen.

Das individuelle Zeugnis reicht also allein nicht hin, religiöse Erfahrung so glaubhaft zu vermitteln, daß sie die Realität der Religion bestärkt. Wodurch aber läßt sich das individuelle Zeugnis bestätigen? Muß man dazu auf die Theologie oder auf die Institution Kirche zurückgreifen? Doch letztlich gründen ursprüngliche religiöse Erfahrungen immer auf persönlichen Einsichten – man denke an die Stifter der großen Weltreligionen wie Christus, Buddha oder Mohammed, aber auch an Luther oder Calvin. Theologie wie Kirche bleiben gegenüber den primären religiösen Erfahrungen daher sekundär bzw. abgeleitet, so daß sie solche individuellen Eindrücke nicht bewahrheiten können.

Was bleibt dem Pragmatismus dann noch, um individuelle Zeugnisse des Glaubens zu bewahrheiten? Solche persönlichen Erfahrungen müßten *überprüfbare* Auswirkungen in der Alltagswelt haben. James wartet nicht wie Bergson auf mystische Genies, somit auch nicht auf eine revolutionäre religiöse Umwälzung. Der individuelle Glaube – so James – zeigt sich vor allem im Gebet. In ihm führt der Mensch einen inneren Dialog mit einer geistigen bzw. göttlichen Macht. Insofern sieht James in ihm das Wesen der Religion: „Die Echtheit der Religion ist so unlöslich verbunden mit der Frage, ob das Gebetsbewußtsein eine Täuschung ist oder nicht. Die Überzeugung, daß in diesem Bewußtsein echt etwas umgesetzt wird, ist gerade der Kern lebendiger Religion." (VR 432)

Als innerer Dialog verleiht das Gebet dem Selbstbewußtsein des Einzelnen Halt. Insofern wirkt das Gebet auf das Individuum. Kann man das empirisch überprüfen? Genau das verlangt der radikale Empirismus, um die Glaubwürdigkeit religiöser Erfahrungen zu erhöhen und um dadurch die Realität der Religion zu bestätigen: „Es mag sich sehr wohl herausstellen, daß die Wirkungssphäre im Gebet ausschließlich subjektiv ist und daß dasjenige, was unmittelbar verändert wird, nur der Geist des betenden Menschen ist. Aber wie immer unsere Annahmen über den Effekt des Gebetes durch Kritik begrenzt werden mögen, Religion (...) muß mit der Überzeugung stehen oder fallen, daß Wirkungen irgendeiner Art wirklich eintreten." (VR 432)

Langsam läßt sich die Antwort auf die Frage, wie der Pragmatismus die Realität der Religion bekräftigen will, skizzieren: Sie hilft dem Menschen, sein Leben zu bewältigen: „Das einzige, was [die religiöse Erfahrung] unzweideutig bezeugt, ist, daß wir die Vereinigung mit *etwas* Größerem, als wir selber sind, erfahren und in dieser Vereinigung unseren größten Frieden finden können." (VR 479) Doch der religiöse Glaube wirkt sich nicht nur auf das individuelle Leben aus, sondern auch darüber hinaus. Wenn das Individuum im Einklang mit sich selbst lebt, so beeinflußt das auch die Gesellschaft, ihre Institutionen, ja die Kultur insgesamt: „Die höchsten Flüge von Liebe, Verehrung, Treue, Geduld, Tapferkeit, zu denen die menschliche Natur ihre Flügel ausgebreitet hat, sind im Namen religiöser Ideale unternommen worden." (VR 249)

Um also die Realität der Religion nachzuweisen, fragt der Pragmatismus nach ihren konkreten Wirkungen. Wie zeigen sich solche Wirkungen? Durch praktischen Nutzen, nicht durch abstrakte Wahrheit. Gottesbeweise bleiben müßig. Nicht weil die Religion wahr ist, nicht weil Gott existiert, besitzt sie Realität, sondern weil sie nützt und insoweit ist sie denn auch wahr, existiert auch Gott. Keine Mystik, keine Philosophie – der Nutzen eines gefestigten Lebens bekräftigt die individuellen religiösen Erfahrungen: „Der Nutzen der Religion, ihr Nutzen für das Individuum, das sie hat, und der Nutzen des Individuums selber für die Welt sind die besten Argumente, daß in ihr Wahrheit liegt. Wir kehren zur empirischen Philosophie zurück: Das Wahre ist, was sich zum Guten auswirkt (...)." (VR 425)

Alles, was konkrete Wirkungen hat, alles, was einen Nutzen mit sich bringt, das hat auch Realität. Wenn sich bei mystischen Erfahrungen solche Folgen einstellen, bezeugt auch die Mystik die Realität des Göttlichen in der Welt. Der Pragmatismus weist die Realität der Religion empirisch nach, wenn sie nützt: „Wenn theologische Ideen das können, wenn speziell der Gottesbegriff sich hierbei bewährt, wie könnte da der Pragmatismus die Existenz Gottes leugnen? Er könnte gar keinen Sinn darin erblicken, ein Urteil, das pragmatisch so erfolgreich war, als unwahr zu betrachten." (P 51) Der Mensch kann handeln, als ob es Gott, die Unsterblichkeit, den freien Willen gibt, so daß es pragmatisch keinen Sinn macht, anderes zu unterstellen: Der Glaube bewährt sich in praktischer Hinsicht; daher muß man die Religion als ein positives Faktum auffassen.

Wie aber verhält sich solch eine unterstellte Tatsache zu den unterschiedlichen religiösen Vorstellungen? Widerlegen die verschiedenen Religionen und religiösen Strömungen, die sich untereinander häufig feindlich gesinnt sind, nicht doch diese Realität der Religion? Zeigt sich hier nicht eher die religiöse Variante des Kriegs der Ideologien, dessen Anfang James miterlebt? Diese Fragestellung, die bis heute immer aktueller wurde, durchzieht die Religionsphilosophie im 20. Jahrhundert. Sie taucht vor allem bei Whitehead, Jaspers und Ricœur auf. Hier integriert James auch den Pluralismus in seine Konzeption: „Ist die Existenz so vieler religiöser Typen und Sekten und Glaubensüberzeugungen zu bedauern? Auf diese Frage antworte ich emphatisch: nein. Und meine Begründung ist, daß ich nicht sehe, wie es möglich ist, daß Geschöpfe in so unterschiedlichen Situationen und mit so unterschiedlichen Kräften, wie sie die menschlichen Individuen sind, genau dieselben Funktionen und dieselben Pflichten haben sollten. (...) Das Göttliche kann nicht eine einzige Qualität bedeuten, es muß eine Gruppe von Qualitäten bedeuten, für die abwechselnd Vorkämpfer zu sein für unterschiedliche Menschen in gleicher Weise eine würdige Mission sein kann." (VR 450)

Natürlich gibt es für William James keine absolute Gewißheit über die Realität einer göttlichen Dimension. Jeder Mensch muß sich darüber selbst klarwerden und dann entsprechend handeln. Die Entscheidung zum Glauben bleibt ein individueller Akt, in den sich andere nicht einmischen dürfen. Seinen Aufsatz *The Will to Believe* aus dem Jahre 1897 beschließt William James mit einem Zitat von Fitz James Stephen, einem im 19. Jahrhundert bedeutenden Liberalen: „Was denkst du über dich selbst? Was denkst du über die Welt? Das sind Fragen, mit denen jeder umgehen muß, wie es ihm gut erscheint für ihn selbst. (...) Jeder muß handeln, wie er es für am besten hält; und wenn er sich täuscht, so ist es um so schlechter für ihn. (...) Was müssen wir tun? ‚Sei stark und guten Mutes.‘ Strebe nach dem Besten, hoffe auf das Beste, und nimm, was kommt ... Wenn der Tod alles beendet, können wir ihm auf keine bessere Weise begegnen."[6]

---

[6] Fitz James STEPHEN, Liberty, Equality, Fraternity, 2. Aufl., London 1874, 353; zit. bei William James, The Will to Believe (1897), Essays on Faith and Morals, Cleveland, New York 1968, 62 (eigene Übersetzung)

4. Kapitel

Alfred North Whiteheads kosmologische Perspektiven des überredenden Gottes

„Ich bin weit davon entfernt, die Bedeutung der Analyse der Erfahrung zu bestreiten. (...) Wogegen ich mich wende, ist das absurde Vertrauen in die Richtigkeit unseres Wissens. Die Selbstgewißheit gebildeter Menschen ist die komische Tragödie der Zivilisation." (I[1] 95) Eine solche Bilanz zieht 1941 der Mathematiker Alfred North Whitehead (1861–1947) bei seiner Abschiedsvorlesung in Harvard. Ähnlich wie William James kritisiert er den Materialismus des naturwissenschaftlichen Denkens. Dieser treibt ihn zur Philosophie. Beinahe vier Jahrzehnte lang lehrte er in Cambridge und London vor allem angewandte Mathematik. Neben zahlreichen anderen naturwissenschaftlichen Veröffentlichungen schrieb er zwischen 1910 und 1913 zusammen mit Bertrand Russell das dreibändige grundlegende Werk *Principia Mathematica*. Als weltweit renommierter Mathematiker erhielt er 1924 einen Ruf nach Harvard auf einen Lehrstuhl für Philosophie. Bereits bei seiner dortigen Antrittsvorlesung überraschte er mit metaphysischen und theologischen Gedanken über den Kosmos.

Wie kann man den modernen Materialismus überwinden? Wie kann man die Naturwissenschaften mit der Dimension des Geistes und mit religiösem Denken vermitteln? Diese Problemstellung durchzieht Whiteheads philosophisches Werk, das vornehmlich ab 1925 entsteht.

---

[1] Alfred North WHITEHEAD, Immortality. Essays in Science and Philosophy (1948), New York 1968 (eigene Übersetzung) (I)

1. Die Natur jenseits des Materialismus

Eine Wende hin zur Philosophie kündigt sich bei Whitehead bereits 1919 in seinem Buch *Der Begriff der Natur* an. Zusammen mit seinem Buch *Principles of Relativity* aus dem Jahr 1922 gehört es noch zu jenen Schriften, die Whitehead selbst unter dem Titel „Panphysik" faßte, um sie sowohl gegenüber der romantischen Naturphilosophie als auch gegenüber rein logischer Wissenschaftstheorie abzugrenzen.

In *Der Begriff der Natur* analysiert er die Grundlagen des naturwissenschaftlich-technischen Weltbildes: Was hält die Natur im Innersten zusammen? Ihre Substanz, das, was an ihr überdauert, ihr Wesen, antwortete schon die antike griechische Philosophie. Noch die modernen Naturwissenschaften unterstellen der Natur die Materie, aus der sich Natur zusammensetzt. „Der Ursprung der Materiedoktrin ist das Resultat des unreflektierten Hinnehmens von Raum und Zeit als äußeren Bedingungen der natürlichen Existenz." (BN[2] 19)

Newtons Physik stützt sich auf die ideale Geometrie eines dreidimensionalen Raumes, in dem sich die Körper aus idealen Linien und Punkten genau bestimmen lassen. Daß eine geometrische Messung von irgendwelchen Punkten im Raum eigentlich Zeit braucht, berücksichtigt Newtons Physik noch nicht. Auf der Erde bei vergleichsweise kurzen Entfernungen spielt die bei einer Messung vergehende Zeit ob ihrer Kürze praktisch keine Rolle. Die Astronomie sieht sich mit diesem Problem schon eher konfrontiert. Licht gelangt vom Mond zur Erde in etwa einer Sekunde. Das Universum läßt sich somit nicht mittels des idealen dreidimensionalen Raumes durchmessen und berechnen. Whitehead konstatiert: „Heute aber (...) werfen die Begriffe Materie, Raum, Zeit und Energie so viele Schwierigkeiten auf, daß die schlichte Selbstgewißheit der alten orthodoxen Voraussetzungen verschwunden ist.

---

[2] Alfred North WHITEHEAD, Der Begriff der Natur (1919), Weinheim 1990 (BN)

So wie Newton (...) sie uns hinterlassen hat, können sie uns nicht mehr genügen." (WM[3] 149)

Das berücksichtigt Einstein mit der speziellen Relativitätstheorie, wenn er als Bedingung der Messung das Licht einführt. Nicht nur jagt es mit einer bestimmten Geschwindigkeit durch den Raum. Vielmehr beeinflußt die Anziehungskraft von Himmelskörpern auch seine Richtung. Whitehead folgt den mathematisch-physikalischen Grundlagen der Relativitätstheorie. Es ist nicht so, daß Raum und Zeit einfach vorliegen und sich in ihnen die Materie präsentiert. Um Raum und Zeit überhaupt zu bestimmen, benötigt man reale materielle Gegenstände, z. B. Instrumente wie Uhren und überhaupt das Licht selbst, das aus materiellen Teilchen besteht.

Aus Einsteins Relativitätstheorie zieht Whitehead allerdings Schlußfolgerungen, die den gängigen wissenschaftlichen Materialismus überschreiten – der Sinn seiner „Panphysik". Natur realisiert nicht ein allgemeines Wesen, z. B. die angeblich in Raum und Zeit vorliegende Materie. Wenn man nach der Wirklichkeit der Natur fragt, muß man vielmehr nachschauen, wie sie sich konkret zeigt: Natur verwirklicht sich in der einzelnen vorhandenen Ansammlung von Materieteilchen – der Stein hier, der Mensch dort, der Planet Mars irgendwo. Natur präsentiert sich in unendlich vielen, höchst realen Ereignissen, nicht in einer idealen wissenschaftlichen oder metaphysischen Vorstellung. „Wenn wir überall nach Substanz Ausschau halten sollen, sollte ich sie in Ereignissen finden können, die sozusagen die elementarste Substanz der Natur sind." (BN 18)

Was man umgangssprachlich unter Ereignis versteht, davon muß man nach Whitehead abstrahieren. Normalerweise dauert ein Ereignis nicht sehr lange. Die Cheops-Pyramide beispielsweise, wie sie so seit Jahrtausenden in der Wüste verwittert, würde man schwerlich ein Ereignis nennen, höchstens gestern für mich, als ich sie besuchte, oder damals, als sie gebaut wurde. In der Bemühung, der Wirklichkeit der Natur

---

[3] Alfred North WHITEHEAD, Wissenschaft und moderne Welt (1925), Zürich 1949 (WM)

nachzuspüren, dehnt Whitehead den Ereignis-Begriff in die kosmischen Zeiträume hinein aus: Auch die Cheops-Pyramide ähnelt einem Ereignis wie einem Unfall, der einem Menschen das Leben raubt.

Ereignisse setzen sich aus Teilen zusammen, die ihrerseits gleichfalls einzelne Ereignisse verkörpern. Man kann sie auch in andere Zusammenhänge versetzen. Wenn die Sonne in feurigen Rottönen untergeht, so spielen verschiedene Momente zusammen, die zugleich auch in anderen Geschehnissen vorkommen, beispielsweise im Ereignis des Nachtwerdens. Das Ereignis verwickelt sich dabei auch äußerlich in andere Ereignisse: der Sandsturm z. B., der die Pyramide umtost. „Das Ereignis ist, was es ist, weil es eine Vielheit von Beziehungen in sich selbst vereinheitlicht." (WM 162) Whitehead kritisiert den Materie-Begriff der Naturwissenschaften als idealistisch: Er spiegele nicht die Realität der Natur wider.

Woher nimmt Whitehead die Kompetenz für seine Kritik? In der Tat studierte Whitehead nie Philosophie. Woher kommt dann die ungeheure philosophische Produktivität von neun Büchern zwischen 1925 und 1945? Als Whitehead 1884 zum Mitarbeiter am Trinity-College aufstieg, nahm er auch am renommierten Debattierklub *Cambridge Apostles* teil, dem in jenen Jahrzehnten unter anderem die Begründer der analytischen Philosophie George Edward Moore und Bertrand Russell sowie der Ökonom John Maynard Keynes angehörten. In langen Debatten lernte Whitehead den *philosophischen* Umgang mit Problemen. Als er 1925 die philosophische Produktion startete, waren seine Vorstellungen somit lange durchdacht. Sie verharren allerdings im geistigen Horizont der Jahrhundertwende. Auch läßt sich Whitehead trotz der welthistorischen Ereignisse nicht in die politischen Umwälzungen der Zeit verwickeln. Die hier behandelten Vertreter der angelsächsischen Philosophie, zu denen neben James und Whitehead auch Wittgenstein zu zählen ist, verhalten sich gegenüber den Zeitfragen distanzierter als ihre kontinentalen Kollegen.

2. Der Ereigniszusammenhang von Geist und Materie

Wie aber vermittelt die Konzeption der Natur als Ereignis die Naturwissenschaften mit der Dimension des Geistes? Das Ereignis fällt über den Menschen nicht nur her wie ein Erdbeben oder ein Unwetter. In der Erfahrung verarbeitet der Mensch solche Ereignisse auch nicht allein physisch. Vielmehr reagiert er auf sie vor allem geistig. Das Leben des Menschen entwickelt sich aus einer Vielzahl sowohl physischer als auch geistiger Ereignisse, die sich gegenseitig reflektieren und aneinander anknüpfen. Wenn der Geist ein physisches Ereignis begreift, springt die physische auf die geistige Ebene über. Umgekehrt wirkt auch der Geist auf physische Ereignisse ein – ein gegenseitig befruchtender, ein somit schöpferischer Prozeß: „Sowohl der Geist als auch der Körper bezieht sich auf seine Lebensgeschichte aus einzelnen konkreten Ereignissen. So findet sich der Zusammenhang, den wir suchen, in dem schöpferischen Prozeß, der ein physisches Ereignis im Leben des Körpers auf das ihm entsprechende geistige Ereignis im Leben des Geistes bezieht." (R[4] 88)

Materialistisch betrachtet gehorcht die Natur rein mechanisch ihren Gesetzen. Das muß der Geist technisch ausnützen, um seinerseits Natur zu beherrschen. Natur aber als sowohl physischer wie geistiger Ereigniszusammenhang eröffnet kreative Spielräume, in denen immer neue Ereignisketten geboren werden. Der Geist spiegelt dann nicht bloß die Natur. Geist und Materie hören vielmehr in sich gegenseitig überlappenden Ereigniszusammenhängen aufeinander und bilden eine Einheit.

Aus dieser Ereignisstruktur heraus erarbeitet Whitehead in seinem Spätwerk ein kosmologisches Konzept des Zusammenspiels von Geist und Natur, mit dem er den Materialismus der Naturwissenschaften überwinden möchte. Die Ereignisstruktur weist den Blick nicht nur in eine geistige, sondern

---

[4] Alfred North WHITEHEAD, Wie entsteht Religion? (1926), Frankfurt/M. 1985 (R)

auch in eine religiöse Perspektive. Das muß zunächst überraschen. Herrscht in einer Natur, die aus einer Vielzahl von Geschehnissen besteht, nicht eher der blinde Zufall als eine göttliche Ordnung? Doch die Vielfalt der Ereigniszusammenhänge, die Welt und Kosmos ausmachen, verlieren sich keineswegs in einem plan- und harmonielosen Chaos – eben in einer unüberschaubaren Vielzahl von unkoordiniert aufeinander einwirkenden Geschehnissen. „Die Ordnung der Welt ist kein Zufall. Nichts Wirkliches könnte ohne ein gewisses Maß an Ordnung wirklich sein. (...) und diese Harmonie ist Gott." (R 90)

Whitehead zweifelt nicht grundsätzlich an den Naturwissenschaften. Aber er kritisiert ihr philosophisches Fundament, das die Natur in keine geistigen Zusammenhänge einbettet. Statt dessen verzahnen sich für Whitehead Geist und Materie in den Ereignissen derart, daß der Geist, an dem der Mensch Anteil hat, die Welt durchaus richtig, eben in ihrer Ereignisstruktur, zu erkennen vermag. Martin Heidegger, in anderen philosophischen Perspektiven denkend, erklärte zehn Jahre nach Whiteheads Tod das Ereignis zum Leitwort der Gegenwartsphilosophie.

Aber kann man auf solche Weise die modernen Naturwissenschaften wirklich mit theologischen Ansätzen vermitteln? Paßt Whiteheads Konzeption der Natur als Ereigniszusammenhang überhaupt zur christlichen Theologie, die doch die Schöpfung auch weitgehend als Substanz in Raum und Zeit betrachtet und Gott zumeist als überzeitlich und überräumlich, als ruhenden Pol oder unbewegten Beweger?

Gemäß seiner protestantischen Herkunft aus einem anglikanischen Pastorenhaus setzt sich Whitehead theologisch vornehmlich mit dem Protestantismus auseinander. Die Religion befindet sich in einem Spannungsfeld zwischen dem Verblassen ihrer Konzeptionen und dem Bedürfnis nach ihrer Wiederkehr. Für Whitehead ist dabei eine neue Reformation im vollen Gange. Ob sie gelingt, das, so Whitehead, wird von der Geschicklichkeit der protestantischen Geistlichkeit abhängen.

Jedenfalls kommt die Religionskritik der Aufklärung und des 19. Jahrhunderts zum Stillstand. Die Angriffe der liberalen Intellektuellen auf die systematische Theologie schwächten absurderweise die vernünftige Seite der Religion. Dabei wird gerade die systematische Theologie wie ihre rationale Kritik dringend gebraucht, um die mächtige Emotionalität des Aberglaubens in Zaum zu halten. Ihr entwachsen jene gefährlichen antizivilisatorischen Kräfte, die auch in unserer Gegenwart zu Terror und Krieg führen können.

Zu Recht bekämpften die liberalen Kritiker den dogmatischen Standpunkt einer letztgültigen Wahrheit. Die traditionelle theologische Vorstellung absoluter göttlicher Allmacht weist auch Whitehead zurück. Sie entstammt religiösen Ideen, in denen sich die Herrschaftsansprüche ägyptischer Pharaonen spiegeln: „Aber die tiefergehende Idolatrie, Gott nach dem Bilde der ägyptischen, persischen und römischen Reichsherrscher zu gestalten, wurde beibehalten. Die Kirche wies Gott Attribute zu, die ausschließlich Cäsar angehörten." (PR[5] 612)

3. Der überredende Gott im Trubel der Welt

Whitehead sucht jedoch nicht nach neuen religiösen Dogmen, wie beispielsweise sein von ihm geschätzter Zeitgenosse Henri Bergson mit seiner Idee eines mystischen Lebenstriebs. Whitehead greift auf die christliche Tradition zurück, denkt sie aber eher um, anstatt wie Eric Voegelin in diese zurückzukehren. Natürlich muß sich eine moderne Reformation auf die moralischen und metaphysischen Einsichten stützen, die in der Entstehungsphase des Christentums erarbeitet wurden. Bis heute ruht die abendländische Zivilisation auf diesen Wurzeln.

Diese Gründungsphase des abendländischen Denkens erlebte drei entscheidende Abschnitte. Die erste wird von Platons Einsicht in seinen späten Dialogen *Sophistes* und *Ti-*

---

[5] Alfred North WHITEHEAD, Prozeß und Realität. Entwurf einer Kosmologie (1927/28), Frankfurt/M. 1984

maios gekennzeichnet, daß das göttliche Wesen sich in der Weltgeschichte nicht durch Zwang, sondern durch Überredung durchsetzt, daß in der Kunst des Überzeugens die göttliche Macht siedelt und nicht in der absoluten Gewalt bzw. in der göttlichen Allmacht – eine frühe Wegbereitung der christlichen Liebe.

Die zweite Phase erstreckt sich auf das Leben und Wirken von Jesus Christus: „Es gibt jedoch im galiläischen Ursprung des Christentums noch eine andere Anregung, die zu keinem der Hauptstränge des Denkens so richtig paßt. Sie legt das Schwergewicht weder auf den herrschenden Kaiser noch auf den erbarmungslosen Moralisten oder unbewegten Beweger. Sie hält fest an den zarten Elementen der Welt, die langsam und in aller Stille durch Liebe wirken; und sie findet ihren Zweck in der gegenwärtigen Unmittelbarkeit eines Reichs, das nicht von dieser Welt ist. Liebe herrscht weder, noch ist sie unbewegt; auch ist sie ein wenig nachlässig gegenüber der Moral." (PR 612)

In der dritten Phase, also während der systematischen Ausgestaltung der Theologie in den ersten nachchristlichen Jahrhunderten, gelang es den Kirchenvätern, vor allem *eine* Schwäche der platonischen Metaphysik zu überwinden. Für Platon besteht die Welt nur aus Abbildern von Urbildern, die ihre Heimat jenseits der diesseitig wahrnehmbaren Welt in einer Welt der Ideen haben, in der eigentlichen, wahren Welt. Ihr Leben verbringen die Menschen Platon zufolge in der Welt des Scheins, der bloßen Abbilder. Nur den Philosophen gelingt der Blick hinter diese Kulissen in die wahre Welt der Ideen und Urbilder.

Damit kann man aber das Problem der Menschwerdung Gottes in Christus nicht lösen. Dann wäre der Sohn Gottes nur ein Abbild seiner selbst im Himmel. Die christlichen Theologen entschieden sich nicht nur für die Immanenz Gottes in der einen, ungeteilten Person Christi, sondern auch für eine weitergehende, wenn auch – so Whitehead – nicht genau spezifizierte Immanenz Gottes in der Welt: die Lehre vom Heiligen Geist und der Trinität. „Der Punkt, auf den es mir an-

kommt, ist, daß hier überall an die Stelle der platonischen Abbilder und Nachbilder die Forderung nach einer unmittelbaren
Immanenz getreten ist. Das war die metaphysische Entdek-
kung dieser Theologen. Sie haben mit ihr die Richtung ange-
zeigt, in der sich die platonische Metaphysik entwickeln mußte, wenn sie zu einer rationalen Erklärung des überredenden
Wirkens Gottes in der Welt kommen wollte." (AI[6] 319) Könnte
man mit dieser Immanenzlehre das christliche Denken mit
den modernen Naturwissenschaften vermitteln? Platons Welt
der Abbilder läßt sich in Raum und Zeit geometrisch berechnen, und die Materie darin kann als Substanz bestimmt werden. Die Vorstellung einer Welt in Raum und Zeit durchherrscht das abendländische Denken bis zum modernen
Materialismus. Die materielle und die geistige Welt werden
dabei strikt getrennt.

Wird die Immanenzlehre der Kirchenväter jedoch kon-
sequent weitergedacht, bereitet dies aus theologischer Perspektive Whiteheads Konzeption einer Welt aus Ereigniszusammenhängen den Weg. Denn durch die Immanenz
verknüpfen sich geistige und physische Welt so eng miteinander, daß ihre jeweiligen Ereignisketten ineinandergreifen.
Aus der Lehre von der Immanenz Gottes in der Welt und Platons Idee des Göttlichen als Überredungskunst konzipiert
Whitehead eine allgemeine Metaphysik, die seine Kosmologie
theologisch fundiert.

Mit der Immanenzlehre überwindet die Welt aber nicht nur
ihren bloßen Abbildcharakter, sie gewinnt damit vor allem einen eigenen Wert, ihre geistige Qualität und vor allem ihre
Güte. Whitehead entwickelt eine pantheistische Vorstellung
des göttlichen Charakters der Welt: „Die Welt lebt aufgrund
der Inkarnation Gottes in ihr selbst. Er transzendiert die zeitliche Welt, weil Er eine wirkliche Tatsache in der Natur der
Dinge ist. Seine Existenz ist nicht von der Welt abgeleitet; Er
ist die wirkliche Tatsache, von der die anderen formgebenden

---

[6] Alfred North WHITEHEAD, Abenteuer der Ideen (1933), Frankfurt/M.
   1971 (AI)

Elemente nicht losgerissen werden können." (R 116) Durch Gott erhält jede Tatsache ihren Wert, wird sie eingebunden und somit aufgehoben in den geistigen bzw. unsterblichen Werterahmen. „Die Welt des Wertes entfaltet die wesenhafte Vereinigung des Universums. Weil das die unsterbliche Seite der vielen Personen entwickelt, ergibt sich daraus auch die Einheit der Person." (I 90)

4. Die kosmologische Einheit der Ereignisse

Langsam kommen Antworten auf die Frage in den Blick: Wie kann man die modernen Naturwissenschaften mit der Theologie vermitteln? Die Welt als Ereigniszusammenhang verknüpft die physische und die geistige Dimension. Die theologische Immanenzlehre versetzt das Göttliche in die Welt. Durch Überredung, also geistig, erfahren Mensch und Natur ihren Wert. Aber läßt sich die göttliche Immanenz in der Natur als Ereigniszusammenhang wirklich einsehen? Whitehead fragt in diesem Sinne nach den Denknotwendigkeiten, aus denen heraus sich die Natur Gottes umschreiben läßt. Abschotten gegenüber den Wissenschaften darf sich das religiöse Denken auf keinen Fall.

Whitehead will sich denn auch, wie sein Hauptwerk *Prozeß und Realität* programmatisch ankündigt, um die Realität solcher Einheit von Mensch, Welt und Gott bemühen, nicht bloß um irgendeine Spekulation. Das zwingt ihn, nach der grundsätzlichen Erfahrbarkeit solcher göttlichen Immanenz zu fragen. Eine geringere Rolle kommt dabei der persönlichen religiösen Erfahrung zu, die Whiteheads philosophisches Vorbild William James in seinem Buch *Die Vielfalt religiöser Erfahrung* untersucht. Trotzdem sieht sich Whiteheads Konzeption der Natur als Ereignis mit dem Einwand konfrontiert: Isoliert eine Welt der Ereignisse, der ein festes raum-zeitlich stabilisierendes Band mangelt, nicht die Individuen und trennt sie von jeder Gotteserfahrung? Zerfällt nicht sogar die Einheit des individuellen Lebens, wenn sich dieses nur aus einzelnen Ereignissen zusammensetzt? Doch die Natur – so Whitehead bereits in seiner Naturphilosophie – entfaltet sich als Zusammenhang von individuellen Aktivitäten, gleichgültig ob dazu ein Elektron oder ein Mensch beiträgt: „Diese Lehre über die Natur der Lebensgeschichte eines andauernden Organismus gilt für alle Typen von Organismen, die eine Einheit der Erfahrung erreicht haben: für Elektronen ebenso wie für Menschen. Aber der Mensch erreicht eine Reichhaltigkeit des erfahrungsmäßigen Inhalts, die Elektronen verwehrt ist."[7]

Wie aber sollte sich so der individualisierte Mensch in eine Welt integrieren, die ihrerseits nur aus Ereigniszusammenhängen besteht? Eine Problemlage, die sich in ähnlicher Weise für Wittgensteins Konzeption des Sprachspiels eröffnet. Whitehead folgt keiner liberalen Anthropologie, die dem Menschen ein individuelles, vor allem egoistisches Wesen unterstellt. Weder Mensch noch Gott können für sich allein leben. Vielmehr benötigt jedes Menschenwesen die Gesellschaft. Aber nicht nur der Mensch präsentiert sich als sozial. „Es gibt kein Einzelwesen, noch nicht einmal Gott, ‚das zu seiner Existenz keines anderen Dinges bedarf'." (R 82)

Jedes Individuum realisiert in seinem Leben, in der Vielzahl von dessen Ereignissen, nicht nur sich selbst als ein bestimmtes Ordnungsmuster. Es erfüllt zugleich – und hier greift Whitehead auf einen Gedanken von Leibniz (1646–1716) zurück – auch die Ordnungsstrukturen des Kosmos. Für Leibniz spiegelt jedes Individuum – jede *Monade*, wie Leibniz das nannte – in sich die Struktur des Universums. Beseelt nach Leibniz den Kosmos eine universelle Harmonie, begreift dagegen Whitehead das Universum nicht als feststehenden unveränderlichen Rahmen, sondern als Ereignisstruktur, in der sich die Individuen selber als Lebenszusammenhänge entfalten. In *Prozeß und Realität* heißt es denn programmatisch: Daher „läßt sich jedes wirkliche Einzelwesen an sich nur als ein organischer Prozeß beschreiben. Es wiederholt im Mikrokosmos, was das

---

[7] Alfred North WHITEHEAD, Kulturelle Symbolisierung (1927), Frankfurt/M. 2000, 87

Universum im Makrokosmos ist. Es ist ein Prozeß, der von Phase zu Phase fortschreitet (...)." (PR 387)

Das ist Whiteheads kosmologische Grundannahme, die die christliche Lehre von der Immanenz Gottes in der Welt auf das Verhältnis von Mensch und Kosmos überträgt. Es ist eben nicht so, daß ein umfassendes Universum aus Raum und Zeit seine Einzelteile integriert. Die Einzelwesen entfalten selbst immanent durch ihre eigene Aktivität und Existenz das Universum: der nächste Vermittlungsschritt zwischen Naturwissenschaften und christlicher Kosmologie.

Wie aber ist eine solche Einheit überhaupt in einer Welt möglich, die keine feste Ordnung aus Materie, Raum und Zeit stabilisiert, die von Bewegung geprägt wird? – Ein Gedanke, der auf dem Weg von Darwin und Nietzsche über Bergson zu William James den Zeitgeist bestimmt. Wie schon *Prozeß und Realität* ankündigt, sucht Whitehead nach der kosmologischen Ordnung *in* der Realität, nicht nach einer, die *von außen* auferlegt wird. Eine solche innere Ordnung aber präsentiert sich nicht unbewegt, sondern überall bewegt, als Prozeß. Dieser Gedanke weist auf ein altes Wort von Heraklit (um 500 v. Chr.) zurück, nämlich daß alles fließt.

Wo aber findet man Gott in solchem Trubel der Welt? Im Kontrast! So Whiteheads Antwort. Denn gerade wenn alles prozeßhaft fließt, dann muß es auch etwas geben, von dem dieses Fließen sich abhebt. Sonst könnte man das Fließen schwerlich wahrnehmen. Es weist daher den suchenden Blick auf das Beständige. Als Prozeß öffnet das Universum die religiöse Perspektive. Als materialistischer Raum-Zeit-Zusammenhang könnte sich das Universum dagegen viel eher selbst genügen.

Gott und Welt verbindet wie das Eine und das Viele eine gegenseitige Abhängigkeit, die sich gerade aus ihren Kontrasten ergibt – ein zentraler Gedanke Whiteheads, der seine Kosmologie beseelt und als logisches Pendant zur Immanenzlehre fungiert. Gott und die Welt bieten sich gegenseitig das, was ihnen jeweils mangelt, die Lebendigkeit oder die Unsterblichkeit. Das Universum entbirgt auf diese Weise eine Vielfalt von Gegensätzen: Freiheit und Notwendigkeit, Vielheit und Einheit, Vollkommenheit und Unvollkommenheit.

Und genau an dieser Stelle eröffnet sich in der Ereignishaftigkeit der Welt aus dem Kontrast heraus die religiöse Perspektive. Denn individueller Mangel im Verhältnis zum kosmischen Ganzen, seine Beschränktheit gegenüber ferner Zukunft, das stößt den Menschen auf die Erfahrung der eigenen Unsterblichkeit. Whiteheads Metaphysik will sowohl theologisch mit der Lehre von der Immanenz Gottes in der Welt als auch auf der Grundlage der Logik und der Naturwissenschaften ein System entwickeln, das alle Elemente der menschlichen Erfahrung zusammenfügen soll. Das überschreitet die Annäherung des Unsagbaren an das Sagbare beim späten Wittgenstein. Und doch herrscht zwischen Sprachspiel und Ereignis eine gewisse Nähe.

Daß sich Whitehead weigert, die kosmologische Einheit durch ein gemeinsames letztes Ziel zu sichern, mag buddhistischen Einflüssen geschuldet sein. Daß er statt dessen die kosmische Einheit letztlich auf die Schöpferkraft stützt, entspricht nicht nur dem unterstellten kosmologischen Gesamtprozeß. Vor allem die menschliche Kreativität – die wissenschaftliche, technische und künstlerische – dient ihm dabei als Vorbild. Schöpferisch produktiv arbeitet die Natur auch, die Lebensräume schafft und ausfüllt, der ganze Kosmos, der Welten entstehen und vergehen läßt. Daran muß auch Gott Anteil nehmen. Aus dieser Perspektive einer kreativen Ereignisstruktur nähert sich Whitehead wissenschaftlich der kosmologischen Einheit wohl am weitesten an.

Aus der umgekehrten Perspektive schiebt sich die Lehre von der Immanenz Gottes in der Welt vor: Der Mensch erlebt sich als diesseitiges Individuum und spürt sich eingebettet in den kosmischen Zusammenhang. Insofern nimmt er teil an einem Gespräch, das ihn zu überzeugen versucht. Die Lehre von der Immanenz Gottes in der Welt legt die Lehre vom Göttlichen als Überredungskunst nahe: „Das Bild – und es ist nur ein Bild –, das Bild, anhand dessen man sich dieses tätige Wachstum der Natur Gottes am besten vorstellen kann, ist das einer zärtlichen Fürsorge dafür, daß nichts verlorengeht." (PR 618)

Eine Einstimmigkeit in religiösen Fragen wird man zwar schwerlich erreichen. Doch hält es Whitehead durchaus für möglich, daß man sich über religiöse Tatbestände und ihre Darstellung in einer allgemeinen metaphysischen Theorie einigen kann. Heute muß die Interpretation des Universums um so dringlicher zur Versöhnung des schier Unversöhnlichen beitragen: „Dort stehen, für jedermann sichtbar, die ewigen Ideen in ihrer überredenden Kraft, die heute noch die gleiche ist wie zu der Zeit, als sie im Begründer des Christentums verkörpert war; dort stehen aber auch die zwanghaften Abläufe der physischen Natur, die ständig vergeht und dennoch bleibt, und neben ihr die zwanghafte Realität des Drangs zum sozialen Zusammenschluß, wie im römischen Imperium, das damals und heute noch wie die Verwirklichung eines Traums erscheint." (AI 320)

Die philosophische Theologie soll sowohl zum Verständnis der Entwicklung der Zivilisation beitragen als auch zu zivilisierenden Verhaltensweisen und versöhnenden Gefühlen. Will sich die Religion nachhaltig vom Haß verabschieden, dann muß sie sich vor allem im Sinne des Göttlichen als Überredungskunst darum bemühen, wie sie unterschiedliche religiöse Auffassungen miteinander in Kontakt bringen kann: Religiöse Ansichten „können voneinander lernen und borgen, und für das Individuum wird es möglich, unmerklich den Übergang von der einen zur anderen zu finden. Vor allem aber können sie lernen, sich wechselseitig zu verstehen und brüderlich zu lieben. (...) Schließlich ist ihr [der Religion] die Erfüllung eines großen sozialen Ideals aufgegeben: eine Basis der Gemeinsamkeit zu bilden, auf der die Einheit der Zivilisation bestehen kann." (AI 323)

5. Kapitel

Max Webers protestantischer Geist der modernen Verantwortungsethik

Wenn Nietzsches Diagnose zutrifft, daß Gott tot ist, daß es also keine obersten gemeinsamen Werte mehr gibt und daß die Welt vom materialistischen Blick der Wissenschaften beherrscht wird, der keine religiöse Erfahrung mehr gelten läßt, dann hat damit vor allem die Ethik ihr Fundament verloren: Kein Gott, keine Vernunft und keine sittlichen Traditionen verpflichten den Einzelnen mehr, sich der Gemeinschaft unterzuordnen. Der Einzelne ist auf sich selbst zurückgeworfen. Er muß mit Kierkegaard selbst entscheiden, woran er sich ethisch orientieren will. Oder er hofft mit Bergson auf die Ankunft des mystischen Genies, das die Ethik wiederbelebt. Sowohl bei James als auch bei Whitehead stehen ethische Fragen eher im Hintergrund: Daß es keine gemeinsamen religiösen Werte gibt, daß man in einer pluralistischen Welt lebt, diese Erfahrung prägt die nordamerikanische Welt von Anfang an.

In der kontinentaleuropäischen Politik hat sich dagegen vor diesem Hintergrund mit fatalen Folgen jenes ideologische Verständnis epidemisch ausgebreitet, dem es primär um die rechte Gesinnung geht, die an die Stelle ethischer Traditionen tritt. Gerade die Revolutionäre – Kommunisten oder Anarchisten – beseelt allein der heilige Zweck. Die realen Folgen politischen Handelns aber vernachlässigen dergleichen Ideologien regelmäßig. Woran anders aber soll man, wenn es keine allgemein gültigen ethischen Prinzipien mehr gibt, ethisch sein Handeln messen als an den zu erwartenden realen bzw. eintretenden Folgen?

1. Folgenabschätzung als Antwort auf den Tod Gottes

Im Anschluß an Nietzsche reagiert Max Weber (1864–1920), einer der Väter der modernen Soziologie, als erster mit dem Begriff *Verantwortung* auf den Verlust allgemein gültiger ethischer Prinzipien, somit auf Nietzsches Diagnose vom Tode Gottes. Weber schreibt im Revolutionswinter 1919 in seinem berühmten Vortrag *Politik als Beruf*: „Wir müssen uns klarmachen, daß alles ethisch orientierte Handeln unter *zwei* voneinander grundverschiedenen, unaustragbar gegensätzlichen Maximen stehen kann: es kann ‚gesinnungsethisch‘ oder ‚verantwortungsethisch‘ orientiert sein." (PB[1] 551) Nach Immanuel Kant verhält sich jemand moralisch, wenn seine Gesinnung moralisch ist bzw. wenn er nur das Gute will. Was bei solchem Handeln in der Realität passiert, stellt kein moralisches Kriterium dar. Max Weber, Professor für Nationalökonomie in Freiburg, Heidelberg und München, antwortet auf diese Gesinnungsethik mit der Verantwortungsethik. Er eröffnete damit eine der wichtigsten ethischen Debatten im 20. Jahrhundert, deren religionsphilosophischer Hintergrund bei Jonas und bei Lévinas noch deutlicher hervortritt.

Der Christ orientiert sein Handeln an sittlichen Normen und hofft, daß sich daraus das Gute ergibt. Doch ob dergleichen eintritt, weiß er nicht. Das stellt er Gott anheim. Für negative Folgen zeichnet er nicht verantwortlich, wenn er gemäß den höchsten Prinzipien handelt. Die Gesinnungsethik reagiert bereits auf den Zerfall gemeinsamer letzter Werte. Umgekehrt reflektiert und beschleunigt diesen Zerfall das Zeitalter der Ideologien, auf das William James mit rein pragmatischen Antworten zu reagieren versucht.

Der Verantwortungsethiker achtet primär auf die Folgen, für die er sich selbst und sonst niemand für verantwortlich erklärt, auch keinen Gott. Mit der Verantwortung für die absehbaren Folgen will Weber den ethischen Horizont gegenüber der Ge-

---

[1] Max WEBER, Politik als Beruf (1919), Gesammelte politische Schriften, 3. Aufl., Tübingen 1971 (PB)

sinnungsethik konkretisieren und beschränken. Der Erfolg des Handelns, den man übersehen, beurteilen und zurechnen kann, wird jetzt das Kernproblem der Ethik, nicht mehr der gute Wille. Wenn die Prinzipienethik bestenfalls in den unendlichen Streit der Weltanschauungen führt, wenn man sich an letzten Werten also gar nicht mehr sinnvoll orientieren kann, dann bleibt nichts anderes, als sich auf die Folgen zu konzentrieren.

Die Verantwortungsethik gewinnt für Weber vor allem einen politischen Sinn. Der zeitgenössische Staat antwortet auf die Herausforderungen der sozialen Frage und der schwierigen kapitalistischen Wirtschaftsentwicklung vor allem in Deutschland mit der Neigung zur Bürokratisierung. In gewisser Hinsicht erweist sich das als durchaus rational. Denn die Beamtenschaft entfaltet die berechenbaren Eigenschaften einer Maschine, auf die man sich verlassen kann. Das Ethos der Beamtenschaft realisiert sich im Pflichtbewußtsein, mithin in der Gesinnungsethik. Der Beamte ist für die Folgen seines Tuns nicht verantwortlich: „Ehre des Beamten ist die Fähigkeit, wenn – trotz seiner Vorstellungen – die ihm vorgesetzte Behörde auf einem ihm falsch erscheinenden Befehl beharrt, ihn auf Verantwortung des Befehlenden gewissenhaft und genau so auszuführen, als ob er seiner eigenen Überzeugung entspräche." (PB 524)

Alleine mit diesem Pflichtbewußtsein ist der zeitgenössische Staat jedoch nicht in der Lage, auf die großen Herausforderungen angemessen zu reagieren, also die sozialen Krisen zu lösen. Gerade angesichts dieser bedrohlichen Situation werden Politiker benötigt, die nicht ideologisch, sondern mit Rücksicht auf die Folgen handeln, Politiker, die Eigenverantwortung übernehmen und diese nicht ablehnen. Max Weber ist zweifellos Demokrat. Er gehörte 1918 zu den Mitbegründern der liberalen *Deutschen Demokratischen Partei*. Doch hielt er eine autoritäre Führerdemokratie angesichts der großen sozialen Krisen für unabdingbar. Die Politiker müssen entscheiden und verantwortungsvoll handeln, nicht nur die Krise verwalten – eine ähnliche Position mit einer eher religiösen Perspektive entwickeln Bergson, Voegelin und Jonas.

Um aber überhaupt verantwortungsvoll handeln zu können, darf sich der Politiker in einer parlamentarischen Demokratie nicht nur auf den Gehorsam der Bürokratie verlassen. Vielmehr muß er deren Schwerfälligkeit überwinden. Dazu braucht er die Gefolgschaft des Parteiapparates, der Parteimitglieder und der Wähler, die es zunächst durch ökonomische Vorteile zu gewinnen gilt, die der Führer seinen Gefolgsleuten verschafft. Als noch wichtiger erweist sich jedoch die persönliche Ausstrahlung. Der bürokratischen, aber auch der traditionellen – damals üblicherweise monarchischen Herrschaft – stellt Weber die Herrschaft des charismatischen Führers in einer parlamentarischen Führerdemokratie entgegen. Seine Vorbilder sind das britische und das US-amerikanische System. Was aber heißt in der Politik Charisma? In seinem 1922 posthum erschienenen Hauptwerk *Wirtschaft und Gesellschaft*, mit dem er wesentlich zur Begründung der Soziologie beigetragen hat, definiert Weber das Wort: „*Charisma* soll eine als außeralltäglich (...) geltende Qualität einer Persönlichkeit heißen, um derentwillen sie als mit übernatürlichen oder übermenschlichen oder mindestens spezifisch außeralltäglichen nicht jedem anderen zugänglichen Kräften oder Eigenschaften [begabt] oder als gottgesandt oder als vorbildlich und deshalb als ‚*Führer*‘ gewertet wird."[2]

Der charismatische Führer befolgt nicht wie die Bürokratie vorgegebene Regeln. Er bestimmt vielmehr selbst die Richtung der Politik gemäß seinen eigenen Idealen und Werten, setzt die Zwecke und entscheidet über die Mittel. Das hat er dann auch persönlich zu verantworten und kann es nicht auf Vorschriften abwälzen. Er prägt durch seine Persönlichkeit und sein Handeln den Geist der Zeit.

Aus diesen Gründen plädierte Weber, der an der verfassungsgebenden Versammlung der Weimarer Republik beteiligt war, für eine Direktwahl des Reichspräsidenten durch das Volk. Natürlich rechnete Weber dabei nicht mit der Möglich-

---

[2] Max WEBER, Wirtschaft und Gesellschaft (1922), 5. Aufl., Tübingen 1980, 140

keit eines Hitler, also mit der totalen Aufhebung aller demokratischen Strukturen und der rein gewaltsamen Durchsetzung von politischen Interessen. Tragisch für Weber, daß Hindenburg gerade ob seiner mächtigen Stellung als direkt gewählter Reichspräsident Hitler den Weg zur Macht ebnen konnte.

Was jedoch am Beispiel Hitlers um so fragwürdiger wird: Warum sollte gerade ein charismatischer Führer zu verantwortungsvollem Handeln in der Lage sein? Das Charisma besitzt ein Moment des Irrationalen, der Affektion wie der Faszination. Verantwortung dagegen verlangt die kluge Vorausschau der Folgen des Handelns. Kann somit nur rationales Handeln zur Rücksicht gegenüber den Folgen fähig sein? Da bürokratisches Verwalten für Weber ein Modell rationalen Handelns darstellt, müßten Beamte eher als Politiker zu verantwortungsvollem Handeln fähig sein.

Indes hat sich die Welt längst als so komplex erwiesen, daß man sie mit rationaler Kalkulation keineswegs sicher beherrschen kann: Weber folgt hier Nietzsches Einsicht in die Vernunft als Wille zur Macht. Allein der Politiker, der in einer unübersichtlichen Welt über seine Zwecke und Mittel nach eigenem Ermessen und gemäß seinen ethischen Idealen entscheidet, handelt verantwortungsvoll. Denn angesichts des Zerfalls gemeinsamer letzter Werte bleibt der einzelne Politiker auf sich selbst zurückgeworfen, will er sich nicht allein vor einer Ethik rechtfertigen, die längst nicht mehr von allen Menschen akzeptiert wird. Weber bestimmt die Eigenschaften des Politikers daher folgendermaßen: „Man kann sagen, daß drei Qualitäten vornehmlich entscheidend sind für den Politiker: Leidenschaft – Verantwortungsgefühl – Augenmaß. Leidenschaft im Sinn von *Sachlichkeit:* leidenschaftliche Hingabe an eine ‚Sache' (…)." (PB 545)

Augenmaß läßt auch die spontane Beurteilung durch den Blick zu, der sich der Erfahrung wie der Intuition zu bedienen versteht. In einem solchen Fall verlangt Augenmaß weniger die allseitige wissenschaftliche Beurteilung einer Sachlage als vielmehr ihre schnelle Erfassung, die auf eine große Menge von Informationen verzichten muß. Leidenschaft und Augenmaß erlauben dem Politiker, autoritativ Entscheidungen zu treffen und Zwecke zu setzen, die er dann auch persönlich zu verantworten hat – trotz der ausufernden Bürokratien eine individualisierende Tendenz in der modernen Gesellschaft, die Kierkegaard avisiert und auf die sich auch Bergson bezieht.

2. Die Objektivität der Wissenschaften

Braucht der verantwortungsvolle Politiker folglich eher eine eigene Urteilskraft, als daß er allseitig informiert sein müßte? Im Gegenteil, eine verantwortliche Politik beruht auch auf der sachlichen Information durch die Wissenschaften. Max Webers umfängliches Werk teilte eine lange psycho-physische Erkrankung von 1897 bis 1903 in zwei Schaffensphasen. In der ersten betrieb er zahlreiche kulturgeschichtliche Studien. In die zweite fallen seine Arbeiten zur Wissenschaftslehre und Methodologie der Sozialwissenschaften.

Weber folgt der grundsätzlichen Unterscheidung von Werturteilen und deskriptiven wissenschaftlichen Urteilen. Etwas ethisch zu bewerten, hängt von meinen religiösen, kulturellen und moralischen Orientierungen ab, von Werturteilen. Kein Mensch, auch kein Wissenschaftler, lebt ohne Werturteile. Sie gehen offen oder versteckt in alle anderen Urteile mit ein, auch in die wissenschaftlichen. Das läßt sich zwar nicht vermeiden, aber man kann darauf achten. Besonders in den Wissenschaften ist das vonnöten. Denn das Wissenschaftliche an einem Urteil sind gerade nicht die ethischen Werte, die ein solches Urteil bergen mag. Wissenschaftlichkeit verlangt vielmehr Objektivität, auch wenn man sich höchstens an diese annähert. Wissenschaftler sollen daher die Politik allein sachlich angemessen beraten. Sie dürfen selber keine Politik machen. Anders als Kierkegaard, Eric Voegelin oder Gabriel Marcel insistiert Weber ähnlich wie James und Whitehead darauf, daß der Prozeß der Verwissenschaftlichung der Welt – trotz negativer Nebenwirkungen – grundsätzlich als Rationalisierungsfortschritt betrachtet werden muß, in dem sich ein religiöser Geist weiterhin auswirkt.

Umgekehrt kann sich die Politik im Gegensatz zum Marxismus auch nicht als wissenschaftliche Politik verstehen. Friedrich Engels veröffentlichte 1891 noch ein Buch mit dem Titel: *Die Entwicklung des Sozialismus von der Utopie zur Wissenschaft.* Dagegen muß sich nach Weber die Politik wissenschaftlich informieren. Das verlangen nämlich Sachlichkeit und Augenmaß vom verantwortlichen Politiker. Doch dieser allein setzt die Zwecke, entscheidet, an welchen ethischen Werten er sich orientieren will, nicht die Wissenschaften, die ihn beraten. Werte und Werturteile lassen sich wie Ideale nicht wissenschaftlich begründen. In der Politik kämpfen Werte und Ideale miteinander, ein Widerstreit der höchsten Werte und Weltanschauungen, der sich nicht durch wissenschaftliche Einsichten bzw. vernünftige Argumente entscheiden läßt: „Das Schicksal einer Kulturepoche, die vom Baum der Erkenntnis gegessen hat, ist es, wissen zu müssen, (...) daß ‚Weltanschauungen‘ niemals Produkt fortschreitenden Erfahrungswissens sein können, und daß also die höchsten Ideale, die uns am mächtigsten bewegen, für alle Zeit nur im Kampf mit anderen Idealen sich auswirken, die anderen ebenso heilig sind wie uns die unseren."[3]

Die Religionsphilosophie im 20. Jahrhundert wird einerseits von den Defiziten des wissenschaftlich-technischen Fortschritts herausgefordert – so bei Wittgenstein und Bergson. Andererseits aber antwortet sie auch auf das Zeitalter der Ideologien – so bei Voegelin und Heidegger – und damit verbunden im weiteren auf den Totalitarismus – so bei Jaspers und Lévinas. Vor allem Weber und James haben diese Debatten angestoßen.

---

[3] Max WEBER, Die „Objektivität" sozialwissenschaftlicher und sozialpolitischer Erkenntnis (1904), Aufsätze zur Wissenschaftslehre, 4. Auflage, Tübingen 1973, 154

3. Der protestantische Antrieb des Kapitalismus

Verantwortliches Handeln kann nur dann die Folgen hinlänglich berücksichtigen, wenn es sich trotz eigener höchster Ideale primär auf ein sachliches Verhältnis zur Welt stützt. Sachlichkeit ist im Grunde das Ethos der modernen Wissenschaften. Sie ist überhaupt das Ethos der Moderne. Daher beseelt sie auch eine verantwortliche Politik. Sachlichkeit übernimmt somit die Rolle einer neuen ethischen Orientierung des politischen wie des wissenschaftlichen Handelns. Daß die Sache selbst ein Wert ist, daß sie es wert ist, sich ihr leidenschaftlich hinzugeben, versteht sich aber keineswegs von selbst. Max Weber ist primär Nationalökonom. Doch er fragt nicht nur, wie der zeitgenössische Kapitalismus funktioniert. Er fragt auch, woher er kommt, was ihn antreibt und beseelt, also nach dem Geist des Kapitalismus.

Den spanischen Eroberer Cortez prägte kein kapitalistischer Geist, als er nach dem Gold der Azteken griff. Kapitalistisches Erwerbsstreben beruht statt dessen auf regelmäßiger Arbeit bzw. auf Streben nach Rentabilität. Diebstahl zählt nicht dazu. Der kapitalistische Betrieb richtet sich als eine Dauerunternehmung ein. Das alleine reicht als Triebfeder noch nicht. Auch Dauerunternehmen gab es zu allen Zeiten. Der kapitalistisch Erwerbstätige arbeitet aber nicht bloß, um sich ein Auskommen zu verschaffen, beendet also die Arbeit nicht, wenn er meint, genug Geld zum Leben verdient zu haben. Diese Haltung, die heute beinahe schon selbstverständlich ist, verkörpert aber nicht unbedingt ein sachliches Verhältnis zur Welt, zur Arbeit, zum Verdienst. Trotzdem entspricht dieses Verhalten der Logik des Kapitalismus: ununterbrochenes Aufhäufen des Vermögens.

Weber fragt in seinen religionssoziologischen Studien danach, warum just im Okzident und gerade in der frühen Neuzeit ein Kapitalismus entsteht, der solche Verhaltensweisen fördert. Ökonomische Gründe alleine können dafür wohl nicht ausschlaggebend sein, sowenig wie die Entstehung der modernen Naturwissenschaften mit ihrer rationalen Technik.

Eminentes Wissen besaßen auch andere Kulturkreise, beispielsweise die antiken Griechen oder die Araber im Mittelalter. Woher aber stammt dieses merkwürdige ökonomische Gewinnstreben? In der Tat untersucht Weber in seinen *Gesammelten Aufsätzen zur Religionssoziologie*, die zwischen 1900 und 1920 entstanden, alle großen Religionen. Vornehmlich im asketischen Protestantismus, beispielsweise bei den Calvinisten und den Puritanern, herrschen ethische Orientierungen, deren Kern sich um jene Sachlichkeit dreht: „Verpönt ist die kreaturvergötternde Erotik – gottgewollter Beruf ‚eine nüchterne Kindererzeugung' (wie die Puritaner es ausdrücken) innerhalb der Ehe. Verpönt ist Gewalt des Einzelnen gegen Menschen, aus Leidenschaft oder Rachsucht, überhaupt aus persönlichen Motiven, – gottgewollt aber die rationale Niederhaltung und Züchtigung der Sünde und Widerspenstigkeit im zweckvoll geordneten Staate. Verpönt ist persönlicher weltlicher Machtgenuß als Kreaturvergötterung, – gottgewollt die Herrschaft der rationalen Ordnung des Gesetzes." (PE[4] 324)

Aber findet man nicht ähnliche ethische Orientierungen auch in anderen Religionen, beispielsweise im Hinduismus, oder in weltabgewandten mittelalterlichen Mönchsorden? In der Tat entwickelte sich in manchen Klöstern eine asketische Lebensform, die auf der Ablehnung aller diesseitigen Güter beruhte. Derartiges klösterliches Leben oder kontemplative Orientierungen unterscheiden sich vom asketischen Protestantismus zunächst hinsichtlich des Bezugs zu Gott. Die weltablehnende kontemplative Askese konzentriert sich jenseitig auf das Gespräch mit Gott hin.

Der asketische Protestant übernimmt zwar den Asketismus, kann sich aber nicht kontemplativ Gott zuwenden. Sein Gott ist fern. Ein Gespräch mit ihm kann gar nicht stattfinden. Gottes Wege lassen sich auch nicht erforschen, so daß sich der asketische Protestant letztlich in eine widrige Welt geworfen vorfindet, deren Sinn er nicht ergründen kann. Ob-

---

[4] Max WEBER, Die protestantische Ethik I (1904), 5. Aufl., Gütersloh 1979 (PE)

gleich sie ihm nur als Ort der Sünde und der Versuchung begegnet, bleibt sie der einzige Ort, wo sich sein Glauben bewähren kann. Da man sich ihr nicht genußorientiert hingeben darf, muß man sich von ihr distanziert halten.

Wie läßt sich eine solche innerweltliche, nicht jenseitsorientierte Askese verwirklichen? Natürlich nur durch eine rigide Lebensführung, die alle Versuchungen und Sünden systematisch auch deshalb vermeidet, weil die Sünden im asketischen Protestantismus von Gott nicht vergeben werden, sondern sich anhäufen. Allein durch die andauernde, methodische Berufsarbeit, die keinen Genuß kennt und durch keine Grenze beschränkt wird, kontrolliert der Gläubige die Welt perfekt genug, um diese innerweltliche Askese zu verwirklichen. Im Gegensatz zur Mystik bewährt sich der Gläubige durch tätige Berufsarbeit in der Welt. Der asketische Protestant überträgt also den klösterlichen Asketismus in die Welt. „Als Gegenstand dieser aktiven *Bewährung* werden die Ordnungen der Welt für den Asketen, der in sie gestellt ist, zum ‚Beruf', den es rational zu ‚erfüllen' gilt." (PE 324) Zu einem solchen radikalen Verständnis der Arbeit gelangt auch Martin Luther nicht, für den man den Beruf als göttliche Fügung akzeptieren und sich in seine Pflicht schicken muß.

Gemäß der calvinistischen Prädestinationslehre ist das individuelle Schicksal vorherbestimmt. Durch keine guten Werke hat der Mensch darauf Einfluß. Er besitzt keine Gewißheit, ob er auf der Seite des Heils steht oder nicht. Der einzige Hinweis, der ihm aber ebenfalls keine Sicherheit liefert, ist der dauerhafte ökonomische Erfolg. Plötzlicher Mißerfolg müßte als negatives Zeichen gelesen und insofern mit allen Mitteln verhindert werden. Zwar gibt es keine letzte Gewißheit über den eigenen Gnadenstand. Doch der geringste Zweifel daran gilt schon als Zeichen der Ungnade. Absolute Selbstsicherheit demonstrierten denn auch die protestantischen Unternehmer nicht nur in den USA.

Mit den Begriffen der innerweltlichen Askese und der methodischen Lebensführung unterscheidet Weber den asketischen Protestantismus nicht nur von anderen asketischen Religionen. Vielmehr umreißt er damit jene ethischen Orientierungen, die mit dem Kapitalismus das Ethos der Sachlichkeit auf den Weg gebracht haben, die also – hier schließt Weber direkt an William James an – von realen Wirkungen des religiösen Lebens zeugen.

Im Katholizismus als Volksreligion vermittelt die Kirche zwischen Gott und dem Gläubigen. Der asketische Protestant erhält keine derartige Unterstützung bei seiner Gemeinde. Elitär präsentiert sich der asketische Protestantismus der Puritaner und diverser protestantischer Sekten – ein Ausdruck, mit dem Weber nur auf die Organisationsform hinweist, die keine hierarchischen Strukturen besitzt. Der asketische Protestant – so Richard Baxter, puritanischer Theologe im 17. Jahrhundert – ist ein religiöser Virtuose, der sich den Mitmenschen überlegen fühlt.

4. Der religiöse Kern der Sachlichkeit

Der asketische Protestantismus hat zu einer gewaltigen Disziplinierungsleistung beigetragen, die eine profitorientierte ökonomische Mentalität und ein sachliches Verhältnis zur Welt insgesamt ausprägte. Diese Verhaltensweisen und ethischen Orientierungen haben sich heute längst über die Grenzen des Protestantismus hinaus verbreitet: „Der Puritaner *wollte* Berufsmensch sein, – wir *müssen* es sein. Denn indem die Askese (…) die innerweltliche Sittlichkeit zu beherrschen begann, half sie an ihrem Teile mit daran, jenen mächtigen Kosmos der modernen (…) Wirtschaftsordnung zu erbauen, der heute den Lebensstil aller Einzelnen (…) mit überwältigendem Zwange bestimmt und vielleicht bestimmen wird, bis der letzte Zentner fossilen Brennstoffs verglüht ist. Nur wie ‚ein dünner Mantel, den man jederzeit abwerfen könnte', sollte nach Baxters Ansicht die Sorge um die äußeren Güter um die Schultern seiner Heiligen liegen. Aber aus dem Mantel ließ das Verhängnis ein stahlhartes Gehäuse werden." (PE 188)

Die Askese, die ursprünglich ein distanziertes Verhältnis zu den Dingen verlangte, setzt sich im sachlich nüchternen Bezug des modernen Menschen zur Welt fort, ob im Alltag, in der Wissenschaft oder der Politik. Mit der Sachlichkeit als Ethos der Moderne büßten die Sachen aber nicht an Faszination und Macht über den Menschen ein. Im Gegenteil, die moderne Ethik wie die kapitalistische Ökonomie haben umgekehrt ihre Orientierungen am protestantischen Geist verloren. Im Anschluß an Nietzsche diagnostiziert Max Weber den Zerfall religiöser Werte in der modernen Welt. Der Glaube verliert an verbindlicher Kraft. Geblieben ist ein werteloses ‚stahlhartes Gehäuse‘, das die Menschen unterwirft und entfremdet. Weber entspricht damit einer um 1900 weit verbreiteten kulturpessimistischen Stimmung, die auch im 20. Jahrhundert lange anhält: „Niemand weiß noch, wer künftig in jenem Gehäuse wohnen wird und ob am Ende dieser ungeheuren Entwicklung ganz neue Prophetien oder eine mächtige Wiedergeburt alter Gedanken und Ideale stehen werden, oder aber – wenn keins von beiden – mechanisierte Versteinerung, mit einer Art von krampfhaftem Sich-wichtig-nehmen verbrämt. Dann allerdings könnte für die ‚letzten Menschen‘ dieser Kulturentwicklung das Wort zur Wahrheit werden: ‚Fachmenschen ohne Geist, Genußmenschen ohne Herz: dies Nichts bildet sich ein, eine nie vorher erreichte Stufe des Menschentums erstiegen zu haben.‘" (PE 189)

Trotzdem, die vom asketischen Protestantismus belebte Tugend der Sachlichkeit bleibt nicht nur der Kern einer methodischen Lebensführung. Sie bestimmt die Lebensordnungen aller Menschen in der modernen Welt. Wahrscheinlich muß sie heute sogar als wesentlicher Teil des Globalisierungsprozesses begriffen werden. Denn dieser beruht vornehmlich auf dem weltweiten Kapitalismus und den modernen Technologien.

Ohne die Idee der Sachlichkeit ist auch das Wahrheitsverständnis in den modernen Wissenschaften nicht denkbar, das vom reinen Wissen um seiner selbst willen zunehmend zu dessen Anwendungsbezogenheit neigt. Sachlichkeit im Sinne der protestantischen Ethik zielt gerade nicht auf die Erkenntnis der Dinge um ihrer selbst willen, sondern darauf, daß man die Dinge durch Wissen zu beherrschen vermag. Der Sachlichkeit geht es also ähnlich wie dem Pragmatismus um Effizienz und Weltbeherrschung.

Daß aber diese Form des anwendungsbezogenen Wissens etwas Gutes ist und positive Wirkungen für den Menschen bringt, das ist keineswegs selbstverständlich, sondern setzt einen Glauben an den Wert solcher Sachlichkeit voraus. Diese Einstellung zur Welt muß mir sinnvoll erscheinen. Im Grunde vermittelt Weber eine religiöse Denkweise mit den modernen Wissenschaften und gibt dabei eine eher wissenschaftliche Antwort auf die Grundfrage der Religionsphilosophie nach Nietzsche, die nicht nur Eric Voegelin als unzureichend erscheinen wird. Sie steht aber in der Tradition, die sich von William James bis Paul Ricœur religionsphilosophisch an der Leitfrage nach dem Verhältnis von Wissenschaft und Glauben orientiert.

Denn damit entfaltet sich ein ethischer Wert und eine religiöse Orientierung. Nicht etwa, daß Max Weber darin einen Rückschritt erkennen würde. Zwar betrachtet er die Kulturentwicklung als fortschreitenden Entzauberungsprozeß: Alle magischen, mythischen oder mystischen Welterklärungen verlieren zunehmend ihren Zauber, indem sie versachlicht werden. Man erklärt die Welt nicht mehr als Kampf der Götter, sondern mittels Vernunft und Mathematik.

Allerdings verlieren bei diesem Prozeß die Religionen nicht schlicht an Bedeutung. Vielmehr findet diese Entzauberung in den Religionen selber statt, z. B. als sich der antike Polytheismus in einen Monotheismus verwandelte oder als die protestantische Ethik eben das Prinzip der Askese und der Sachlichkeit aus der weltabgewandten Lebensorientierung von Mönchen in die Arbeitswelt übertrug. Dieser fortschreitende Entzauberungsprozeß hat bis heute die Welt so weit versachlicht, daß reine gesinnungsmäßige Orientierung an allgemeinverbindlichen Werten fragwürdig wurde. Statt dessen ruft der durch die protestantische Ethik beschleunigte Entzauberungsprozeß dazu auf, sich über die konkreten Folgen seines Handelns Gedanken zu machen, d. h. sein Handeln zu verantworten – die perspektivische Fragestellung der Ethik, an die Jonas und Lévinas religionsphilosophisch anknüpfen werden. Der Prozeß der Entzauberung und Versachlichung führt in die Verantwortungsethik. Ohne die Tugend der Sachlichkeit und des Augenmaßes ist jedenfalls eine Verantwortungsethik unmöglich. Das könnte vom Menschen aber eine übermenschliche Anstrengung verlangen: „Die alten vielen Götter, entzaubert und daher in Gestalt unpersönlicher Mächte, entsteigen ihren Gräbern, streben nach Gewalt über unser Leben und beginnen untereinander wieder ihren ewigen Kampf. Das aber, was gerade dem modernen Menschen so schwer wird, und der jungen Generation am schwersten, ist: einem solchen *Alltag* gewachsen zu sein. Alles Jagen nach dem ‚Erlebnis' stammt aus dieser Schwäche. Denn Schwäche ist es: dem Schicksal der Zeit nicht in sein ernstes Antlitz blicken zu können."[5]

[5] Max WEBER, Wissenschaft als Beruf (1919), Aufsätze zur Wissenschaftslehre, a.a.O. 605

6. Kapitel

Eric Voegelins Rückgriff auf traditionelle religiöse Ordnungen als Antwort auf die gnostische Moderne

Das 20. Jahrhundert umfaßt mit seinen schrecklichsten Erfahrungen – Kommunismus, Faschismus, kalter Krieg – den Lebenshorizont des politischen Philosophen Eric Voegelin (1901–1985). Die Hintergründe dieser Katastrophen veranlassen ihn, eine Rückkehr in das traditionelle christliche Denken zu fordern und in ein Verständnis der Philosophie als Wissenschaft von der wahren, göttlichen Ordnung. Insofern möchte er ohne Umschweife – anders als Bergson – Nietzsches These vom Tod Gottes hintergehen, die sein Denken nur negativ inspiriert. In der Religionsphilosophie des 20. Jahrhunderts spielt er daher eher eine traditionalistische Außenseiterrolle, der es weniger darum geht, den religiösen Glauben mit den modernen Wissenschaften zu vermitteln, als vielmehr letztere aus ersterem neu zu entwerfen. Daher präsentiert er sich auch als scharfer Kritiker Max Webers.

Aus Wien gerade vor den Nazis in die USA entkommen, schreibt er in seinem Frühwerk *Die politischen Religionen*: „Ich will also nicht sagen, daß der Kampf gegen den Nationalsozialismus nicht auch als ethischer geführt werden soll; er wird nur – nach meiner Ansicht – nicht radikal geführt, weil die radix, die Wurzel in der Religiosität fehlt." (PR[1] 6) Um Faschismus und Kommunismus standzuhalten, reichen humanistische und liberale Ideologien nicht aus. Dazu bedarf es der religiösen Kraft des Christentums. Diese These Voegelins mag heute verwundern. Schließlich widerstanden republikanische, liberale, demokratische, ja selbst sozialistische Kräfte gemeinsam und letztlich erfolgreich sowohl dem Faschismus als auch

---

[1] Eric VOEGELIN, Die politischen Religionen (1938), München 1993 (PR)

95

dem Kommunismus. Aus der Perspektive des Jahres 1938 war das allerdings noch keineswegs so klar. Und zum Zusammenbruch des Sowjetimperiums haben unmittelbar islamische Mudjaheddin in Afghanistan und die katholische Gewerkschaftsbewegung *Solidarność* beigetragen.

Voegelin würde sicherlich zugeben, daß andere Kräfte auch ihren Teil zum Niedergang des Kommunismus beigetragen haben. Doch die Religion spielt für Voegelin nicht nur eine entscheidende Rolle im Kampf gegen diese für ihn satanischen Mächte. Diese historische Auseinandersetzung selbst hat für Voegelin primär einen religiösen Hintergrund. Denn antireligiöse Bewegungen wie Faschismus und Kommunismus haben eine eigene religiöse Geschichte und Motivation. Deshalb kann man sich weder mit einer sachlichen, gar wertfreien Analyse, noch mit bloßer moralischer Entrüstung dem Faschismus entgegenstemmen. „Es gibt heute keinen bedeutenden Denker der westlichen Welt, der nicht wüßte (...) daß sich diese Welt in einer schweren Krise befindet, in einem Prozeß des Verdorrens, der seine Ursache in der Säkularisierung des Geistes, in der Trennung eines dadurch nur weltlichen Geistes von seinen Wurzeln in der Religiosität hat, und der nicht wüßte, daß die Gesundung nur durch religiöse Erneuerung, sei es im Rahmen der geschichtlichen Kirchen, sei es außerhalb dieses Rahmens, herbeigeführt werden kann." (PR 6)

1. Die Einheit von religiöser und politischer Ordnung

Eric Voegelin, in Köln geboren, verbrachte seine Jugend in Wien. An der Wiener Universität studierte er Politische Wissenschaft. Ein Forschungsstipendium der Rockefeller Foundation führte ihn in die USA und nach Paris. Mit 27 Jahren habilitierte er sich und lehrte von 1928 bis 1938 an der rechtswissenschaftlichen Fakultät Gesellschaftslehre und allgemeine Staatslehre.

Gegenüber dem schleichenden Zusammenbruch der Republik, der im praktisch widerstandslosen Anschluß Österreichs an das nationalsozialistische Deutschland endete, hoffte er vergeblich auf die Kräfte der Demokratie. Ihn bewegte die Frage, warum die demokratischen Staaten den ideologischen Bewegungen so hilflos gegenüberstanden. Diese Frage weist weit über den Horizont der Aktualität hinaus. Gegen den positivistischen Zug in den Wissenschaften, sich in der Spezialisierung und im Detail, in Webers Prinzip der Sachlichkeit zu verlieren, fordert Voegelin eine umfassende Analyse sozialer und politischer Ordnungsstrukturen in Geschichte und Gegenwart: „Der Mensch ist verpflichtet, die Situation zu verstehen, in der er sich befindet; Teil dieser Situation ist die gesellschaftliche Ordnung, in der wir leben; und diese Ordnung ist heute weltweit geworden. Diese weltweite Ordnung, ferner, ist weder neu noch einfach, sondern enthält als sozial wirksame Kräfte die Ablagerungen des jahrtausendalten Kampfes um die Wahrheit der Ordnung." (OB[2] 25)

Durch sein Werk hindurch beschäftigt Voegelin die Frage nach der Ordnung, die das menschliche Leben und die Kultur prägt und die angesichts der ideologischen Bewegungen massiv bedroht erscheint. Sein fünfbändiges, unvollendetes Hauptwerk, das er in den fünfziger Jahren zu schreiben beginnt, trägt denn auch den Titel *Order and History*. Voegelin unterstellt, daß das Leben nicht nur eine grundsätzliche Ordnung braucht, sondern daß diese die Geschichte auch weitgehend prägt und daher in ihr zu erkennen ist.

Jedenfalls präsentieren sich die Katastrophen des 20. Jahrhunderts für Voegelin als Zusammenbruch von Ordnungsstrukturen. Das klingt in gewisser Weise banal. Wenn Hitlers Armee 1939 Polen überfällt, dann bricht natürlich die internationale Ordnung zusammen. Aber der Verlust an Ordnung im 20. Jahrhundert kommt nach Voegelin weiter her als aus dem unmittelbaren historischen Geschehen. Die Ordnungsstrukturen haben ihren Halt im Bewußtsein der Menschen verloren, die die Ordnung, in der sie leben, nicht mehr als richtig und gut anerkennen. „Die Spannung in der politischen

---

[2] Eric VOEGELIN, Ordnung, Bewußtsein, Geschichte. Späte Schriften – eine Auswahl, Stuttgart 1988 (OB)

Realität [muß] zurückverfolgt werden zu ihrem Ursprung im Bewußtsein der Menschen, die nach richtigem Wissen von Ordnung begehren."[3] Ein Bewußtsein der richtigen politischen Ordnung ist notwendig. Doch heute verliert sich offenbar dieses Bewußtsein von der Wahrheit der Ordnung.

Das Weltbild der Moderne tilgt praktisch alle religiösen Bezüge des Menschen zur Welt, d. h., es fragt nicht mehr nach dem letzten Urgrund der Welt und des Lebens. Zahlreiche moderne Ideologien prägt ein mehr oder weniger offener Atheismus. Die Welt besteht nur noch aus Tatsachen, die durch Ursache- und Wirkungszusammenhänge erklärt werden. In der ersten Hälfte des 20. Jahrhunderts mehren sich jedoch die Stimmen, die mahnend bemerken, daß die alltäglichen wie die existentiellen Probleme der Menschen dieselben geblieben sind. Insofern sind für Voegelin alle rein sozialen oder politischen Erklärungen des Faschismus so ungenügend wie ein bloß humanistisch motivierter Widerstand: „Das Leben der Menschen in politischer Gemeinschaft kann nicht als ein profaner Bezirk abgegrenzt werden, in dem wir es nur mit Fragen der Rechts- und Machtorganisation zu tun haben. Die Gemeinschaft ist auch ein Bereich religiöser Ordnung, und die Erkenntnis eines politischen Zustandes ist in einem entscheidenden Punkt unvollständig, wenn sie nicht die religiösen Kräfte der Gemeinschaft (...) mitumfaßt." (PR 63)

Nach seiner Emigration 1938 wendet sich Voegelin zunehmend der Geschichte zu. Es geht ihm nicht nur um politische Ideen, sondern um reale Ordnungsstrukturen. In welchen Strukturen offenbart sich der religiöse Zweck der Geschichte? Dazu blickt Voegelin bis an die Anfänge der abendländischen Geschichte zurück. Im Alten Testament präsentiert sich die Religion als ordnende Kraft hinter den realen, aber bloß diesseitigen Erscheinungen. Der fünfte und unvollendete Band von *Order and History* hat den Untertitel *Auf der Suche nach Ordnung*: „Es gibt keine Struktur religiöser Erscheinung in der Rea-

---

[3] Eric VOEGELIN, Anamnesis. Zur Theorie der Geschichte und Politik, München 1966, 287

lität ohne eine strukturierende Kraft jenseits der manifesten Struktur; es gibt keine Enthüllung einer göttlich ordnenden Kraft bei der Suche nach Wahrheit ohne eine göttliche Realität jenseits der Manifestation ihrer Ordnung im Geschehen."[4]

Die religiöse Ordnung der Welt muß sich auf eine göttliche Kraft zurückführen lassen, die nicht nur Ursprung der gesamten Schöpfung ist, sondern die in besonderem Maße auch innerhalb der Schöpfung wirkt. Diese religiöse Ordnung, die der politischen aber zugrunde liegt, gilt es philosophisch und nicht bloß theologisch zu erfassen: „Ideologie ist Existenz in Rebellion gegen Gott und den Menschen. (...) Philosophie ist die Liebe zum Sein durch die Liebe zum göttlichen Sein als der Quelle seiner Ordnung." (OB 26)

In dieser Suche spitzt sich Voegelins Kampf gegen die Ideologien des 20. Jahrhunderts zu. Sein philosophischer Blick richtet sich einerseits auf die klassische antike Philosophie von Platon und Aristoteles und andererseits auf die christliche Philosophie von Augustinus und Thomas von Aquin. Diese reflektieren die soziale Ordnung vor dem Hintergrund einer geistigen und religiösen Ordnung. Insofern sind sie Wissenschaften von der Ordnung, also Ordnungswissenschaften. Sie fragen wissenschaftlich nach den Grundstrukturen des menschlichen Lebens.

Metaphysik nennt das die Philosophie des 20. Jahrhunderts, die in den sozialen Beziehungen nur den Ausdruck von Machtstreben erkennen kann. Doch damit begreift sie den Menschen für Voegelin eben nur eindimensional, diesseitig, ohne Bezug zu seinen religiösen Wurzeln. Würde sie sich auf die Frage nach seiner historischen Herkunft wirklich einlassen, würde sie wirklich die Frage nach der geistigen Herkunft von Ordnungsstrukturen stellen, dann könnte die ideologisch gewordene Philosophie des 20. Jahrhunderts die klassische Philosophie nicht bloß als Ausdruck bestimmter, ihrer Zeit entspringender Werthaltungen betrachten: „Um die politische

---

[4] Eric VOEGELIN, Order and History V: In Search of Order, Baton Rouge 1987, 106 (eigene Übersetzung)

Wissenschaft eines Platon, Aristoteles oder Thomas zu ‚Werten' unter anderen herabzuwürdigen, hätte ein gewissenhafter Gelehrter erst zeigen müssen, daß ihr Anspruch auf Wissenschaftscharakter unbegründet sei. Und dieser Versuch, wenn er unternommen wird, überwindet sich selbst: denn wenn der Kritiker soweit in die Metaphysik eingedrungen ist, daß seine Kritik Gewicht hat, ist er selbst Metaphysiker geworden." (NW[5] 43)

Voegelin wendet sich nicht nur gegen die ideologischen Strömungen der Philosophie, sondern vor allem gegen den Positivismus, auch gegen Max Weber, der mit seinem Anspruch auf Sachlichkeit ja gerade Werturteile als Produkte der Wissenschaft ausschließt. Der Positivismus will objektiv sein. Der sozialen Ordnung mangelt es dann aber an Notwendigkeit. Sie wird historisch zufällig, beliebig, wandelbar. Der Positivismus des 19. Jahrhunderts hat dadurch jede Form der Ordnungswissenschaft aufgelöst.

Objektivität läßt sich nur aus den authentischen Ordnungsstrukturen herleiten, die man in der Menschheitsgeschichte entdecken kann. Die Ordnung, nach der Voegelin sucht, kann man in ihren Grobstrukturen durchaus umreißen: „Europa hat drei Wurzeln (...): die römische Machtorganisation, die hellenische Philosophie, die jüdisch-christliche Religiosität. (...) Das ist die europäische Ordnung."[6]

2. Die Struktur der Seele als politische Ordnung

Das traditionelle politische Denken von Aristoteles bis Thomas von Aquin – aber natürlich auch noch in der Aufklärung – leitet die politische Ordnung von einer Lehre des Menschen ab: z. B. als vernünftigem Wesen, dessen Zweck es nach Ari-

---

[5] Eric VOEGELIN, Die Neue Wissenschaft der Politik (1951), 4. Aufl., Freiburg, München 1991 (NW)
[6] Eric VOEGELIN, Die geistige und politische Zukunft der westlichen Welt (1959), Occasional Papers I, April 1996, 24

stoteles ist, in Gemeinschaft zu leben, also Staaten zu bilden. Dieser Mensch braucht natürlich entsprechende politische Strukturen: „Die wahre Ordnung des Menschen liegt also in einer Seelenkonstitution durch gewisse Erfahrungen, die so stark vorherrschen, daß sie den Charakter formen. Die wahre Seelenordnung in diesem Sinne liefert den Maßstab für das Messen und Klassifizieren der empirischen Mannigfaltigkeiten menschlicher Typen wie auch der Gesellschaftsordnungen, in denen sie Ausdruck finden." (NW 99)

Die neuzeitliche Philosophie entwirft den Menschen ohne Bezug zur Religion. Seine Orientierung bleibt bloß innerweltlich. Beispielsweise betrachtet ihn Thomas Hobbes als ein egoistisches Wesen, dessen Vernunft vor allem im Dienst der Selbsterhaltung steht und ihn nicht zur Liebe zum Nächsten motiviert. Wenn der Mensch ohne eine Beziehung zu Gott gedacht wird, dann wird nicht nur die Frage nach seinem Ursprung nicht gestellt. Die Eigenschaften des Menschen lassen sich nicht mehr genau und als notwendig bestimmen. Sie werden vielmehr zufällig und subjektiv. In der liberalen Welt kann man sich nicht mehr darauf einigen, was das Wesen des Menschen ist.

Wenn man die wahre Natur des Menschen, d. h. seine Beziehung zu Gott, entdeckt, dann läßt sich davon nicht nur die richtige Lebensordnung für den einzelnen, sondern für alle, also die Ordnung der Gesellschaft und der Politik ableiten. Die klassische griechische und die mittelalterliche christliche Philosophie haben genau das ins Zentrum ihrer Bemühung gestellt. Der Mensch hat damit – so Platon – Anteil am göttlichen Geist. Genau aus diesem Grund entspricht seine geistige Struktur der des Staates. In diesem Sinne gibt auch der christliche Charakter des Menschen, sein Bezug zu Gott, dem Staat und der Gesellschaft die Struktur ihrer Ordnung vor. „Die Gültigkeit der von Platon und Aristoteles entwickelten Maßstäbe beruht auf der Vorstellung von einem Menschen, der das Maß der Gesellschaft sein kann, weil Gott das Maß seiner Seele ist." (NW 108) Die Seele des Menschen verlangt nach einem Bezug zum ewigen Sein und sucht daher die Beziehung zu Gott. Mit der Frage nach dem letzten Grund erfaßt der Mensch die Welt universell, in ihrer von Gott gegebenen Ganzheit. In seinem Bewußtsein besitzt der Mensch aufgrund seines Geistes und seiner Vernunft einen Zugang zum göttlichen Urgrund des Universums, somit zum ewigen Sein.

Solches Wissen ist im Zeitalter von Marxismus und Positivismus verlorengegangen. Insofern müßte die Geschichte der Philosophie eigentlich als Niedergang begriffen werden. Aristoteles und Thomas von Aquin stützen sich auf eine Lehre vom Menschen und eine Lehre vom Sein. Sie stehen daher höher als Marx und Auguste Comte, der Begründer des Positivismus. Nach Voegelin verfälscht der Marxismus die Geschichte, demonstriert Ignoranz und Unwissenschaftlichkeit, wenn er atheistisch die Religion zum bloßen Opium für das Volk erklärt. Der Mensch kann weder beliebig verändert, noch kann er willkürlich definiert werden. Wie alle Dinge auf der Welt hat der Mensch eine unveränderliche Struktur, die die Philosophie erkennen muß, um die politische und gesellschaftliche Ordnung zu verstehen. Ansonsten verkommt die Philosophie zur Ideologie. Voegelin stellt eine Verbindung her von Nietzsches These, daß die Menschen Gott ermordet hätten, zum Holocaust, zum Gulag und darüber hinaus: „Ein Ding kann seine Natur nicht verändern; wer versucht, seine Natur zu ‚ändern‘, zerstört das Ding. Der Mensch kann sich nicht zum Übermenschen wandeln; der Versuch, den Übermenschen zu schaffen, ist der Versuch, den Menschen zu ermorden. *Auf den Gottesmord folgt im geschichtlichen Prozeß nicht der Übermensch, sondern der Menschenmord (...).*"[7] Wenn es ein ewiges Sein gibt, dann muß es auch eine ewige Struktur besitzen, die immer gleichbleibt und die letztlich, das ist Voegelins Prämisse, allen Dingen auf der Welt ihr Wesen als Geschöpfe Gottes verleiht. Dagegen gibt selbst die Religionsphilosophie des 20. Jahrhunderts beispielsweise bei Bergson, James und Whitehead die Idee der Unwandelbarkeit weitgehend zugun-

---

[7] Eric VOEGELIN, Der Gottesmord. Zur Genese und Gestalt der modernen politischen Gnosis (1959), München 1999, 98

sten der Idee der Bewegung auf. Wenn sich selbst Jaspers und Marcel religiös an der Vorstellung von Lebendigkeit und Veränderung orientieren, wird hier Voegelins Außenseiterrolle in der Religionsphilosophie des 20. Jahrhunderts deutlich.

Die weltverändernden Ideologien der letzten Jahrhunderte – so dagegen Voegelin – haben in der Tat geglaubt, das Wesen der Dinge stehe ihnen zur Disposition. Man könne die Welt verändern, wie man es für richtig und gut hält. Diese Bemühungen führten jedoch in die Katastrophen des 20. Jahrhunderts. Will man diesen Katastrophen entgegentreten, so ist Besinnung auf genau dieses unveränderliche Wesen des Menschen notwendig, eben auf das, was ihn mit dem göttlichen ewigen Sein verbindet. Man muß die verborgenen Erfahrungen dieses unveränderlichen menschlichen Charakters wieder freilegen, also zur Struktur der Seele vordringen. Von solcher Erfahrung gelangt man dann zu den sozialen und politischen Ordnungsstrukturen. Insofern denkt Voegelin nicht nur jenseits der modernen Wissenschaften, sondern auch jenseits jener Religionsphilosophen, die sich nach Nietzsche um einen positiven Bezug zu den modernen Wissenschaften bemühen.

3. Die Moderne als Höhepunkt des Gnostizismus

Es verwundert dann auch nicht, wenn Voegelin zu einer völlig anderen Einschätzung der Gnosis gelangt als Hans Jonas. Über gewaltige Zeiträume hinweg wirkte diese geistige Bewegung. Die Gnosis bereitete die Moderne vor – so die zentrale These Voegelins. Ja, die Moderne selbst ist für ihn noch ein spätes Resultat dieser Gnosis. Sie besitzt selbst gnostischen Charakter. Was ist die Gnosis? Ihre Anfänge liegen ca. 500 Jahre vor Christus. Sie war damals eine Großreligion, die von Persien bis über das Mittelmeer reichte und die Jahrhunderte des Aufstiegs Roms wie seiner Herrschaft begleitete. Sie war keine einheitliche Religion, sondern eine Strömung, die verschiedene Religionen durchzog. Auch das frühe Christentum hatte eine gnostische Richtung.

Gnostische Strömungen versuchen den bloßen Glauben in eine richtige Erkenntnis von Gott zu transformieren. Man könnte nun annehmen, den Glauben zum Wissen zu erheben, würde den Glauben radikalisieren. Doch die umgekehrte Entwicklung ist eingetreten. Gnostische Strömungen haben, wo immer sie auftraten – in der Antike, dem Mittelalter, ja selbst im Islam –, die Religion in die Welt hineingeholt. Welt und Gesellschaft erhielten göttlichen Charakter. Menschliches Leben, das in den religiösen letzten Dingen seine Erfüllung findet – eben eschatologisch als Ausrichtung des Menschen auf ein Reich Gottes hin –, erhält jetzt einen diesseitigen Sinn. Statt einer transzendenten Ausrichtung des Menschen verlangt die Gnosis eine weltimmanente Orientierung: „Die gnostische Spekulation überwand die Ungewißheit des Glaubens dadurch, daß sie sich von der Transzendenz abwandte und den Menschen in seinem innerweltlichen Handlungsbereich mit dem Sinn einer eschatologischen Erfüllung ausstattete. In demselben Ausmaß, in dem diese Immanentisierung erlebnismäßig voranschritt, wurde die zivilisatorische Betätigung zu einem mystischen Werk der Selbsterlösung." (NW 187)

Vor allem in der Reformation breitete sich der Gnostizismus aus. Calvinisten und Puritaner müssen in der Welt erfolgreich arbeiten, um einen Hinweis auf ihren Gnadenstand zu bekommen. Webers auf der protestantischen Orientierung der Sachlichkeit fußende Verantwortungsethik besitzt dadurch genauso gnostischen Charakter wie Wittgensteins Trennung von Sagbarem und Unsagbarem. Aber Voegelin und Weber suchen ähnlich wie Bergson mit seiner Verbindung von Mystik und Technik in der Religion nach historischen Hintergründen der modernen Entwicklung, eine Fragestellung, die sich bei Jonas wiederholt.

Vom Mittelalter über die Reformation breitet sich der Gnostizismus bis in die Moderne aus. Wenn Galilei glaubt, die Natur mit naturwissenschaftlichen Methoden erkennen zu können, wie sie wirklich ist, dann beginnt der gnostische Geist die religiöse Beziehung des Menschen zu Gott aufzulösen. Seinen Höhepunkt erreicht der Gnostizismus im Positivismus, der nur noch diesseitige, konkret nachprüfbare Erfahrungen in der Wissenschaft gelten läßt. Damit gehen über die Jahrtausende hinweg die metaphysischen Traditionen des Abendlandes verloren.

Die Verweltlichung des Menschen, sein Desinteresse an Gott, im Grunde der Gottesmord, verdrängen nicht nur die religiöse Orientierung des Menschen, sondern verändern die Struktur seiner Seele. Da die Ordnung der Seele aber dem Staat und der Gesellschaft ihre Struktur aufprägt, verschwindet durch den Gnostizismus die metaphysische Ordnung in der Welt als zentrale Ordnungskraft der Geschichte. Das ist der Kerngedanke von *Order and History.* Die transzendente Ordnung in der Geschichte geht gnostisch im Chaos auf, der Weg in den Holocaust und den Gulag.

Gnostische Formen der Religiosität und des Denkens gibt es zwar in vielen Epochen und Kulturen. Die Moderne als europäische Kulturentwicklung hat sich aber zum ersten Mal weltweit ausgebreitet und unterminiert überall traditionelle Kultur- und Lebensordnungen. Das weist für Voegelin den Weg in den Untergang an: „Dadurch daß er den Sinn der Erlösung an sich zog, wurde der Aufstieg des Westens in der Tat zu einer Apokalypse der Zivilisation." (NW 187)

Auf politischer Ebene mündet die gnostische Unterhöhlung der abendländischen Kultur in die totalitären Bewegungen des 20. Jahrhunderts. Das ist Voegelins Antwort auf die Frage, was die Katastrophen des Jahrhunderts verursacht hat, woher Faschismus und Kommunismus stammen: „Während in der griechisch-römischen Zivilisation die Spannung des Niedergangs durch Bewegungen verursacht wurde, die einen Fortschritt des Geistes darstellten, wurde in der westlich-christlichen Zivilisation die Spannung des Niedergangs durch Bewegungen verursacht, die geistig rückläufig sind."[8] Hans Jonas erblickt dagegen in der gnostischen Religiosität einen Ansporn zu verantwortlichem Handeln. Doch Voegelin sucht

---

[8] Eric VOEGELIN, Das Volk Gottes. Sektenbewegungen und der Geist der Moderne (1939–1947/48), München 1994, 22

keine Vermittlung mit der Rationalität der Moderne, die er im Grunde für beschränkt und destruktiv hält. Sie sollte daher unter die Kontrolle einer traditionellen Rationalität gebracht werden, deren Ordnungsstrukturen Voegelin aufgrund ihrer Herkunft für gesichert hält. Allein aus traditionellen Ordnungen heraus lasse sich der Niedergang der abendländischen Kultur aufhalten.

4. Die Zukunft der westlichen Welt

Der Weg des Gnostizismus führt dabei allerdings nicht unmittelbar in Faschismus und Kommunismus. Wegbereiter ist mit der Aufklärung und dem Positivismus das liberale Denken, das den Staat nicht als Repräsentant einer göttlich-kosmischen Ordnung versteht, sondern ihn auf die Funktion des liberalen Nachtwächterstaates reduziert. Damit aber wird der demokratische Staat gegenüber den totalitären Bewegungen geschwächt.

Nach dem Anschluß Österreichs verlor Voegelin zunächst seine Lehrberechtigung an der Universität. Es folgte eine Hausdurchsuchung. Kurz bevor ihm die Gestapo den Reisepaß entzogen hätte, floh Voegelin aus Wien zunächst nach Zürich, dann in die USA. Ab 1942 lehrte er an der Louisiana State University in Baton Rouge, von 1958–1969 an der Universität München. Aus dem religiösen Süden der USA geriet Voegelin in die unruhigen 60er Jahre in Deutschland. Der Faschismus ist besiegt. Um so mehr droht der Kommunismus östlicher wie westlicher Prägung. Und die westlichen Gesellschaften wehren sich ungenügend, nicht zuletzt ob der gnostischen Schwäche des Liberalismus, die ja in eine grundsätzliche Täuschung über die Lebensprozesse von Werden und Vergehen mündet. Der Gnostizismus entwickelt eine falsche Vorstellung von der Realität, aus der sich zwangsläufig eine falsche politische Praxis ergibt. Gnostische Politiker leben nach Voegelin in einer Traumwelt; denn sie identifizieren ihre Träume und Wünsche mit der Realität. Insofern ebnet der Liberalismus als eine gnostische Denkweise dem Kommunismus politisch den Weg, nachdem er geistig sowieso als dessen Vorfahre begriffen werden muß. Ob in der Zeit des Appeasement gegenüber Hitler vor dem Zweiten Weltkrieg oder in der des beginnenden Kalten Kriegs, der Liberalismus führt seine Unfähigkeit und seinen mangelnden Wirklichkeitssinn vor: „Man sollte auch nicht die innere Folgerichtigkeit und Ehrlichkeit dieses Übergangs vom Liberalismus zum Kommunismus bestreiten; denn wenn der Liberalismus als die immanente Erlösung von Mensch und Gesellschaft verstanden wird, ist der Kommunismus zweifellos sein radikalster Ausdruck." (NW 247)

Natürlich ist die historische und politische Logik des Kommunismus genauso falsch wie die des Liberalismus. Er müßte genauso scheitern. Doch er erhält seine Kraft allein aus der Verblendung und der Schwäche des Westens, aus der Umwertung der Werte. In den liberalen Gesellschaften gelten die wirklichen Tugenden nichts mehr – Voegelins Variante der verbreiteten These vom Wertezerfall: Die kommunistische Gefahr lauert jedenfalls, solange „die Pflege der Tugenden der sophia und der prudentia, die Disziplin des Intellekts, die Pflege theoretischer Kultur und des Lebens des Geistes in der Öffentlichkeit als ‚reaktionär' gebrandmarkt werden (...) und sittliche Verkommenheit als Fortschritt gilt." (NW 251)

Für Voegelin besteht nur die Alternative zwischen einem Abschied von den gnostischen Träumen und der Rückkehr zur richtigen Seelen- und Staatsordnung einerseits und andererseits weiteren Katastrophen. Wenn auch der kalte Krieg in keiner Katastrophe endete, so ist das letzte Wort noch nicht über viele andere drohende Katastrophen gesprochen: „Niemand vermag vorauszusagen, welcher Alpträume von Gewalttaten es bedarf, um den ‚gnostischen' Traum zu brechen, und noch weniger, wie die westliche Gesellschaft ‚am Ende der Nacht' aussehen wird." (NW 244)

7. Kapitel

Karl Jaspers' philosophischer Glaube als Antwort auf den modernen Nihilismus

Im 20. Jahrhundert schließt an Nietzsches nihilistische Diagnose des Niedergangs gemeinsamer oberster Werte und der primär materialistischen Orientierung der Zeitgenossen vor allem der Existentialismus an und betont den Sinnverlust des Lebens in der Industriegesellschaft. Wie man in Jean-Paul Sartres Roman *Der Ekel* (1938) nachlesen kann, prägt den modernen Menschen vor allem das Gefühl der Einsamkeit: Sein belangloses Leben wie seine öden Mitmenschen stoßen ihn ab. Sartre und Albert Camus sehen keinen anderen Ausweg aus der nihilistischen Situation der Sinnlosigkeit als eine individuelle Anstrengung, dem Leben aus eigener Kraft und auf sich allein gestellt Richtung zu verleihen.

Mit einem letztlich doch bloß individuellen Leben ohne Gott wollen sich im Umfeld des Existentialismus dagegen Gabriel Marcel und Karl Jaspers (1883–1969) nicht zufriedengeben. Beide distanzieren sich vom atheistischen Existentialismus, wie ihn Sartre und Camus entwerfen. Wie Sartre engagiert sich auch Jaspers immer wieder bei aktuellen und politischen Fragen, das erste Mal ausführlich 1931 mit seinem Buch *Die geistige Situation der Zeit*, in dem er vornehmlich die allgemeine Nivellierung und Vermassung in der modernen Gesellschaft kritisiert. Doch die jeweiligen Antworten der beiden Denker unterscheiden sich gravierend voneinander. Der Existentialismus erhellt nach Jaspers wesentliche Dimensionen der menschlichen Existenz gerade dann nicht, wenn er wie Sartre an den Nihilismus anschließt. Der Nihilismus wagt es, so Jaspers, sich ohne Verkleidung zu präsentieren. „Alle Glaubensinhalte sind ihm hinfällig geworden, alle Auslegungen der Welt und des Seins hat er als Täuschung entlarvt; alles ist ihm bedingt und relativ; es gibt keinen Boden, kein Unbedingtes, kein Sein an sich. Alles ist fraglich. Nichts ist wahr, alles ist erlaubt." (PG[1] 100)

Jaspers läßt sich nur ungern dem Existentialismus zuordnen, da er diesen unter die Ideologien des 20. Jahrhunderts zählt, die auf die vom Nihilismus hinterlassene Hoffnungslosigkeit und Öde antworten. Sie befriedigen dabei das individuelle Bedürfnis nach Sensationen, nach Erlebnissen. Insofern zielt denn Jaspers weniger als Eric Voegelin auf die Moderne insgesamt als auf bestimmte Tendenzen. Eher auch jenseits der Diagnose Nietzsches vom Tode Gottes sucht Jaspers aber nach Vermittlungen zwischen moderner Philosophie und Religion, obgleich er zunächst wie der frühe Wittgenstein von einer klaren Trennung von Wissenschaft und religiösem Glauben ausgeht. Mit Voegelin verbindet ihn der Kampf gegen totalitäre Ideologien – auch ein wichtiger Antrieb der Religionsphilosophie im 20. Jahrhundert.

1. Das Umgreifende als Grunderfahrung des Daseins

Jaspers sucht nach anderen Wegen aus der nihilistischen Krise des Abendlandes. Wie kann man die Bedeutungslosigkeit und Einsamkeit der individuellen Existenz überwinden? Das ist die Grundfrage, die sich sowohl der jaspersschen Philosophie als auch dem Existentialismus insgesamt stellt. Wohl kaum werden dazu die Wissenschaften beitragen, da sie schließlich selbst das moderne nihilistische Bewußtsein entscheidend prägen: „Denn als die Grenzen der Wissenschaft methodisch bewußt wurden, wiederholte sich die alte Erfahrung, daß wissenschaftliche Erkenntnis nicht das Leben zu führen vermag, daß sie nicht einmal ihren eigenen Sinn, nämlich daß sie da sein soll, begründen kann, daß sie vom Standpunkt der Philosophie her gesehen Zerstreutheit ist." (P[2] XXV)

---

[1] Karl JASPERS, Der philosophische Glaube (1948), München 1954 (PG)
[2] Karl JASPERS, Philosophie. Erster Band: Philosophische Weltorientierung (1931), Berlin, Göttingen, Heidelberg 1956 (P)

Jaspers konnte hier auf eigene Erfahrungen zurückgreifen. Bevor er sich der Philosophie zuwandte – er wurde 1920 Extraordinarius in Heidelberg, 1922 ordentlicher Professor – war Jaspers Arzt und Psychiater und schrieb bedeutende Bücher. 1913 habilitierte er sich in Psychologie mit dem Buch *Allgemeine Psychopathologie*. 1919 veröffentlichte er die *Psychologie der Weltanschauungen*. Die Wissenschaften bestehen aus einem Betrieb vielfältiger, aber isolierter Bestrebungen und zerlegen Welt und Mensch in eine Vielzahl von Gegenständen und Betrachtungsweisen. Daher können die Wissenschaften weder die Welt als sinnvolle Einheit noch den Menschen erfassen, wie er wirklich existiert. Jaspers schließt an Kierkegaard an, der ja auch Sartre tief beeinflußt.

Wenn die Wissenschaften daher keine angemessenen Antworten auf die Sinnfragen der menschlichen Existenz geben, hat dann die Philosophie dazu mehr zu sagen? Doch natürlich steht auch die Philosophie unter dem Bann des Nihilismus, wie es sich schon beim Existentialismus sartrescher Prägung bestätigte. Jedenfalls darf sich die Philosophie nicht mit bloßer Reflexion bescheiden, sondern muß nach dem fragen, was die Welt wie die menschliche Existenz insgesamt umgreift.

Warum beschäftigt sich Jaspers dann überhaupt mit Philosophie? Warum kehrt Jaspers nicht einfach wie Voegelin in das traditionelle christliche Denken ein? Doch die Sinnprobleme der Menschen – da blickt Jaspers ähnlich wie Whitehead der Realität klarer ins Auge als Voegelin – lassen sich auch durch die Religion nicht mehr allgemeinverbindlich und überzeugend lösen; denn die Religion spielt heute im Leben der Menschen längst nicht mehr die Rolle, die sie früher einnahm. Das ist ja die große Herausforderung für die Religionsphilosophie im 20. Jahrhundert: Der Einzelne entscheidet, was er glauben will. „Heute ist die Religion eine Sache der Wahl. (...) Nicht nur daß die verschiedenen Religionen und Konfessionen nebeneinander stehen und durch diese bloße Tatsache sich in Frage stellen; vielmehr ist die Religion selber ein aus dem anderen ausgespartes besonderes Lebensgebiet geworden." (UZ[3] 167) Dann aber kann sie auch nicht mehr selbstverständlich die großen Lebensfragen der Menschen beantworten.

Wenn es um Antworten auf die Bedeutungslosigkeit und Einsamkeit des Lebens geht, dann muß einerseits Philosophie konkret die lebensweltlichen Probleme der Menschen angehen. Andererseits darf die Philosophie für Jaspers nicht die umgreifenden Zusammenhänge des Lebens aus den Augen verlieren. Die Grunderfahrung der Philosophie ist für Jaspers das Dasein des Menschen in der Welt, von dem man bei der Beantwortung der Frage nach einem nicht isolierten Leben ausgehen muß. Der moderne Mensch wendet sich weitgehend von religiösen Orientierungen ab und lebt immer stärker im Hier und Jetzt. In dieser individuellen Erfahrung läßt sich die Welt nicht in ihrer Ganzheit erfahren: „Unsere anschauliche gegebene Welt ist nicht auf ein Prinzip zu bringen. Sie ist im Dasein ausgebreitet zwischen dem unendlich Kleinen und unendlich Großen, das unserer Anschauung in gleicher Weise unzugänglich ist." (P 108)

Wenn die Welt dem Menschen nur im Hier und Jetzt begegnet, zeigt sie einen Mangel seiner Erfahrung an: Ihr fehlt die Welt als Ganzes. Diese Ganzheit kann in der reinen Diesseitsorientierung nicht erfahren werden, und doch drängt sie sich als Idee dem Menschen in seinem Dasein auf. Das Umgreifende, so Jaspers, ist kein Gegenstand der Erkenntnis, sondern eben eine Grunderfahrung des Daseins, wenn sich mir Beschränktheit wie Offenheit meiner rein diesseitigen Welterfahrung zeigen. Mit dieser Idee des Umgreifenden will Jaspers das Leben wieder in ein sinnvolles Ganzes einbinden und dadurch die nihilistische Sinnlosigkeit überwinden: „Es handelt sich um Philosophie als das Denken, das das Leben trägt, das das Handeln im persönlichen Dasein und im Politischen erhellt und führt." (P 21)

[3] Karl JASPERS, Vom Ursprung und Ziel der Geschichte, München 1949 (UZ)

2. Transzendenz und Kommunikation

Wie kann man das Umgreifende mit dem Leben des Menschen philosophisch verbinden? Der Mensch muß sein bloßes Dasein überschreiten. Er darf dem schlichten Hier und Jetzt nicht verfallen bleiben. Aus dem Dasein heraus entfaltet Jaspers denn auch einen wichtigen Begriff für den Existentialismus insgesamt: die Transzendenz. Ich bin mehr als mein Dasein, wenn ich mich darüber hinaus auf das Umgreifende beziehe. Dann erhebe ich mich über mein Dasein. Ich transzendiere es, d. h., ich überschreite es.

Philosophisch verbindet den Menschen die Möglichkeit zur Transzendenz mit dem Umgreifenden und verweist ihn dadurch über die reine Weltorientierung hinaus. „Ich unterscheide die Dinge in der Welt und mich von ihnen, aber ich unterscheide nicht mehr die Welt von etwas Anderem, es sei denn, daß ich transzendiere, d. h. die Welt ‚überschreite'." (P 81) Die Transzendenz besitzt bei Sartre nur eine diesseitige Bedeutung, d. h., ich kann mein Leben selbstbestimmt verändern. Bei Jaspers hingegen entspringt die Transzendenz der umgreifenden Idee einer Ganzheit. Ich verbinde mein schlichtes Dasein mit der Welt als Ganzheit und verleihe ihm auf diese Weise einen transzendenten Sinn.

Diese Transzendenz konstituiert im Dasein dadurch erst die Existenz – das Wort, das dem Existentialismus seinen Namen verliehen hat. Denn die Transzendenz eröffnet dem Menschen die Möglichkeiten, sein rein diesseitiges, isoliertes Dasein nicht nur in der Welt zu verändern, sondern auch im Hinblick auf das Umgreifende zu verstehen und es somit zu überschreiten. Erst dadurch entsteht ein wirklich autonomes, selbstbestimmtes Leben, das nicht mehr wie noch bei Sartre der Weltorientierung völlig ausgeliefert wäre. Das Dasein erhält durch die Transzendenz eine existentielle Bedeutung, die sich nicht aus den bloß innerweltlichen Zerstreuungen speist, sondern seinen Sinn aus dem zieht, was alles Leben umgreift. Existenz heißt: dem Dasein Sinn verleihen, der über das Dasein hinausweist. Existenz, so Jaspers, braucht daher die Transzendenz.

Man kann die Welt bloß für sich und in ihren Einzelheiten betrachten. Aber als Transzendenz umgreift die Existenz die Innerweltlichkeit und weist sie auf einen umfassenderen Zusammenhang. Das läßt sich in der Welt durchaus konkret erleben. Ich habe die Möglichkeit, mich existentiell zu entscheiden, mein Leben grundsätzlich zu verändern – hier schließt Jaspers an Kierkegaard an. Ich kann existentiell handeln, d. h. mein Leben dem Dienst an der Gemeinschaft oder Idealen widmen, die meine eigene Existenz weit überragen. Der Mensch hat diese Freiheit, sein Leben zu bestimmen und zu gestalten, und damit die Möglichkeit der Transzendenz.

So zeichnet sich zwar die Überwindung der Einsamkeit ab. Doch dazu braucht der Mensch entsprechende Einsichten, die über das Dasein hinausleiten. Er braucht eine Vernunft, die sich nicht wie in den modernen Wissenschaften vorherrschend auf eine Verstandestätigkeit der rationalen Erfassung der Welt beschränkt. Vernunft – das hat die Zerrissenheit der modernen Welt gezeigt – muß sich wieder auf ihre Universalität besinnen. Der Mensch besitzt diese Fähigkeit einer alles umgreifenden Vernunft. „Daß die Universalität radikal gewollt wird, entspringt (...) der Gesamtheit der Weisen des Umgreifenden, das wir sind. Sie alle drängen in die Helligkeit, durch die sie erst eigentlich zum Sein kommen; sie alle sind in diesem Sinne *Vernunft*." (VE[4] 107)

Der Mensch selbst ist das Umgreifende. Will der Mensch also das Umgreifende verstehen, so muß er sich selbst erhellen. Der Mensch erfährt sich nur selbst, wenn er Einblick in alle seine Bezüge zur Welt in vielen Einzelheiten wie im ganzen und darüber hinaus gewinnt. Bereits 1931 sagt Jaspers die programmatischen Sätze: „Existenzphilosophie ist das alle Sachkunde nutzende, aber überschreitende Denken, durch das der Mensch er selbst werden möchte. Dieses Denken er-

---

[4] Karl JASPERS, Vernunft und Existenz. Fünf Vorlesungen (1935), München 1960 (VE)

kennt nicht Gegenstände, sondern erhellt und erwirkt in einem das Sein dessen, der so denkt."[5]

Existenzerhellung nennt Jaspers die Aufgabe der philosophischen Vernunft. Sie muß einerseits vom konkreten Dasein des einzelnen Menschen ausgehen. Andererseits weist sie über diese schlichte Weltverfallenheit hinaus und konstituiert damit ein Selbstbewußtsein des Menschen, das sich aus dem Umgreifenden speist. Existenzerhellung kann aber den Sinn der Existenz nicht widerspruchsfrei und eindeutig darstellen. „Während daher die Weisen des Umgreifenden (...) in Ordnung und Gesetz ihre Vollendung finden möchten, ist Vernunft (...) nicht nur in (...) keiner Ordnung zufrieden, sondern aufgeschlossen für das wesentlich Unklare, das eigentlich Zerbrochene, für das Widervernünftige selbst." (VE 108)

Die Vernunft entsteht nach Jaspers gerade nicht in der Innerlichkeit des einzelnen Menschen. Zur Wahrheit gelangt der Mensch nicht durch einen inneren Monolog, in dem seine Vernunft für sich alleine prüft, was wahr und was falsch ist. Vernunft verlangt die Aussprache mit anderen Menschen, braucht Kommunikation. „Aber Wahrheit ist in der Tat in niemandes Besitz als endgültige und absolute. Wahrheit suchen, das heißt immer, zur Kommunikation bereit sein, Kommunikation auch von anderen erwarten." (UZ 199)

Wenn zur Wahrheit Kommunikation gehört, dann wird damit auch die Freiheit der Menschen verlangt; denn Kommunikation kann Wahrheit nur überprüfen, wenn die Beteiligten nach eigenem Gutdünken handeln können. Freiheit heißt dabei aber nicht die blinde Willkür des Einzelnen, wonach ihm gerade gelüstet, auch verfolgen oder äußern zu dürfen. Freiheit beruht vielmehr auf Vernunft und Einsicht, wie diese wiederum nur in Kommunikation entspringen. „Freiheit verwirklicht sich in Gemeinschaft. Ich kann nur frei sein in dem Maße wie die Anderen frei sind." (UZ 196)

Jaspers folgt wie Whitehead keiner liberalen Anthropologie,

---

[5] Karl JASPERS, Die geistige Situation der Zeit (1931), 13. Aufl., Berlin 1979, 161

die den Menschen als Egoisten versteht, der nur in Gesellschaft tritt, weil er sich davon Vorteile verspricht. Der Mensch ist für Jaspers zwar primär Individuum. Aber er entfaltet seine Individualität nur in Kommunikation mit anderen Menschen. Doch Jaspers überschreitet auch die Idee, daß der Mensch ein primär auf die Gemeinschaft hin orientiertes Wesen besäße. „Dagegen steht der philosophische Glaube, den man auch Glauben an Kommunikation nennen kann. Denn hier gelten die beiden Sätze: Wahrheit ist, was uns verbindet – und: in der Kommunikation hat Wahrheit ihren Ursprung." (PG 38) Wenn der Mensch sich auf die Suche nach seiner eigenen Identität machen will, dann muß er hinausgehen und mit anderen kommunizieren. Ich beseitige die Einsamkeit indes nur durch eine umgreifende Vernunft, die Gemeinsamkeit schafft: „Vernunft fordert grenzenlose *Kommunikation*, sie ist selbst der totale Kommunikationswille." (PG 38)

3. Der philosophische und der religiöse Glaube

Wenn die Kommunikation einen Glauben braucht, ist dann nicht überhaupt die Religion zur Kommunikation notwendig? *„Nur Glaubende können Kommunikation verwirklichen."* (PG 130) Doch den jeweiligen Ausschließlichkeitsanspruch der verschiedenen Religionen kritisiert Jaspers wie Whitehead als fatal und philosophisch nicht vertretbar. Zudem belegen zahlreiche historische Verfehlungen der Religionen nicht gerade deren kommunikative Kraft. Ein schlichter Rückgriff auf die Religion wie bei Voegelin erweist sich daher als unfruchtbar. Die Religion muß sich vielmehr der veränderten Weltlage stellen, in der die Kommunikation in den Vordergrund tritt.

Doch mit diesen Einwänden trifft man nicht den religiösen Kern; denn umgekehrt: „Philosophie scheint nur auf dem Grund einer Religion zu erwachsen. Die Überlieferung der Religion geht in unvordenkliche Zeiten zurück, die Philosophie beginnt innerhalb der uns bewußten Geschichte." (P 294) Selbst die Vernunft als das Umgreifende sowie die Kommunikation in ihrer Grenzenlosigkeit besitzen beide für Jaspers ja keine absolut rationalen, sondern durchaus widersprüchliche Strukturen – was Voegelin für seine traditionelle Vernunft nicht zugeben würde. Gerade in kommunikativer Absicht herrscht also kein grundsätzlicher Gegensatz zwischen Vernunft und Religion: „Fast die gesamte Menschheit lebt, soweit historische Erinnerung reicht, religiös, ein nicht zu überhörender Hinweis auf Wahrheit und Wesentlichkeit in der Religion." (PG 60) Die Religion hat also auch das kommunikative bzw. philosophische Wahrheitsverständnis insoweit auf den Weg gebracht, wie sie selbst zu den Weisen des Umgreifenden gehört. Glauben und Vernunft treffen sich beide im Horizont des Umgreifenden: „Vernunft ist das Band aller Weisen des Umgreifenden. Sie läßt kein Seiendes sich absolut trennen (...). Nichts soll verlorengehen." (PG 37)

Es verwundert also nicht, wenn die Religion der philosophischen Vernunft bei der Verwirklichung ihrer kommunikativen Ansprüche zu Hilfe kommt. Die Religion avanciert angesichts der nihilistischen Tendenzen der Moderne zur Triebfeder der philosophischen Vernunft. So treibt das Umgreifende insgesamt, sei es religiös oder vernünftig motiviert, zur Kommunikation. Meine vernünftige Überlegung läßt mich genauso den anderen Menschen achten wie mein religiöses Gefühl der Nächstenliebe.

Um der Kommunikation willen propagiert Jaspers den philosophischen Glauben – vielleicht einer der wichtigsten Begriffe seiner Philosophie. Denn man kann sich nicht schlicht auf Gottes Stimme berufen, um in der Welt Handlungen zu rechtfertigen. Man kann die Kommunikation nicht allein auf die Religion stützen. „Es fehlt in der Bibel, mit Ausnahme verschwindender Ansätze, das philosophische Selbstbewußtsein. (...) Es fehlt die Herrschaft denkender Prüfung. Leidenschaft wird durch Leidenschaft korrigiert." (PG 76) Jaspers unterscheidet sich von Bergson wie von Voegelin: Man kann sich heute philosophisch weder auf die Offenbarung noch auf die religiöse Autorität berufen. Diese müssen vielmehr philosophisch durchdacht werden. Nur auf diese Weise vermag die philosophische Vernunft die Existenz in allen Dimensionen, vor allem derjenigen der Kommunikation, zu erhellen: „Der philosophische Glaube, der Glaube des denkenden Menschen, hat jederzeit das Merkmal, daß er nur im Bunde mit dem Wissen ist. Er will wissen, was wißbar ist, und sich selbst durchschauen." (PG 13)

Das darf man sich aber nicht zu konkret und unmittelbar vorstellen. Auf die Frage „Hilft die Philosophie?" antwortet Jaspers: „Sie hilft nicht, wie der Offenbarungsglaube zu helfen verspricht und behauptet. Sie hilft durch die Wahrhaftigkeit einer Denkwelt dem, der in unmittelbarem Bezug auf Transzendenz, sich selbst geschenkt, sich zu helfen vermag."[6] Damit propagiert Jaspers einen reflexiven Glauben, der den Lebensumständen der Moderne besser gerecht werden soll, als es die Religion selbst noch vermag. Denn die Religion sieht sich einem tiefgreifenden Wandel der Lebensumstände ausgesetzt, der ihre Gewißheiten verunsichert. Just hier aber wächst dem philosophischen Glauben auch ein Dienst zu, den er der Religion leisten kann – ein wesentlicher Ansatz der Religionsphilosophie im 20. Jahrhundert: „Es ist eine Verwandlung dessen zu erwarten, was wir die Materie, das Kleid, die Erscheinung, die Sprache des Glaubens nannten, und zwar eine Verwandlung, so stark wie alle anderen Verwandlungen unseres Zeitalters, – oder aber es geht die ewige Wahrheit der biblischen Religion dem Gesichtskreis der Menschen verloren (…)." (PG 80)

Die Religion muß ihrerseits den kommunikativen Umständen der Gegenwart gerecht werden, darf den Stand des Wissens nicht verfehlen, wenn ihre Wahrheit nicht gefährdet werden soll – ein sicher eher protestantischer Anspruch, der sich ähnlich bei Whitehead vorfindet und den Ricœur wiederholen wird, ein Anspruch, dem Voegelin weniger abgewinnen kann. Für Jaspers rettet also der philosophische Glaube wesentliche religiöse Gehalte. Damit dient er sowohl der Religion als auch der Kommunikation. Wer in der geistigen Sphäre der Philoso-

---

[6] Karl JASPERS, Der philosophische Glaube angesichts der Offenbarung, München 1962, 476

phie lebt, der ist der religiösen Sphäre nicht so fern. Der philosophische Glaube wird daher zum Grund des Philosophierens bzw. der umgreifenden Vernunft.

4. Weltphilosophie und Weltpolitik

Während der Nazizeit litt Jaspers vor allem unter der massiven Bedrohung seiner Frau, die jüdischer Herkunft war. 1937 wurde er von der Hochschule entlassen. 1938 erhielt er Publikationsverbot. In den letzten Kriegsjahren, in denen sich seine Frau angesichts drohender Deportation häufig verstecken mußte, hatte er alle Vorbereitungen getroffen, um sich einer etwaigen Verhaftung durch Gifteinnahme zu entziehen. 1948 erhielt er einen Ruf nach Basel. Trotzdem griff er in den letzten Jahrzehnten seines Lebens häufig mahnend in die Politik der Bundesrepublik ein.

So soll der Rückgriff auf den philosophischen Glauben auch politisch und sozial zur Stabilisierung der Ordnungsstrukturen beitragen. Die reine Vernunft – das hat nicht allein dieses Jahrhundert gezeigt – scheitert an solchen Aufgaben regelmäßig. Jaspers konstatiert, „daß bisher Religion in der Tat die meiste haltbare und gehaltvolle Ordnung, und zwar dann mit Hilfe der Vernunft verwirklicht habe, nicht durch direkte Anweisungen, sondern durch glaubende Menschen, deren Ernst und Verläßlichkeit". (PG 64)

Immer mehr Menschen aus verschiedenen Kulturen müssen miteinander kommunizieren und kooperieren – und das noch dazu unter der Bedrohung, daß sich die Menschheit heute selbst vernichten kann. Jaspers antizipiert die heutige Globalisierungsthese, wenn er einerseits einen Weltstaat mit Weltregierung und Weltpolizei ablehnt, weil diese den kulturellen Unterschieden der Menschen nicht gerecht zu werden vermögen. Andererseits fordert er 1958: „Daher kann eine Weltordnung der Freiheit nur die Form einer Konföderation in einem bleibend labilen Zustand haben. Sie kann nicht von vornherein eine Weltkonföderation sein, die ohne Rücksicht auf Staatsverfassungen und Lebensformen auch das im Wesen Ungleiche in den Schein einer Verbundenheit brächte. Konföderation kann wirksam nur bestehen durch Verträge zwischen Staaten, die in politisch freier Verfassung mit unbeschränkter Öffentlichkeit leben und die gemeinsam ihre Freiheit bewahren wollen."[7] Politik müsse sich zur Weltpolitik transformieren, die sich um eine Weltordnung zu sorgen habe, da Kriege angesichts der atomaren Bedrohung sinnlos geworden seien.

Die Philosophie ihrerseits muß zur Weltphilosophie gereichen und derart die menschliche Existenz durchdringen und beseelen. Weltphilosophie verlangt die Verbindung von Philosophie und Religion in allen Lebensbereichen, gerade auch in der Politik. „In der Politik handelt es sich um das allen Menschen Gemeinsame, um die vom Inhalt eines Glaubens unabhängigen Daseinsinteressen, in dem sich alle Menschen verstehen können, um sich gegenseitig durch Ordnung, Recht und Vertrag Raum zu geben." (UZ 206)

Der philosophische Bezug – das ist Jaspers äußerst wichtig – darf keine Dogmatisierung ergeben. Er weist den Menschen an seine Ursprünge und zum Umgreifenden. Aber er gewinnt dadurch keinen festen Boden, sondern nur einen kommunikativen Zusammenhang. Weltphilosophie als Denken in der großen Gemeinschaft der Menschheit müßte zwangsläufig scheitern, wenn sie feste Dogmen anböte, die dann mit kulturellen Eigenheiten zusammenstoßen. Statt dessen eröffnet sie so grenzenlose wie umgreifende Möglichkeiten des Verstehens und der Kommunikation. Folglich befindet sich Weltphilosophie immer auf dem Weg und wird nie ihr Ziel erreichen. In seinem grundlegenden Werk über die *Philosophische Logik* mit dem Haupttitel *Von der Wahrheit* entwickelt er die Logik der Weltphilosophie: „Wenn Gott ewig ist, ist für den Menschen Wahrheit als werdende Wahrheit, und zwar als Kommunikation werdende Wahrheit. Losgelöst von dieser, wäre sie als bestehende Wahrheit sogleich entartet zum Wissen von

---

[7] Karl JASPERS, Die Atombombe und die Zukunft des Menschen, München 1958, 147

Etwas (…). Im Ursprung war das Eine, die Wahrheit, wie sie für uns unzugänglich ist. Aber das verlorene Eine ist, als ob es in der Zerstreuung durch Kommunikation wiedergewonnen werden solle."[8] Das Eine präsentiert sich in der Kommunikation nicht mehr als das Sichere und Gewisse, sondern als die sich wandelnde Idee der Einheit, des Umgreifenden. Darüber müssen sich die Menschen heute weltweit verständigen.

In der Weltphilosophie geht es Jaspers um die Offenheit der Vernunft, um das Umgreifende, das einen Weltbezug herstellen könnte, das die gesamte Menschheit angeht. Das wissenschaftlich-technische Zeitalter hat die Voraussetzungen für die Einheit der Erde geschaffen. Die politische Einheit ist anzustreben, aber nicht auf der Grundlage eines Dogmas, sondern auf der Grundlage der Offenheit und der Kommunikation, die sich natürlich aus religiösen Motiven speist: „So erhebt sich die tiefste Einheit in eine unsichtbare Religion, in das Reich der Geister, die sich begegnen und zueinander gehören, das verborgene Reich der Offenbarkeit des Seins in der Eintracht der Seelen." (UZ 327)

Die Aufgabe der Philosophie heißt Gründung einer neuen Denkungsart, die die Bedingung einer freien Weltordnung reflektiert. Darin verbirgt sich ein religiöser Auftrag. Gleichzeitig beseelt diesen der alte philosophische Anspruch, daß man über die Welt gar nicht genau Bescheid wissen kann. Somit verbindet Jaspers wie schon bei der Existenzerhellung auch politisch religiöse Kraft mit philosophischer Reflexion. In seiner Rede anläßlich der Verleihung des Friedenspreises des deutschen Buchhandels heißt es 1958: „Niemand weiß, was die Welt im Ganzen ist, wohin sie geht. Die Reinheit dieses Nichtwissens ermöglicht erst, was wir Wahrheit nennen oder Vernunft oder Gottesdienst."[9]

Jaspers ist sich ähnlich wie Kierkegaard, der späte Wittgen-

---

[8] Karl JASPERS, Philosophische Logik I. Von der Wahrheit, München 1947, 980

[9] Karl JASPERS, Wahrheit und Leben. Ausgewählte Schriften, Zürich 1965, 533

stein, Whitehead und Weber durchaus der unsicheren Lage wissenschaftlicher Erkenntnis bewußt – eine Einsicht, die sich anders als bei Voegelin dem Glauben nicht ersparen läßt, in der sich diesem aber eine Chance anbietet. Nimmt er diese wahr, vermag der Glaube wirklich zur Überwindung der Krise der Moderne beizutragen.

8. Kapitel

Gabriel Marcels schöpferische Treue als Antwort auf das technische Zeitalter

Während Sartre und Camus den Menschen in gottloser Situation zu heroischen Handlungen aufrufen, fragt neben Karl Jaspers auch Gabriel Marcel (1889–1973), ein weiterer Vertreter des christlichen Existentialismus, nach den metaphysischen Bezügen des Menschen, die in der technischen Moderne gekappt erscheinen. Marcel erschauert angesichts des mechanisierten, sinnentleerten Lebens und des totalitären Machtstaates – die beiden großen Herausforderungen der existentialistischen Religionsphilosophie im 20. Jahrhundert, der gegenüber die Wissenschaften in den Hintergrund treten. Der Moderne fehlt jeglicher Sinn für das Heilige. Dadurch zerreißt ihre innere Einheit. Wir dürfen, so Marcel 1944, „den Ernst der Krise nicht verkennen, die in unseren Tagen ausgebrochen ist; einer bedenklichen und mit der Zeit vielleicht tödlichen Krise, die von unwiderlegbaren Zahlen bezeugt wird: Zunahme der Ehescheidungen, wachsender Gebrauch der Abtreibungsmittel usw. Hier haben wir Faktoren vor uns, die uns verpflichten, tiefer einzudringen, um die Wurzeln jener ‚sozialen Tatsachen‘ bloßzulegen, Wurzeln, die auf der Ebene des Glaubens liegen, oder genauer gesagt, des *Nicht-Glaubens*, in welchen ich eine Hauptgegebenheit der geistigen Biologie unserer Epoche zu sehen geneigt bin." (PH[1] 83) Soweit Marcels Interpretation der These vom Wertezerfall, die er mit Voegelin zweifellos teilt.

Marcel sucht auch ähnlich wie Voegelin nach Wegen der Einkehr in traditionelle Orientierung. Anders als Voegelin aber begründet er diese Bemühungen nicht im Rückgriff auf

---

[1] Gabriel MARCEL, Philosophie der Hoffnung (1944), München 1957 (PH)

die Tradition, sondern existentialistisch im Hinblick auf die aktuelle Lage des Menschen, also ähnlich wie Jaspers. So fragt er, wie der Mensch als leibhaftes Wesen in ein ganzheitliches Sein eingebunden werden kann: Welche Tugenden braucht es, um der Leere und der Entseelung in der technischen Welt zu begegnen?

1. Die technische Welt als Austreibung des Lebendigen

Die technische Welt verändert das Verständnis des Lebens. „Es ist völlig klar, daß das, was einen Bauern am städtischen Leben anziehen kann, fast nichts mit dem zu tun hat, was man zu allen Zeiten als das Leben betrachtet hat. Die gleiche Erkaltung der Liebe zur lebendigen Wirklichkeit ist sicherlich eine der tiefen Ursachen für den Geburtenrückgang." (EM[2] 105) So kontrolliert die technische Welt das Lebendige und lenkt es in technische Bahnen, in denen es seinen spontanen Charakter einbüßt. Die Technik schiebt über das Leben eine weitgehend erkünstelte Superstruktur, auf die der Mensch immer weniger verzichten kann und die ihn zunehmend abhängig macht: „Was ihm jetzt der Bewunderung wert erscheint, ist vor allem die technische Tat unter allen ihren Formen und keineswegs mehr der spontane Lauf der Dinge, denn diesen will er ja ordnen und bändigen wie einen Fluß, den man mit Schleusen versieht." (PH 130) Marcels zentrale These zur Technik, die sein Werk durchzieht, lautet: Die Technik konstruiert eine sterile, tote Welt und verdrängt dabei alle Spontaneität und Lebendigkeit – eine These, mit der er technikphilosophisch an Bergson anschließt.

Der Mensch wollte sich mit der Technik auf der Erde ausbreiten und sich zugleich fest verwurzeln bzw. sichere und bequeme Lebensverhältnisse schaffen. Das Gegenteil tritt ein. Mit der Technik etabliert sich der Mensch nicht auf der Welt.

---

[2] Gabriel MARCEL, Die Erniedrigung des Menschen (1951), Frankfurt/M. 1957 (EM)

Kein Prozeß der Individualisierung findet statt, sondern einer der Entindividualisierung. „Müssen wir nicht sowohl im Weltmaßstab als auch auf der Ebene der nationalen Existenz feststellen, daß die Entwicklung der Verbindungen eine wachsende Uniformität der Existenzweise nach sich zieht?" (EM 96) Politisch wird das Individuum in der Massengesellschaft gleichgeschaltet und aufgelöst. Ohne die Technik wäre der Totalitarismus überhaupt schwerlich denkbar. Denn sie ermöglicht erst die Entfaltung einer Bürokratie, die den Menschen zum Rädchen im Getriebe reduziert, das Lebendige am Menschen für unbrauchbar erklärt und den Staat vergöttlicht. Die höchste Perversion totalitärer Herrschaft sieht Marcel im Konzentrationslager.

Der Prozeß der Entindividualisierung und der Austreibung des Lebendigen besitzt aber noch einen tieferen Hintergrund in der technischen und naturwissenschaftlichen Denkweise selbst: Der technisch-wissenschaftliche Rationalismus reduziert Leib und Geist auf berechenbare Größen – eine ähnliche Kritik, wie sie Whitehead am wissenschaftlichen Materialismus übt. Was man rational nicht verstehen kann, wird als unsinnig ausgeschlossen. Auf die hoffenden oder bangenden, also lebendigen Fragen der Menschen zwischen Geburt und Tod weiß der Rationalismus keine Antworten. „Wie sollte man nicht sehen, daß die Demut, die Scham oder die Keuschheit sich wesensmäßig dagegen sträuben, sich logisch auflösen zu lassen, das heißt ihr Geheimnis dem mit Vernunftschlüssen arbeitenden Denken auszuliefern?" (PH 38) Das Lebendige kann wie das Individuelle rational gar nicht erfaßt werden. Statt dessen kulminiert das Lebendige und das Individuelle im Christentum: In Christus ist Gott Mensch geworden und verheißt jedem Menschen die Teilhabe am Reich Gottes, in Form der eigenen Seele, also der Individualität.

Der technisch-wissenschaftliche Rationalismus dagegen erstreckt sich nur auf einen Teilbereich und damit nur auf eine berechenbare Scheinwelt, eigentlich auf eine falsche Welt, wie Marcel betont. Das Leben entzieht sich der Beherrschung und der Berechnung genauso wie das Heilige. Dem Rationalismus bleibt das Leben daher dunkel, ein Geheimnis.

Vielleicht liegt diese Kritik am Rationalismus bereits in seiner Kindheit begründet. Denn nach dem Tod seiner leiblichen Mutter genoß er die strenge, rationale Erziehung seiner liberalen, nichtchristlichen Stiefmutter. Auch als Gymnasiast lernte er den zeitgenössischen Rationalismus kennen. Als Student an der Sorbonne und am Collège de France zwischen 1906 und 1910 und unter dem Einfluß von Henri Bergson erfuhr er den Rationalismus definitiv als ungenügend und zu eng.

Marcel nimmt auf dezidiert eigenen Wegen den Kampf gegen den Geist der Abstraktion auf. Er stellt sich dabei in eine Reihe technikphilosophischen Denkens, in die auch Heidegger und Jonas gehören. Marcels Werk präsentiert sich dabei unsystematisch und erscheint geradezu unwissenschaftlich – ein Großteil seiner philosophischen Texte besteht aus Tagebüchern, nämlich aus sogenannten *metaphysischen Tagebüchern*, die sich schon ihrer Form nach der rationalistischen Logik entziehen. Darüber hinaus schreibt er wie Sartre und Camus Dramen, in denen er die existentielle Situation des Menschen in einer entfremdenden, gottlosen Welt darstellt. Marcel sagt über sein bekanntestes Theaterstück, dessen Titel lautet: „*Eine zerbrochene Welt?* Läßt sich dieses Wort wirklich vertreten? (...) Es wäre ohne Zweifel äußerst gewagt, ein Zeitalter heraufrufen zu wollen, in dem die Einheit der Welt den Menschen überhaupt unmittelbar fühlbar gewesen wäre. (...) Noch wichtiger indessen ist es, zu begreifen, um wieviel stärker dieses Gefühl der Zerfallenheit dadurch wird, daß wir doch scheinbar einer zunehmenden Einigung unserer Welt – also der Erde – beiwohnen." (GS[3] 37) Zudem wird ein vertraulich-freundliches Zusammenleben auch immer seltener. Das Mitsein der Menschen untereinander, die Brüderlichkeit geht verloren. Die rationalistische Tilgung aller metaphysischen Bezüge des Menschen begleitet eine tiefe soziale Krise, in der die traditionellen christlichen Werte zerfallen. Marcel distan-

---

[3] Gabriel MARCEL, Geheimnis des Seins (1951), Wien 1952 (GS)

ziert sich 1951 daher vom damals äußerst populären Existentialismus: „Es gibt einen übersehbaren Weg, der von den Abtreibern, bei denen die Kundschaft Sartres ein- und ausgeht, zu den Todeslagern führt, in denen sich Folterknechte auf Menschen stürzen, die sich nicht zur Wehr setzen können." (EM 85) Die moderne Welt steht vor der Alternative, entweder als Ameisenhaufen zu verkommen oder sich darauf zu besinnen, daß sie ihre Einheit und Ganzheit nur in einer christlichen Besinnung wiederfinden kann. Weder der Marxismus noch der Liberalismus überwinden die Verwerfungen der Moderne, heilen *eine zerbrochene Welt*. Das Christentum allein, und nur dann, wenn es sich selbst treu bleibt – also ähnlich wie bei Voegelin –, vermag friedensstiftend zu wirken. Entweder fällt Frankreich, so Marcel 1951, dem Kommunismus zum Opfer, oder es entsteht eine neue Monarchie, die es mit seinen Traditionen verbindet, wenn sich diese Monarchie auch der bestehenden Situation anpassen müßte.

2. Teilhabe an der Welt als Mitsein mit anderen Menschen

Der Mensch muß sich zwar mit der Technik einrichten, da die historische Entwicklung unumkehrbar bleibt. Doch der rationale Charakter der Technik wie der modernen Wissenschaften verstellt wesentliche Perspektiven des Denkens: „Sicher erscheint jedoch, daß der Fortschritt und vor allem die außergewöhnliche Verbreitung der Techniken darauf abzielen, eine geistige oder richtiger anti-geistige Atmosphäre zu schaffen, die der Ausübung der Reflexion so ungünstig wie möglich ist." (EM 17) Für Marcel ist die rationale Reflexion einseitig, da sie sich nur auf Gegenstände als Objekte in der beschränkten Erfahrungswelt bezieht, wie sie von den modernen Wissenschaften entworfen und vor allem berechnet werden. Die rationale nennt Marcel erste Reflexion, die jene Perspektiven, die über sie hinausweisen, behindert, wenn nicht sogar verdrängt. Dieser ersten Reflexion, die die Welt in Objekte zergliedert, stellt Marcel eine zweite Reflexion gegenüber, die diese Zersplitterung wieder überwindet, indem sie den Menschen an der Welt teilhaben läßt. In der zweiten Reflexion wird der Mensch nicht gegenüber der Welt in distanzierte Stellung gebracht, sondern selbst als Teil dieser Welt verstanden. Teilnehmend, aber nicht objektivierend begegnet der Mensch dem eigentlichen Leben.

Mit der zweiten Reflexion will Marcel zu einer positiven Philosophie vorstoßen, die erkennt, daß das Band zwischen Mensch und Welt als Teilhabeverhältnis unauflöslich ist. Die zweite Reflexion öffnet den Menschen gegenüber der Welt und schließt ihn nicht ab. Der Mensch bleibt eingebunden in das Ganze des Seins. Teilhabe enthebt ihn der rationalistischen Distanz zu den Objekten. „Im Gegensatz zur Welt des Problematischen, die (...) vor mir ist, ist das Mysterium etwas, in das ich mich engagiert finde, und zwar (...) nicht teilweise durch irgendeinen bestimmten und spezialisierten Aspekt meiner selbst engagiert, sondern im Gegenteil ganz und gar engagiert, insofern ich eine Einheit verwirkliche, die sich übrigens schon ihrer Definition nach nie selbst erfassen kann und nur Gegenstand der Schöpfung und des Glaubens sein kann." (EM 101)

Für den Menschen entfaltet sich aus dem Mysterium eine lebendige Erfahrung. Diese zweite Reflexion stellt selbst ein Denken dar, das die rationale Welt überschreitet, zum *Meta-physischen* hin transzendiert. Insofern beschränkt sich die zweite Reflexion nicht auf die Gegenwart und die sinnliche Wahrnehmung. Aber sie verzichtet nicht auf sie, blendet sie nicht aus. Im transzendierenden Denken realisiert sich die metaphysische Erfahrung vielmehr als Teilhabe am Diesseits – eine Position, die dem Umgreifenden bei Jaspers ähnelt.

Wenn der Existentialismus marcelscher Prägung eine Philosophie der konkreten Existenz des Individuums sein will, dann gehören zur Teilhabe vor allem Dialog und Mitsein bzw. die Begegnung mit anderen Menschen. Die zweite Reflexion versteht die Begegnung mit dem Anderen nicht primär aus der Differenz zum Anderen, sondern aus der Einheit mit dem Anderen heraus. Die zweite Reflexion eröffnet als Teilhabe ein Dialogverhältnis.

Begegnungen mit vielen bedeutenden Zeitgenossen beherrschten auch Marcels Leben. 1909 lernte er André Gide kennen und schloß sich der Zeitschrift *Nouvelle Revue Française* an, die die französische Literatur des 20. Jahrhunderts wesentlich mitbestimmen sollte. Nach dem Studium arbeitete er kurze Zeit als Philosophielehrer an mehreren Pariser Gymnasien, bevor er dann Lektor bei verschiedenen Verlagen wurde. Zwar war er mit Gastvorlesungen häufig an Universitäten präsent, wie Sartre und Simone de Beauvoir, doch die Hochschullehrerlaufbahn schlug er nicht ein. Vor allem aber prägte ihn die Begegnung und lebenslange Freundschaft mit Charles Du Bos, der der französischen Bewegung *Renouveau Catholique* angehörte. Diese Freundschaft begleitete ihn auch vom Judentum zum Katholizismus. Am 5. März 1929 notierte Marcel in seinem „metaphysischem Tagebuch": „Ich zweifle nicht mehr. Wunderbares Glück heute morgen. Ich habe zum erstenmal ganz klar *die Gnade* erlebt. Diese Worte sind erschütternd, aber es ist so. Ich war zuletzt vom Christentum überwältigt; und ich bin darin untergetaucht. Glückseliges Versinken! (...) es ist wie eine Geburt. Alles ist neu." (SH[4] 16)

Auch seine Körperlichkeit verbindet den Menschen mit anderen Menschen. Durch seinen Leib tritt er mit allen anderen Wesen in Beziehung. Eine leibhaftige Teilhabe – eben keine bloß abstrakte in einem idealen Diskurs, sondern im realen Gespräch – eröffnet einen Horizont der Welt im Mitsein, also einen mitmenschlichen Dialog. Der teilhabende Mensch gelangt in seiner Leiblichkeit zum Mitsein, das für Marcel durch Freundschaft, Liebe und Treue geprägt wird. Der Mensch tritt im Mitsein gar in eine kosmische Universalverwandtschaft ein, in der alle Dinge miteinander in Beziehung treten. Verbindungslinien ergeben sich hier vor allem zu Jaspers, aber auch zum natürlich erheblich rationalistischeren Whitehead.

Der Mensch lebt in keiner Distanz zur Welt, als wäre diese wie bei Sartre nur eine Bühne. Marcel moniert in einem Tagebucheintrag vom 8. März 1929: „‚Ich bin nicht im Theater', –

---

[4] Gabriel MARCEL, Sein und Haben (1935), 2. Aufl., Paderborn 1968 (SH)

diese Worte werde ich mir jeden Tag wiederholen. (...) Die wechselseitige Verbundenheit der geistigen Schicksale, der Heilsplan: das ist für mich das Sublime und Einzigartige im Katholizismus." (SH 22) Marcel stellt dem distanzierten rationalistischen Denken eine Philosophie der Teilhabe entgegen, dem objektivierenden Problemdenken das Mysterium. Aus der Leibhaftigkeit entwickelt sich ein vielfältiges Geflecht von Beziehungen zur Mitwelt. In ihr besitzt der Mensch seine Existenz.

Zunächst hat Existenz eine sehr elementare Bedeutung. Bereits in seinem philosophischen Erstlingswerk aus dem Jahre 1927, *Metaphysisches Tagebuch,* schreibt er: „Es gibt eine Ebene, auf der nicht nur die Welt keinen Sinn hat, sondern auf der es sogar widersprüchlich ist, die Frage zu stellen, ob sie einen habe; es ist die Ebene der unmittelbaren Existenz; es ist notwendigerweise die der Kontingenz, ist die Ordnung des Zufalls."[5] Die Existenz beschreibt die diesseitige Welt ohne direkten Bezug zu einem sinnstiftenden Sein, das die Existenz ihres zufälligen und vergänglichen Charakters entheben würde. Für Sartre ist der Mensch denn auch in die Existenz geworfen und muß auf sich allein gestellt versuchen, ihr einen Sinn zu verleihen: Die Existenz geht der Essenz, der Bestimmung des Wesens voraus. Das verlangt vom Menschen ein hohes Maß an Engagement. Auch Marcel erkennt eine solche Struktur. Doch das Engagement entspringt keiner individuellen Isolation wie bei Sartre. Vielmehr engagiert sich der Mensch von vornherein in einem Mitsein. Er nimmt essentiell teil an einem Leben, das in seine Mitwelt integriert ist. Für Marcel verwickelt sich die Existenz des einzelnen in konkrete Zusammenhänge und entwickelt eine intime und persönliche Gemeinschaft mit einer sie umgreifenden Realität. Dieser Bezug zur Umwelt ist kein persönlicher exzentrischer Genuß, sondern die Teilhabe, zu tun, was diese Umwelt braucht. Daher besitzt die Existenz für Marcel einen religiösen

---

[5] Gabriel MARCEL, Metaphysisches Tagebuch (1927), München, Wien 1955, 13

Ursprung im Leiden der anderen Menschen, während nach Sartre die anderen für mich die Hölle sind.

Für Marcel dagegen steht das Du im Vordergrund. In der Intersubjektivität taucht das Antlitz Gottes auf, das die zwischenmenschliche Begegnung zu einem Mysterium erhebt. Denn das Antlitz Gottes erscheint als die dialogische Form des Mitseins. Das göttliche Du stiftet eine universale Intersubjektivität. Gott ist für Marcel das absolute Du. Darin geht auch die konkrete menschliche Existenz ein, die nur durch die Hingabe und die Liebe zum anderen Menschen ihrer rationalistischen Zersplitterung enthoben ist – eine Perspektive, wie sie tendenziell auch bei Martin Buber und bei Emmanuel Lévinas aufscheint.

Das entspricht Marcels fundamentalen Erfahrungen in der Kindheit, als er sich bei der leiblichen Mutter geborgen fühlte und ihren Tod als Schock erlebte. Ihm blieb die Sehnsucht nach dem Unsichtbaren, nach der Auflösung der Gegensätze, die die leibliche Mutter für ihn symbolisierte. Vor allem aber sieht er die Liebe herausgefordert. Marcel erzählt in *Gegenwart und Unsterblichkeit*: „Hier ist auch der ferne Ursprung der Kontroverse zu suchen, die mich auf dem Descartes-Kongreß im Jahre 1937 mit Léon Brunschvicg zusammengeraten ließ. Als er mir vorwarf, ich messe meinem eigenen Tod mehr Bedeutung bei als er dem seinen, antwortete ich ihm, ohne zu zögern: ‚Was zählt ist weder mein Tod noch der Ihre, sondern der Tod dessen, den wir lieben.' Mit anderen Worten: das Problem, das einzige wesentliche Problem wird durch den Konflikt von Liebe und Tod gestellt. Ist in mir eine unerschütterliche Gewißheit vorhanden, so die, daß eine Welt, die von der Liebe verlassen ist, im Tod versinken muß, daß aber auch dort, wo die Liebe fortdauert, wo sie über alles triumphiert, was sie entwürdigen will, der Tod endgültig besiegt wird." (GU[6] 287)

---

[6] Gabriel MARCEL, Gegenwart und Unsterblichkeit (1959), Frankfurt/M. 1961 (GU)

3. Das Mysterium der Lebendigkeit und der Leiblichkeit

Zur Teilhabe am Sein gehört die Körperlichkeit. Marcel betont: „Ich bin mein Körper (...), doch bin ich nicht mein Spaten oder Fahrrad." (GS 324) Und an einer anderen Stelle heißt es: „Ich kann nicht ernsthaft sagen: ich und mein Körper." (SH 15) Den Körper darf der Mensch nicht als Instrument mißbrauchen, wie er gerade will, als Mittel zur Lustmaximierung beispielsweise. Im beseelten Körper gehören Leib und Seele untrennbar zusammen, und nur in diesem Zusammengehören nehmen sie am eigentlichen Sein wie an der materiellen Welt teil.

Das Geheimnis der Seinsteilhabe verbindet untrennbar Körper und Seele. Der Mensch steht der Welt eben nicht distanziert gegenüber, wie es ihm die erste Reflexion nahelegt. „Einerseits werde ich veranlaßt, meinen Leib als etwas zu behandeln, was ich besitze (...); andererseits jedoch und in tieferem Sinne weigert sich mein Leib, so behandelt zu werden (...), mein Leib ist nicht etwas, das ich habe, *ich bin mein Leib*." (GU 291) Vor allem in seinem bekanntesten Werk *Sein und Haben* unterscheidet Marcel das Sein von jeder Form des Besitzes. Zwischen *Besitzen* und *Haben* besteht ebenfalls ein Unterschied. Besitz kann geraubt werden. Das Haben verweist auf ein eher geheimnisvolles Besitzverhältnis ähnlich wie die Teilhabe. „Das primäre Objekt, das typische Objekt, mit dem ich mich identifiziere, und das sich mir dennoch entzieht, ist mein Körper. (...) Der Körper ist der typische Fall für das Haben." (SH 175)

Der Leib kann als reiner Gegenstand des Habens mißbraucht werden, als Objekt der Lust. Dann verfällt er dem Zustand des Besitzens und weist nicht darüber hinaus ins Sein. In der Leiblichkeit jedoch tangieren sich gerade Haben und Sein: „*Ich bin mein Leib* ist in Wirklichkeit eine Kern-Behauptung (...) Das habe ich im Auge, wenn ich von einem Mysterium der Menschwerdung (incarnation) spreche (...)." (GU 292) Leiblichkeit wie Teilhabe sind für Marcel Mysterien, die das distanzierte technische Verhältnis des Menschen zur Welt aufheben. Den lebendigen Menschen will Marcel mit dem Mysterium nicht nur versöhnen, sondern ihn im Mysterium entstehen lassen. Diese Teilhabe mündet in einen schöpferischen Akt des Glaubens, schöpferisch, weil er über die rationale Betrachtung hinaus Teilhabeverhältnisse bemerkt, die das Geheimnis umwittert. Um wahrgenommen zu werden, brauchen sie schöpferische Intuition: „Meine Situation als fleischgewordenes Wesen birgt eine Rätselfrage, auf die es im gegenständlichen Bereich anscheinend keine Antwort gibt." (GS 141) Das Schöpferische als Teilhabe übersteigt das reine Haben und bleibt doch durch dieses Haben als Leib mit der gegenständlichen Welt verknüpft.

Der Mensch *hat* seinen Leib nur in einseitiger Perspektive. Im bloßen Haben bedeutet Freiheit beliebige Verfügbarkeit: Der Mensch kann mit seinem Körper machen, was er will! Die Freiheit wird erst schöpferisch, wenn sie diese existentielle Ebene überschreitet und ihre Wurzel im Sein erkennt. Das Sein verkörpert den mystischen Gesamtzusammenhang, in den alle Existenz eingebunden ist. So bindet die Freiheit den Menschen in den metaphysischen Zusammenhang ein, indem sie ihn von der Einseitigkeit einer bloß physisch verstandenen Welt befreit, eine Freiheit, die nicht auf dem instrumentellen Umgang mit der physischen Welt beruht. Der Mensch ist nicht mehr Herr der Welt, sondern er stößt auf eine geheimnisvolle Weise in eine Region vor, wo er die Stimme des Seins vernimmt und versucht, ihr in Religion, Kunst und Metaphysik zu antworten. Insofern ist das eigentliche Sein transzendent, mystisch, heilig. *Geheimnis des Seins* lautet auch der Titel von Marcels Hauptwerk – ein Geheimnis, das Marcel zwingt, philosophisch wie Sokrates primär Fragen zu stellen. Daher wollte er seine Philosophie selber lieber christlichen Sokratismus als katholischen Existentialismus nennen.

Marcels Antwort auf das technische Zeitalter propagiert also eine Kehre zu einem religiös geprägten, ganzheitlichen Seinsverständnis, in dem das bloße Existieren im Diesseits zum Sein hin überstiegen wird – eine sicher eher religiös orientierte Vermittlung von modernem Rationalismus und religiösem Glauben. Er steht damit Bergson und vor allem Voegelin nahe, während er sich von Jaspers abhebt.

4. Die Rückkehr zu traditionellen Werten: Liebe, Treue, Dienst

Angesichts des Wertezerfalls im technischen Zeitalter folgt Marcel dem Weg in ein religiöses Seinsverständnis, das dem einzelnen einen konkreten Lebenssinn zeigen soll. Woher nun schöpft der Mensch die Kraft, um dem Wertezerfall zu entgehen? Das Lebendige findet sich nicht im technischen Fortschritt. Schöpferische Kraft siedelt dort, wo man durch Reflexion und Intuition versucht, den Rationalismus in Richtung auf eine Teilhabe am Ganzen des Seins hin zu überschreiten. „Wo Leben ist, da ist auch schöpferisches Sichentfalten. Oder aber – mit dem von mir gebrauchten Wort und in voller Übereinstimmung mit Karl Jaspers – wo Sein ‚in der Situation' ist." (GS 189) Aber nur durch schöpferische Intuition kann das Sein wahrgenommen werden. Intuitiv gibt der Mensch sich dem Sein hin und gelangt dadurch in das *Geheimnis des Seins:* ein schöpferischer Akt.

Schöpferische Intuition – ein zentraler Begriff bei Marcel; Kreativität ist seit Kierkegaard ein herausragender Begriff in der Religionsphilosophie – führt dadurch in den Glauben und in die Hoffnung auf die Teilhabe am göttlichen Sein. „Die Hoffnung ist niemals der wollende Zustand, der mit einem ‚ich möchte gern, daß ...' ausgedrückt werden kann. Sie begreift eine prophetische Gewißheit ein, die wirklich ihre Ausrüstung ist und die den Menschen daran hindert, sich aufzulösen." (GU 288) Hoffnung, so Marcel, ist ein geistiges Prinzip. Auch wenn er sie in der Teilhabe an die Existenz anbindet, so geht es in ihr nicht um Vitalität, sondern um die Liebe. Glaube, Liebe und Hoffnung widerstreiten der Verzweiflung und können die Zerstörung des Körpers überleben. Sie können Zeit und Tod besiegen. Marcel sagt in *Philosophie der Hoff-*

nung: „Die Hoffnung erscheint uns gleichsam magnetisiert von der Liebe oder vielleicht, genauer gesagt, von einer Gesamtheit von Bildern, welche diese Liebe beschwört und ausstrahlt." (PH 49)

Damit bindet Marcel in seine Existenzphilosophie die christlichen Kardinaltugenden ein, die der seelenlosen Moderne aus lebendiger Teilhabe am Sein widerstreiten sollen. Doch Hoffnung und Liebe reichen für diese Teilhabe alleine noch nicht hin. Angesichts der Übermacht an Gefährdungen und Versuchungen des gläubigen Menschen in der modernen Welt renoviert Marcel eine Tugend, die heute eher vielfältig desavouiert erscheint, nämlich die Treue, die er primär als Treue zum Du, zum anderen Menschen – traditionell in der Ehe – versteht. Der Mensch ist nicht nur zur Hoffnung aufgerufen, er muß nicht nur lieben. Er muß der Hoffnung und der Liebe, dem anderen Menschen auch treu bleiben. Daher ermöglicht erst die Treue zum anderen Menschen und zu Gott ein Existieren in der Hoffnung, verbindet die Treue Existenz, Intersubjektivität und Sein. Die Treue vereint mit dem Universum bewußter und liebender Wesen, zu dem für Marcel auch die Toten gehören. In der Intersubjektivität und im Sein zu Hause avanciert die Treue zum Abbild des ewigen Lebens. Die Ethik, die Marcel dem technischen Zeitalter entgegenstellt, beruht damit primär auf der Treue, wenn die Menschen davon gezeichnet sind, daß sie niemandem mehr, nicht einmal mehr sich selbst treu bleiben. „Wozu kommt, daß wir mit einem Schlag den Individualismus überwinden, der im Selbst die Monade sehen möchte, wenn wir die Ethik auf das Schöpferische gründen." (GS 190) Die Treue ist die eigentliche schöpferische Kraft, wird sie auch noch so sehr vom Rationalismus belächelt.

Marcel hält an einer weiteren traditionellen Tugend fest, am Dienst: „Von dem Augenblick an, in dem ich die Gnade, die Transzendenz der Gnade denke, zielt dieses Denken seinerseits darauf ab, sich in eine Freiheit im Dienste der Gnade zu verwandeln. (...) Infolge einer unglaublichen Verirrung wird jeder Gehorsam mit einer Passivität gleichgestellt." (EM 209)

Auch den Dienst interpretiert Marcel schöpferisch. Der Mensch besitzt die schöpferische Freiheit, in der göttlichen Gnade am Ganzen des Seins teilzuhaben und diesem zu dienen. Allerdings wird die Freiheit im Dienst der Gnade wahrscheinlich nur von kleinen Gruppen gelebt werden – eine Vorstellung, die am Ende des Jahrhunderts bei politischen Philosophen wie Alasdair MacIntyre wiederkehrt. Eine baldige Überwindung des technischen Rationalismus erscheint nicht absehbar. Nur durch Treue und Dienst in der Liebe, der Hoffnung und im Glauben läßt sich die fatale menschliche Geschichte aus ihrer rationalistischen Sinnlosigkeit transzendieren: „Die Welt, in der wir leben, ist so beschaffen, daß ich rings um mich herum alle Gründe finden kann, zu verzweifeln (…). Einer tieferen Überlegung enthüllt sich diese Welt jedoch gleichzeitig als so beschaffen, daß ich mir hier der Macht bewußt werden kann, die mir belassen worden ist, diesen Schein abzulehnen, dem Tod diese letzte Wirklichkeit abzusprechen." (GU 303)

9. Kapitel

Martin Heideggers denkerische Vorbereitung der Ankunft des letzten Gottes

„Die Philosophie wird keine unmittelbare Veränderung des jetzigen Weltzustandes bewirken können. Dies gilt nicht nur von der Philosophie, sondern von allem bloß menschlichen Sinnen und Trachten. Nur noch ein Gott kann uns retten. Die einzige Möglichkeit einer Rettung sehe ich darin, im Denken und Dichten eine Bereitschaft vorzubereiten für die Erscheinung des Gottes oder für die Abwesenheit des Gottes im Untergang; (...) Wir können ihn nicht herbeidenken, wir vermögen höchstens die Bereitschaft der Erwartung vorzubereiten." (SG[1] 99) Heideggers Worte erinnern an Bergsons Hoffnung auf die Ankunft eines mystischen Genies. Aber wovor soll der kommende Gott den Menschen retten? Wohl kaum vor dem zu groß gewordenen technischen Körper. Denn Heidegger stellt fest: „Es funktioniert alles. Das ist gerade das Unheimliche, daß es funktioniert und daß das Funktionieren immer weiter treibt zu einem weiteren Funktionieren (...)." (SG 98) Der Mensch ist für Heidegger in der technischen Welt keineswegs einem unkontrollierbaren Schicksal ausgeliefert. Wieso kann dann nur ein Gott den Menschen vor diesen Gefahren bewahren?

1. Der Abschied von der Eigentlichkeit des Daseins

In der zweiten Hälfte der dreißiger Jahre beginnt sich auch philosophisch bei Martin Heidegger (1889–1976) eine „Kehre" des Denkens abzuzeichnen, die in seinem Werk das Frühwerk

---

[1] Spiegel-Gespräch mit Martin HEIDEGGER (1966), Günther Neske (Hrsg.), Antwort – Martin Heidegger im Gespräch, Pfullingen 1988 (SG)

vom Spätwerk scheidet. In der „Kehre" wandeln sich vor allem die Antworten auf die kulturellen Gefahren, die im Spätwerk primär von der Technik ausgehen. Der Satz „Nur noch ein Gott kann uns retten" gewinnt dabei erst im Kontext des Spätwerks seinen Sinn.

Im Frühwerk wäre ein solcher Satz schwerlich gefallen. Heidegger wurde 1927 schlagartig mit seinem ersten Hauptwerk *Sein und Zeit* berühmt, das zutiefst geprägt ist von der Erfahrung der Krise der Moderne, aber auch von der Suche nach einem neuen Fundament, nachdem die traditionellen Grundlagen des Denkens zerfallen. Insofern nimmt es eine ähnliche Haltung wie Marcel, Jaspers oder Bergson ein. Die Frage nach dem Sinn von Sein – was es heißt, daß etwas ist, also was das kleine Wort „ist" eigentlich bedeutet –, diese Frage, die sein gesamtes Werk durchzieht, entwirft Heidegger in seiner Frühphase vornehmlich im Hinblick auf das bedrohte Dasein des Menschen. Dessen Existenz prägen am Anfang des Jahrhunderts Anonymität, Orientierungslosigkeit und Entfremdung: eben ein anonymes „Man", das den Menschen nicht als Person, nicht als ihn selbst, sondern als beliebigen, gesichtslosen „Niemand" erfaßt. Der Mensch geht im unendlichen „Gerede" der Masse unter. Er lebt in der Situation der „Uneigentlichkeit", denn er hat seine geistige Herkunft und Heimat verloren. Heidegger schreibt in *Sein und Zeit*: „Dieses wahllose Mitgenommenwerden von Niemand, wodurch sich das Dasein in die Uneigentlichkeit verstrickt, kann nur dergestalt rückgängig gemacht werden, daß sich das Dasein eigens aus der Verlorenheit in das Man zurückholt zu ihm selbst."[2] Heidegger sucht im Frühwerk noch ein eigentliches Dasein, einen wahren Sinn des Seins, der sich hinter aller uneigentlichen Existenz verbirgt – man denke an Marcels Teilhabe oder an Bergsons mystische Orientierung.

Heidegger entstammte kleinen katholischen Verhältnissen. Der Besuch einer höheren Schule war nur durch die Hilfe

---

[2] Martin HEIDEGGER, Sein und Zeit (1927), 16. Auflage, Tübingen 1986, 268

der Kirche möglich. 1909 begann er dementsprechend an der Universität Freiburg mit dem Theologiestudium. Doch nach vier Semestern haderte er mit dem Katholizismus. Das katholische Weltbild schien Heidegger gegenüber den Erfahrungen der Entfremdung in der modernen Welt kein wirkliches Fundament mehr zu bieten. Der Übergang zur Philosophie barg damit für Heidegger auch die Erfahrung des Werte- und Traditionsverlustes, eben des Niedergangs der christlichen Weltanschauung – Voegelin verwahrt sich gleichfalls dagegen, das Denken von Aristoteles bis Thomas als Weltanschauung zu bezeichnen. Dieses Szenario des Zerfalls verschärfte sich für Heidegger in der Zeit der großen Wirtschaftskrise in den Jahren nach 1929. Der Nationalsozialismus schien Heidegger die Entfremdung der Menschen mit einem Weg zurück zur Heimatverbundenheit und Bodenständigkeit sinnvoller zu beantworten. Daher sympathisierte er mit dieser politischen Bewegung. 1933 übernahm er das Rektorat der Universität Freiburg. Doch auch als Rektor einer deutschen Universität gelang es ihm nicht, selbst Einfluß auf den Nationalsozialismus zu gewinnen, um ihn in seinem Sinne mitzugestalten. Nach einem Jahr sah er seine Erwartungen enttäuscht, die er in den Nationalsozialismus projiziert hatte. Er trat als Rektor zurück und er erschien danach politisch nicht mehr in der Öffentlichkeit.

Auch die Programmatik der Eigentlichkeit verblaßte in Heideggers Denken im Laufe der dreißiger Jahre. Heidegger vollführt die „Kehre" als Abschied von der Eigentlichkeit des Daseins. Er sieht ein, daß der Verlust der Eigentlichkeit nicht rückgängig zu machen ist. Die Moderne ist dadurch gekennzeichnet, daß sie kein einheitliches Weltverständnis mehr besitzt, sondern daß es viele verschiedene Weltbilder gibt – eine Diagnose, die vor Heidegger bereits Max Weber mit Bedauern und William James als Befürworter der Pluralität festhielten. Heidegger sucht allerdings ähnlich wie James keine Rückkehr mehr zu einer wahren, eigentlichen Welt. Wer von Weltbildern spricht, weiß um ihre Relativität. In der „Zeit des Weltbildes" gibt es keine absoluten Wahrheiten und absoluten Werte mehr, somit auch nichts wirklich Eigentliches hinter dem Schein des Uneigentlichen. Gerade im Hinblick auf das Christentum erweist sich die „Zeit des Weltbildes" als Werteverlust: Eine „Erscheinung der Neuzeit ist die Entgötterung. Dieser Ausdruck meint nicht die bloße Beseitigung der Götter, den groben Atheismus. Entgötterung ist der doppelseitige Vorgang, daß einmal das Weltbild sich verchristlicht (...) und daß zum anderen das Christentum seine Christlichkeit zu einer Weltanschauung (der christlichen Weltanschauung) umdeutet und so sich neuzeitgemäß macht."[3]

Das Christentum kann sich selbst angesichts der Erkenntnisse der neuzeitlichen Naturwissenschaften nur noch als Weltanschauung begreifen und nicht als Einsicht in die Welt, wie sie wirklich ist. In seiner frühen Phase hat sich Heidegger vom Katholizismus gerade deshalb entfernt, weil er in ihm keine Suche nach der Eigentlichkeit des menschlichen Daseins entdecken konnte, sondern nur noch ein Selbstverständnis als Weltbild. Jetzt begreift er, daß die „Zeit des Weltbildes" vor ihm selbst nicht anhält. Sie entzieht auch ihm den Boden der Eigentlichkeit. Seit der „Kehre" gibt es für Heidegger kein eigentliches Dasein im Gegensatz zum bloßen Schein eines entfremdeten Lebens. Insofern läßt Heidegger denn auch die Position Voegelins hinter sich, der solche Eigentlichkeit noch als selbstverständlich voraussetzt. Genauso überschreitet Heidegger die moderneren Positionen von Bergson und Marcel, die einen Weg zur Eigentlichkeit suchen. Wenn Jaspers von der Offenheit der Wahrheit spricht, kommt er dem späten Heidegger etwas näher.

Mit der „Kehre" beginnt ein Weg ohne Wiederkehr. Letztlich vollzieht Heidegger die moderne Erfahrung der Entfremdung nach, und zwar in ihrer radikalen Form, die die Entfremdung selbst wieder in Frage stellt. Denn was kann Entfremdung noch heißen, wenn man das eigentliche Wesen gar nicht kennt, von dem man sich in der Entfremdung ent-

---

[3] Martin HEIDEGGER, Die Zeit des Weltbildes (1938), Holzwege, 4. Aufl., Frankfurt/M. 1963, 70

fernt zu haben glaubt? Gibt es dann gar keine Entfremdung mehr, wie laut das Getöse der Moderne auch lärmen mag? Gerade wegen der Relativität von Weltbildern will sich Heidegger auch nach der „Kehre" keinem Weltbild anschließen. Er will auch nicht zum katholischen zurückkehren, um dieses dann nur noch als eine unter vielen möglichen Weltanschauungen zu behaupten. Das einzige, was bleibt, ist ein Sich-Einrichten in dieser Welt ohne Eigentlichkeit. Die „Kehre" ist keine Rückkehr.

1916 wurde Heidegger Assistent bei Edmund Husserl. 1922 erhielt er einen Ruf an die Universität Marburg. Er blieb dort sechs Jahre. 1928 kehrte er nach Freiburg zurück, wo er nach 1935 zwischen Universität und seiner Hütte im Schwarzwald ein weitgehend zurückgezogenes Leben führte.

2. Die technische Herrschaft über das Denken

Für Heidegger ist die Technik wesentlich an der Entstehung der „Zeit des Weltbildes" beteiligt. Sie wird zum zentralen Thema des heideggerschen Spätwerks, während sich Gabriel Marcel bereits seit den zwanziger Jahren mit der Technik beschäftigt. Das vorherrschende Verständnis der Technik geht davon aus, daß die moderne Technik den neuzeitlichen Naturwissenschaften entspringt. Die Naturwissenschaften sagen der modernen Technik, wie die Natur funktioniert, so daß die Technik mit der Natur erfolgreich umgehen kann – ein Verständnis, das man beim Heidegger-Schüler Hans Jonas noch wiederfindet. Heidegger dreht dagegen dieses Verhältnis um. Für ihn hat die Technik die modernen Naturwissenschaften erst ermöglicht. Ohne Technik gibt es keine wissenschaftlichen Experimente. Damit verlieren beide, moderne Technik und moderne Naturwissenschaft, ihr objektives Fundament, eben ihren Grund in einem genauen Wissen um die Natur. Denn wenn die Technik erst durch das Experiment den Naturwissenschaften Einsicht in die Natur ermöglicht, so entspringt dieses Wissen einer bestimmten technischen Anordnung im Experiment, aber nicht der Natur an sich. Die Technik stellt die Natur der Wissenschaft so zur Verfügung, wie es den Strukturen der Technik entspricht und nicht den Strukturen der Natur.

Seit der Entstehung der neuzeitlichen Naturwissenschaften und der modernen Technik geht es überhaupt nicht mehr darum, die Natur zu erfahren, wie sie an sich, wie sie wirklich ist. Es geht nur noch darum, im Sinne von Nietzsches Willen zur Macht, der aller Rationalität und Technik zugrunde liegt, letztlich technisch verwertbare Hypothesen über die Natur zu entwickeln. Es geht nicht mehr um die Welt, sondern nur noch um deren Bild. Die „Zeit des Weltbildes" bricht an, wenn der Mensch nicht mehr einer einzig wahren Welt nachspürt, die zuvor ihren Angelpunkt in Gott hatte. Sie bricht an, wenn sich der Mensch vielmehr verschiedene Vorstellungen von der Welt entwirft und dabei die Frage übergeht, ob eines dieser Bilder vielleicht das richtige sein könnte. Wenn sich das Christentum dieser Tendenz der Moderne angeschlossen hat, ist die Frage nach der wahren Wirklichkeit und damit auch nach dem Göttlichen verblaßt. Das Göttliche stabilisiert die Welt nicht mehr, sondern ist ihr fremd geworden. Heidegger schließt hier an die Diagnose Nietzsches an, daß Gott tot ist.

Die moderne Technik erfaßt Natur, ja den Menschen selbst, als Konstrukte. Doch deswegen ist der Mensch nicht entfremdet. Zwischenmenschliche Kommunikation bedient sich zwar immer stärker technischer Medien wie Telefon, Fax, E-Mail, Internet, doch nicht die Apparate als solche beherrschen den Menschen. Die Gefahr, der der Mensch in der technischen Welt ausgesetzt ist, kommt nicht aus deren scheinbar übermächtiger und allgegenwärtiger Materialität, nicht aus Max Webers ‚stahlhartem Gehäuse' der Maschinenwelt. Einer der zentralen Gedanken, der Heideggers Spätwerk durchzieht, ist nicht allein die Einsicht in die gefährlichen Seiten der Technik. Vielmehr erweist sich die Technik als die größte Gefahr, weil sie das Denken des modernen Menschen beherrscht. Die Technik gibt heute die Welt zu verstehen:

Wir können nur noch technisch denken! – Das ist die Pointe der heideggerschen Technikphilosophie.

Darin liegt das Wesen der Technik, das Heidegger mit dem seltsamen Wort vom „Gestell" kennzeichnet, seltsam vornehmlich deswegen, weil es apparathaft klingt, es jedoch das technische Vor-Stellen meint. Geographische Zusammenhänge beispielsweise stellt man sich durch Autobahnverbindungen, durch die Flugdauer oder aus der Satellitenperspektive vor. Die Natur wird bis in die Gene hinein als ausbeutbare Ressource verstanden. Längst ist der Computer nicht mehr die Erweiterung des Gehirns. Umgekehrt begreift man das Gehirn als Datenspeicher, das mit bestimmten Programmen ausgerüstet ist.

Zwischen den Menschen und die Welt ist die Technik getreten und gibt dem Menschen die Welt nur noch technisch zu verstehen, so daß der Mensch dadurch jeden anderen Bezug zu den Dingen verliert. Der Mensch vergißt sogar, daß er nur noch technisch denkt. In dieser Vergessenheit liegt weniger die Gefahr einer Verdrängung und Entfremdung. Diese Vergessenheit erzeugt im Menschen vielmehr eine Illusion, die ihn das Wesen der Technik nicht als Gestell – also als Herrschaft über das Denken – begreifen läßt. Sie gaukelt ihm vielmehr vor, das Wesen der Technik sei deren instrumenteller Charakter. In der Tat, im Alltagsverständnis wie im technikphilosophischen Denken von Bergson über Marcel bis zu Hans Jonas herrscht die Auffassung, die Technik sei ein Instrument in der Hand des Menschen, das er nach seinem Belieben einsetzen könnte. Wenn er sich jedoch eine solche Mächtigkeit einbildet und diese Einbildung nicht zu durchschauen vermag, dann wird er nicht einmal mehr versuchen, andere Wege zu gehen. Dann allerdings kann nur noch ein Gott den Menschen retten.

3. Dichten und Denken als Antwort auf die Technik

Anstelle eines festen Bodens der Eigentlichkeit öffnet sich jetzt vor ihm ein Abgrund. Wird der Mensch abstürzen, d. h. hoffnungslos dem technischen Denken verfallen? Doch im Augenblick der höchsten Gefahr beruft sich Heidegger auf den berühmten Satz Hölderlins: „Wo aber Gefahr ist, wächst / Das Rettende auch." Heidegger verbindet mit der Dichtung eine Hoffnung auf ein anderes als ein bloß technisch-instrumentelles Denken. Denn die Worte Hölderlins weisen Heidegger zuerst zurück in die Technik, wo mit der Gefahr zugleich auch das Rettende wachsen soll. Im Sinne des Frühwerks gäbe es keine Rettung, denn die Technik würde jede Eigentlichkeit bloß verstellen. Im Sinne der „Kehre", in der „Zeit des Weltbildes" aber präsentiert sich das technische Denken selbst als Weltanschauung: Als naturwissenschaftlich-technisches Weltbild erklärt es allerdings seine eigene Relativität und eröffnet damit unfreiwillig Wege eines anderen Denkens – eine Perspektive, die sich in Bergsons mystischem Grund der Technik nur ganz vage andeutet: „Wir dürfen aber noch weniger der Meinung nachhängen, die technische Welt sei von einer Art, die einen Absprung aus ihr schlechthin verwehre. Diese Meinung hält nämlich das Aktuelle, von ihm besessen, für das allein Wirkliche."[4]

Denn im Wesen der Technik – das zeigt der Hölderlin-Satz an – konkretisiert sich ein anderes, ein dichterisches Denken. Ihren weltbildenden Charakter erhält die moderne Technik dadurch, daß sie etwas produziert. Auch der Künstler bringt etwas hervor. Produzieren heißt nämlich für Heidegger nicht nur ein Produkt herzustellen. Indem man etwas produziert, prägt man primär die Wirklichkeit. Technik und Kunst lassen beide auf diese Weise Welten entstehen, stellen Welten vor, eröffnen Wege des Denkens.

Für Heidegger wohnt der Mensch nicht nur technisch auf

---

[4] Martin HEIDEGGER, Der Satz der Identität (1957), Identität und Differenz, 10. Aufl., Stuttgart 1996, 29

der Erde, sondern auch dichterisch. Technisch und dichterisch entfaltet sich die Welt: sie weltet. „Im Welten ist jene Geräumigkeit versammelt, aus der sich die bewahrende Huld der Götter verschenkt oder versagt. Auch das Verhängnis des Ausbleibens des Gottes ist eine Weise, wie Welt weltet."[5] Welten entstehen nicht nur als technische Vor-Stellungen. Sie entstehen auch als Kunstwerke. Kunstwerke aber lassen sich nicht planen. Ihr Gelingen stellt Ereignisse dar, die der Gunst der Stunde, der Idee des Künstlers entspringen. Insofern präsentieren sie die Schwäche der Kunst gegenüber der Technik. Daher brauchen sie die Hilfe oder die Gunst des Gottes oder des Augenblicks. Sie verkörpern diese Gunst, die man gleichfalls nicht gezielt anstreben, auf deren Ankunft man sich nur vorbereiten kann.

Wie die unbekannte Ankunft Gottes stellen auch Kunstwerke Ereignisse dar, die der Welt eine andere als eine technische Bedeutung verleihen. Denn im Licht solcher Ereignisse erhält das menschliche Dasein überhaupt erst Sinn. Es wird selbst Ereignis. Aber die Dichtung bleibt gegenüber dem technischen Denken letztlich schwach, weil sie dem technischen Denken nicht zielstrebig und methodisch entgegentritt. Könnte aber im Denken selbst präziser eine Antwort auf die technische Welt entwickelt werden, die der Gefährdung des Menschen entgegenarbeitet? Doch dazu braucht es für Heidegger ein anderes Denken als das wissenschaftlich-philosophische, das sich auf die Logik konzentriert – eine Einschätzung, die Heidegger mit Bergson, Voegelin, Jaspers und Marcel teilt, die bei Heidegger aber andere Konsequenzen nach sich zieht. Das Bedenken der technischen Gefahr braucht vielmehr die Besinnung auf die Herkunft des Denkens – das könnte auch noch Voegelin sagen. Denken versteht Heidegger aber vornehmlich als Andenken, als Erinnerung an das Vergangene, als Dankbarkeit gegenüber der Überlieferung, die im technischen Rechnen in Vergessenheit zu geraten droht. Denken heißt für Heidegger

---

[5] Martin HEIDEGGER, Der Ursprung des Kunstwerkes (1935), Holzwege, 4. Aufl., Frankfurt/M. 1963, 34

daher Danken, heißt Dank seiner Geschichte gegenüber. Denken, das nicht technisch rechnen, das nicht der Hybris der Mächtigkeit verfallen will, braucht ein andächtiges Verhältnis der Dankbarkeit gegenüber der Welt. „Im Dank gedenkt das Gemüt dessen, was es hat und ist. Also gedenkend und somit als das Gedächtnis denkt das Gemüt sich Jenem zu, dem es gehört. Es denkt sich als hörig, nicht im Sinne der bloßen Unterwerfung, sondern hörig aus der hörenden Andacht."[6]

Ein Denken, das sich als Andacht, als Achtung vor dem, was ist, begreift und nicht als rasendes Rechnen, kann sicherlich nicht eilig die großen Krisen bekämpfen. Denken heißt Danken – seiner Überlieferung, aus der heraus für Heidegger Denken allein möglich wird. Ein Denken als Andenken und Achtung läßt die Natur sein, wie sie ist. Es beugt sich nicht der Panik vor dem Untergang. Das Denken kulminiert nicht im erhobenen Zeigefinger, der die Menschen zur Umkehr und zur reuigen Buße auffordert – wie bei Voegelin oder bei Jonas. Ein solches andächtiges Denken, das sich auf die Möglichkeit der Ankunft des Gottes vorbereitet, verkörpert vielmehr eine gelassene Haltung gerade auch der Technik gegenüber; denn schließlich wächst das Rettende in diesem technischen Denken selbst. Gerade die Technik muß in ihrem Doppelcharakter der Gefahr und der Möglichkeit der Rettung betrachtet werden, als Möglichkeit eines anderen Denkens, gleichgültig ob als Dichtung oder als Andacht. Die Haltung der Gelassenheit öffnet den Menschen gegenüber dem Ereignis: der Ankunft des Gottes.

4. Warten auf das rettende Ereignis – die Ankunft Gottes

Was aber bedeutet die Ankunft des Gottes, wenn nicht die Rückkehr zur Eigentlichkeit? Dichterisches wie gelassenes Denken erkennen die Instabilität und Ereignishaftigkeit der

---

[6] Martin HEIDEGGER, Was heißt Denken? (1954), 4. Aufl., Tübingen 1984, 93

Welt. Sie begreifen, daß sich Welten nur in der Sprache entfalten. Denken und Sprechen sind nicht voneinander zu trennen, obgleich sie sicher nicht dasselbe sind. Derart schließt das heideggersche Spätwerk an das große Thema der Philosophie des 20. Jahrhunderts an, nämlich an die Sprache. Die moderne Sprachphilosophie versteht die Sprache weitgehend als Instrument, als Mittel zur Kommunikation. Insofern erhebt sie den Menschen ebenfalls in eine mächtige Stellung, wo er die Hilfe eines Gottes nicht zu brauchen scheint. Heidegger dagegen versteht wie der späte Wittgenstein die Sprache sowenig wie die Technik als ein Instrument in der Hand des Menschen. Vielmehr wohnt der Mensch in der Sprache und nähert sich in ihr den Dingen. Dann ist die Sprache ein Geschehen, dem der Mensch ausgeliefert ist. Sprachlich ereignet sich die Welt. „Das Ereignis ist (…) das Einfachste des Einfachen, das Nächste des Nahen und das Fernste des Fernen, darin wir Sterblichen uns zeitlebens aufhalten. (…) Das Ereignis verleiht den Sterblichen den Aufenthalt in ihrem Wesen, daß sie vermögen, die Sprechenden zu sein."[7] Wittgenstein spricht vom Sprachspiel.

Nicht daß Heidegger wie viele Philosophien im 20. Jahrhundert die Welt völlig in der Sprache aufgehen ließe, in der dann auch kein Platz für einen Gott mehr wäre. Die Welt ist gerade als Ereignis nicht nur Sprache, wenn man im Ereignis die Grenze der Mächtigkeit des Menschen gegenüber der Welt erkennt – hier wäre auch die Parallele zu Whitehead, der die Welt als Ereigniszusammenhang aber gerade nicht sprachphilosophisch denkt. Für Heidegger indes erhält die Welt in der Sprache Bedeutung, wenn auch keine fundamentale göttliche mehr, aber eine ereignishafte, die vergleichbar mit dem Labyrinth der Sprache bei Wittgenstein noch auf einen Gott zu warten vermag. Denn auch alle wissenschaftliche Welterklärung verliert darin ihre letzten Fundamente, so daß ein Atheismus bodenlos wird. Der Gott, dessen Ankunft erwartet wird,

---

[7] Martin HEIDEGGER, Unterwegs zur Sprache (1959), 7. Aufl., Pfullingen 1982, 259

kann ein christlicher sein. In der „Zeit des Weltbildes" ist der Gott als Garant der Eigentlichkeit des Daseins nicht mehr denkbar. In den *Beiträgen zur Philosophie* – das zweite Hauptwerk, das posthum erschien – spricht Heidegger vom erwarteten als dem letzten Gott: „Der letzte Gott hat seine einzigste Einzigkeit und steht außerhalb jener verrechnenden Bestimmung, was die Titel ‚Mono-theismus', ‚Pan-theismus' und ‚A-theismus' meinen. ‚Monotheismus' und alle Arten des ‚Theismus' gibt es erst seit der jüdisch-christlichen ‚Apologetik' (...). Mit dem Tod dieses Gottes fallen alle Theismen dahin." (B[8] 411)

Wenn Welt und Sein im Sprechen und im Denken ihre Ereignishaftigkeit und nicht ihre Eigentlichkeit aufzeigen, heißt das trotzdem nicht, daß keine Ankunft eines Gottes mehr ansteht. Aber diese Ankunft wird nicht in die Geschichte der abendländischen Theologie oder in eine andersgeartete Prämoderne im Sinne von Voegelin zurückführen. Es steht kein Untergang an, nicht das Ende aller Geschichte, sondern eine andere Weise des Denkens, der der letzte Gott erst Sinn verleihen wird, auch wenn dieser sich im Ereignis nur schemenhaft abzeichnet. „Der letzte Gott ist nicht das Ende, sondern der andere Anfang unermeßlicher Möglichkeiten unserer Geschichte." (B 411) Doch die Geschichte, die sich mit dem letzten Gott ankündigt, läßt sich noch nicht übersehen. Deswegen bleibt dem Menschen auch gar nichts anderes, als sich andächtig auf seine bisherige Geschichte zu konzentrieren, d. h. die bisherige Geschichte zu vollenden, gerade wenn sie mit Nietzsche in den Gottesmord geführt hat, an dem auch für Heidegger kein Weg vorbeiführt.

Ein Wagnis bleibt dabei die Vorbereitung auf die Ankunft des letzten Gottes allemal. Denn diese Vorbereitung verlangt ein anderes als das technische Denken, ein dichterisches und gelassenes Denken, das die Welt von ihrer Ereignishaftigkeit her betrachtet und das zum vorherrschenden instrumentellen

---

[8] Martin HEIDEGGER, Beiträge zur Philosophie (Vom Ereignis) (1938), Frankfurt/M. 1989 (B)

Denken so recht nicht passen will. Die Rettung, die der letzte Gott verheißt, ist nicht die eines eigentlichen Lebenssinns. Statt dessen führt er den Menschen in sein Wesen zurück, d. h., der letzte Gott wird selbst das Ereignis sein, das dem gelassenen Denken eine andere als eine technische Bedeutung gibt. Der letzte Gott verleiht dem Menschen Ereignischarakter und somit einen zu erwartenden, nicht einen fundamentalen Sinn: Das, was ist, kann der Mensch nur als ein Geschehendes im Hier und Jetzt denken, nur so zur Nähe des Seins gelangen. Heidegger bezeichnet das Ereignis als Leitwort der Gegenwartsphilosophie. In der Tat wirkt dieses Wort nachhaltig in der Philosophie des 20. Jahrhunderts. Das Erscheinen des letzten Gottes ist aber sowenig gesichert wie das des Messias. Heidegger beschreibt die geschichtliche Perspektive des letzten Gottes: „Die Heimat dieses geschichtlichen Wohnens ist die Nähe zum Sein. In dieser Nähe vollzieht sich, wenn überhaupt, die Entscheidung, ob und wie der Gott und die Götter sich versagen und die Nacht bleibt, ob und wie der Tag des Heiligen dämmert, ob und wie im Aufgang des Heiligen ein Erscheinen des Gottes und der Götter neu beginnen kann."[9]

Heidegger sieht eine Möglichkeit der Veränderung der technischen Welt. Aber diese Perspektive bleibt das Ungewisse schlechthin, die ungewisse Rettung durch den Gott. Aber diese Ungewißheit gehört zum menschlichen Geschick, wie der Mensch nicht die Zukunft voraussehen kann. Der Gott der christlichen Weltanschauung verspricht noch Sicherheit. Der letzte Gott präsentiert nach dem Tode des ersteren die ungewissen Möglichkeiten des Menschen jenseits der technischen Welt und verleiht ihnen einen ereignishaften Sinn: „Gedacht ist dabei an die Möglichkeit, daß die jetzt erst beginnende Weltzivilisation einst das technisch-wissenschaftlich-industrielle Gepräge als die einzige Maßgabe für den Weltaufenthalt des Menschen überwindet, – zwar nicht aus sich und durch sich selbst, aber aus der Bereitschaft des Menschen für

[9] Martin HEIDEGGER, Brief über den ‚Humanismus' (1946), Wegmarken, Frankfurt/M. 1967, 169

eine Bestimmung, die jederzeit, ob gehört oder nicht, in das noch nicht entschiedene Geschick des Menschen hereinspricht."[10]

Heidegger erkennt die Schwäche des technischen Denkens und hofft, daß sich darin ein anderes Denken ankündigt, das zwar kein Fundament besitzt, sich aber deshalb auf das Ereignis des Ungewissen, die Ankunft des letzten Gottes vorzubereiten vermag: „Das Ereignis übereignet den Gott an den Menschen, indem es diesen dem Gott zueignet. Diese übereignende Zueignung ist Ereignis." (B 26) Nur im Licht von unabsehbaren Ereignissen, als Vorbereitung der Ankunft des letzten Gottes, kann der Mensch zu einem denkerischen Wesen werden, nicht im Rückgriff auf eine essentialistische Mystik, die den toten Gott wiederauferstehen lassen möchte. Gott ist weder Notwendigkeit noch Zufall, aber ein Ereignis, das den Menschen zum gelassenen Denken nötigt: „In der Nähe des Gottes sein – und sei diese Nähe die fernste Ferne der Unentscheidbarkeit über die Flucht oder die Ankunft der Götter – das kann nicht auf ein ‚Glück' oder ein ‚Unglück' verrechnet werden." (B 12)

Hat Heidegger sein Versprechen eingelöst, das er 1919 einem Freund und Förderer, dem Freiburger Theologen Engelbert Krebs, gab? „Ich glaube den inneren Beruf zur Philosophie zu haben und durch seine Erfüllung in Forschung und Lehre für die ewige Bestimmung des inneren Menschen – und nur dafür das in meinen Kräften Stehende zu leisten und so mein Dasein und Wirken selbst vor Gott zu rechtfertigen."[11]

---

[10] Martin HEIDEGGER, Das Ende der Philosophie und die Aufgabe des Denkens (1964), Zur Sache des Denkens, 3. Aufl., Tübingen 1988, 67
[11] Zit. nach Claudius Strube, Das Mysterium der Moderne, München 1994, 139

10. Kapitel

Hans Jonas' gnostische Begründung der ökologischen Verantwortung

Die Religionsphilosophie im 20. Jahrhundert geht im Anschluß an Kierkegaard und Nietzsche von der Analyse und der Kritik der Wissenschaften aus: Im Zuge ihrer Objektivierungsbemühungen verfehlen diese das Lebendige. Vor diesem Hintergrund stellt sich heute die Frage, wie man nach dem Tode Gottes am Glauben festhalten kann. Soll man eher die Wissenschaften hinterfragen? Eine Bemühung, die Heidegger mit Voegelin teilt. Oder soll man den Glauben an die wissenschaftlichen Erkenntnisse anpassen? Das findet man tendenziell bei James, Whitehead und Wittgenstein. Gleichzeitig richtet die Religionsphilosophie ihr Augenmerk zunehmend auf die Ausbreitung der technischen Welt, in der sich der Natur ferne und materialistisch orientierte Existenzformen ausbreiten. Bergson und Marcel hoffen dabei auf die Wiederkehr traditioneller Spiritualität, die die Technik wieder unter menschliche Kontrolle bringen soll.

Heidegger hält eine solche Herrschaft des Menschen über die Technik für eine Illusion. Er sucht dagegen nach Wegen des Denkens, die die technisch-instrumentellen Weltvorstellungen hintergehen und jenseits der Technik Perspektiven des Denkens eröffnen. Diese technikphilosophische Linie – jedoch orientiert an Bergson und in die Ethik gewendet – setzt der Heidegger-Schüler Hans Jonas (1903–1993) eher wieder konventionell und von seinem Lehrer abgewandt fort. Er wird zu einem der renommierten Warner vor den weltweiten Gefahren der Umweltzerstörung und moderner Technologien. Mit seinem Buch *Das Prinzip Verantwortung* unternimmt er 1979 den *Versuch einer Ethik für die technologische Zivilisation*. Jonas weist dem ökologischen Denken den Weg in die

Ethik und treibt eine Diskussion über die Verantwortlichkeit des Menschen für Natur und Umwelt zu einem Zeitpunkt an, als man im Anschluß an Max Weber zunehmend merkte, daß man mit einer reinen Prinzipienethik der gewandelten Welt kaum noch gerecht zu werden vermag.

Daß der Mensch vor den gröbsten Fernwirkungen seiner Technologien die Augen nicht verschließen darf, daß er der Entwicklung der verschiedenen Technologien Grenzen setzen und Richtungen weisen muß, das erscheint heute beinahe selbstverständlich. In den 70er Jahren mußte man das noch umständlich begründen. Warum trägt der Mensch überhaupt Verantwortung für unkontrollierte Auswirkungen seiner Technologien? Für Jonas läßt sich das nicht bloß rational legitimieren. Dazu bedarf es vielmehr religiöser Antworten.

1. Die Entwertung der Natur aufgrund der Gottesferne

Alle bisherige Ethik beschäftigt sich bloß mit den zwischenmenschlichen Beziehungen, nicht mit dem Verhältnis zur Natur und auch nicht mit der Verantwortung gegenüber viel später lebenden Generationen. Die modernen Technologien bescheren dem menschlichen Handeln aber Fern- und Nebenwirkungen, die der Mensch bisher nicht beachten mußte, auch weil die mit ihnen verbundenen Risiken viel geringer waren. Aber auch das, was der Mensch erst in der Ferne als Gefahr erkennt, muß er verhindern. Das gebietet ihm sein vorausschauendes Wissen, das ihm heute die Naturwissenschaften liefern. Aus dieser Verantwortung kann er sich nicht mit dem Verweis fortstehlen, bisher habe sich die Ethik auch nicht um die ferne Zukunft der Menschheit gekümmert. Daher fordert Jonas eine tiefgreifende Umorientierung der Ethik. Die Biosphäre gilt es zu erhalten, und zwar um ihrer selbst willen; auch um des Menschen willen, aber eben nicht mehr allein aus anthropozentrischen Gründen: „Es ist zumindest nicht mehr sinnlos, zu fragen, ob der Zustand der außermenschlichen Natur, die Biosphäre als Ganzes und in ihren Teilen, die jetzt unserer Macht unterworfen ist, eben damit ein menschliches Treugut geworden ist und so etwas wie einen moralischen Anspruch an uns hat – nicht nur um unsretwillen, sondern auch um ihrer selbst willen und aus eigenem Recht." (PV[1] 29)

Heute wird die ökologische Verantwortlichkeit des Menschen kaum noch dementiert. Jedoch rückt man dabei nicht vom anthropologischen Standpunkt ab. Es verwundert heute vielmehr, warum Jonas der Natur einen vom Menschen unabhängigen Wert attestiert. Müßte nicht der Mensch selbst der Natur auch diesen eigenen Wert verleihen?

Doch Jonas lernte schon während seines Studiums, daß das anthropozentrische Denken eine lange Geschichte hat, die womöglich gerade für den gedankenlosen technischen Umgang mit der Natur verantwortlich zu machen ist. Ab 1921 studierte er in Freiburg bei Edmund Husserl und Martin Heidegger. Er folgte Heidegger 1924 an die Universität Marburg, wo er dem Theologen Rudolf Bultmann begegnete. 1928 promovierte er mit einer Arbeit über religiöse Strömungen in den ersten nachchristlichen Jahrhunderten bei Heidegger und Bultmann. Ihr Titel lautet *Gnosis und spätantiker Geist*. Jonas entdeckt ähnlich wie Eric Voegelin in dieser spätantiken religiösen Strömung, die sich auch im Frühchristentum ausbreitete, erstaunliche Parallelen zur geistigen Situation der Moderne. Heute herrscht das Bewußtsein der Gottesferne, weil die modernen Naturwissenschaften die Natur nicht mehr als Schöpfung behandeln und dadurch jeden Eigenwert der Natur aufgehoben haben. Für die Gnosis ist Gott der diesseitigen Welt entrückt, absolut transzendent, was die Welt als feindlich entwertet.

Das griechische Wort Gnosis bedeutet – so Jonas in *Gnosis. Botschaft des fernen Gottes*, einer Überarbeitung seiner umfänglichen Forschungen – „Wissen von Gott oder Gotteserkenntnis, und aus dem, was wir über die radikale Transzendenz der Gottheit gesagt haben, folgt, daß es sich beim ‚Wis-

---

[1] Hans JONAS, Das Prinzip Verantwortung (1979), Frankfurt/M 1984 (PV)

sen von Gott' um die Erkenntnis von etwas von Natur aus Nicht-Erkennbarem und deshalb an sich nicht um einen natürlichen Zustand handelt". (G[2] 59) Je entfernter gegenüber der diesseitigen Natur und daher unerkennbarer, je transzendenter die Gnosis Gott erwartet, je schwieriger jedes Wissen von ihm zu erlangen ist, um so bedeutungsvoller wird dieses Wissen.

Gnostische Strömungen in den Jahrhunderten um Christi Geburt verbinden vornehmlich christliche Elemente mit jüdischem Monotheismus, babylonischer Astrologie und persischem Dualismus, der radikal zwischen Gut und Böse, Geist und Körper unterscheidet. Auch eine antikosmische Zwei-Welten-Lehre beseelt die Gnosis: die diesseitige natürliche Welt, der Kosmos, siedelt als Produkt des Bösen fernab von der göttlichen Sphäre. „Dem in sich geschlossenen und fernen göttlichen Reich des Lichts steht der Kosmos als Reich der Finsternis gegenüber. Die Welt ist Werk niederer Mächte, die, obgleich sie mittelbar von ihm abstammen mögen, den wahren Gott nicht kennen und in dem Kosmos, über den sie herrschen, seine Erkenntnis niederhalten. (...) Der jenseitige Gott selbst ist allen Geschöpfen verborgen und mittels natürlicher Vorstellungen nicht zu erkennen. Wissen von ihm erfordert übernatürliche Offenbarung und Erleuchtung und läßt sich auch dann kaum anders als in negativen Bestimmungen zur Sprache bringen." (G 69) Bösartige Mächte, die Archonten bzw. Demiurg genannt wurden und die in der Welt tyrannisch herrschen, schufen das natürliche Universum, so daß für den Menschen die Welt in ein kosmisches Gefängnis ausartet. Die Naturgesetze drücken diese Herrschaft physisch aus, während die sittlichen Gesetze deren psychische Dimension verkörpern. Wer diesen gehorcht, entfremdet sich von sich selbst. Das gesamte Universum zielt auf die Knechtung des Menschen. In seiner Seele verborgen findet sich jedoch der Geist, Pneuma und auch Funken genannt, der der ursprünglich gu-

---

[2] Hans JONAS, Gnosis. Botschaft des fremden Gottes (1958), Frankfurt/M., Leipzig 1999 (G)

ten, aber fernen göttlichen Substanz entspringt, die sich einstmals in der Welt verloren hatte. Der Mensch wurde von den Archonten bzw. dem Demiurgen geschaffen, um diesen Funken des Geistes in der Welt gefangennehmen zu können. Sein Erwachen soll mit allen Mitteln verhindert werden. Daher ist die Welt umgeben von Sternen und Planeten, die den Menschen vom guten Gott trennen.

Doch durch Wissen und Erkenntnis von diesem göttlichen Reich des Lichts kann sich der Mensch befreien, d. h. seinen Geist mit dem göttlichen verbinden: „Die Betonung der Erkenntnis als Mittel zur Erlösung, ja sogar als Form der Erlösung selbst, und der Anspruch, diese Erkenntnis in der eigenen ausgearbeiteten Lehre zu besitzen, sind gemeinsame Züge der zahlreichen Sekten, in denen sich die gnostische Bewegung historisch ausprägte." (G 56)

Wissen von einem absolut überirdischen, fernen Reich des Lichts befreit vom schlechten Diesseits. Die Gnosis entwertet die Natur und den Kosmos als bösartig; diese gilt es daher zu beherrschen. Zwei Mittel stehen ihr zur Verfügung: die Askese, also die Enthaltung von den Gütern dieser Welt, oder ein willkürlicher, ausbeuterischer Umgang mit der Natur. Denn an einer an sich wertlosen Natur kann sich die Freiheit des Menschen beweisen – ein beinahe schon faustischer Gedanke. Die Gnostiker genauso wie die modernen Naturwissenschaften weigern sich, einer vorgegebenen, natürlichen Ordnung zu gehorchen. Beiden ist alles erlaubt, beide wollen den Naturzwang brechen. Beide reinigen die Natur von allen spirituellen Bezügen und rauben ihr damit ihren Eigenwert. Der Gott, der das Universum geschaffen hat, ist kein Gott mehr, sondern bloß eine menschenfeindliche Macht. In der Moderne spielt der Gott keine Rolle, so daß die Natur an orientierender Kraft für den Menschen einbüßt: „Der gnostische Mensch ist geworfen in eine widergöttliche und daher widermenschliche Natur, der moderne Mensch in eine gleichgültige. Erst letzteres bedeutet das absolute Vakuum, den wirklich bodenlosen Abgrund. (...) Daß die Natur sich nicht kümmert, ist der wahre Abgrund. Daß nur der Mensch sich kümmert, in seiner Endlichkeit nichts als den Tod vor sich, allein mit seiner Zufälligkeit und der objektiven Sinnlosigkeit seiner Sinnentwürfe, ist wahrlich eine präzedenzlose Lage." (G 399) Nicht nur eine antikosmische Stimmung, sondern auch eine ausgeprägte geistige Selbstherrlichkeit breitete sich in den Jahrhunderten nach Christi Geburt in den gnostischen Bewegungen aus, die von den Kirchenvätern als Häresien so erfolgreich bekämpft wurden, daß der größte Teil ihrer Schriften verlorenging. Im souveränen Geist lag schließlich die Quelle aller Erkenntnis. Ein solches anthropozentrisches Denken nimmt die Einbindung des Menschen in die Natur kaum noch wahr. Statt dessen erlaubt es, Natur gedankenlos auszubeuten. Der selbstherrliche Geist begreift sich nicht als Teil der Natur oder gar als verantwortlich für sie.

2. Die Einheit von Geist und Materie im göttlichen Mythos

Aus dem Destruktionspotential der modernen Technologien, die dem gnostischen Weltverständnis des Menschen entsprangen, folgt jetzt, so Hans Jonas, ein neuer, umfassender Imperativ: „Daß es in alle Zukunft eine solche Welt geben soll – eine Welt geeignet für menschliche Bewohnung – und daß sie in alle Zukunft bewohnt sein soll von einer dieses Namens würdigen Menschheit, wird bereitwillig bejaht werden als ein allgemeines Axiom." (PV 33) Angesichts der technologischen Bedrohungen ergibt das Bestandswahrungspostulat für die Menschheit das oberste ethische Gebot, dem sich alle anderen ethischen Prinzipien – man denke an die Menschenrechte – unterzuordnen haben. „Daß eine Menschheit sei!" – dieser Imperativ regiert alles individuelle, soziale oder politische Handeln. Die kategorische – eben unbedingt gültige – Form, in der Jonas diesen ersten Imperativ einer neuen Ethik formuliert, stellt die ökologische Orientierung allen menschlichen Handelns über den Anspruch auf Arbeitsplätze oder demokratische Rechte. Das ist ihm vorgeworfen worden, und das hat er später auch zu relativieren versucht.

Doch von selbst folgt dieser Imperativ noch nicht aus dem Gefahrenpotential der modernen Technologien. Natürlich setzt ein gutes wie ein selbstbewußtes Leben die Existenz der Menschheit voraus. Aber warum muß die Menschheit überhaupt existieren? Weder bewohnte sie den Planeten Erde schon immer, noch kann ihr das auf ewige Zeit gelingen. Irgendwann wird der Planet von der Sonne verbrannt werden. Jonas ist sich dieser Schwäche seiner Argumentation sehr wohl bewußt: „Warum wir (...) eine Verpflichtung gegenüber dem haben, was noch gar nicht ist und ‚an sich‘ auch nicht zu sein braucht, jedenfalls als nicht existent keinen Anspruch auf Existenz hat, ist theoretisch gar nicht leicht und vielleicht ohne Religion überhaupt nicht zu begründen." (PV 36)

Das Verhältnis des Menschen zur Natur und damit verbunden seine Verantwortung gegenüber ihrer Ganzheit beschäftigt Jonas seit seinen Gnosis-Studien in den 30er Jahren, seit er gewisse Parallelen zwischen der Welt- und Naturablehnung im gnostischen wie im modernen Geist entdeckte. Während er noch an der Publikation seiner Dissertation arbeitete, sah er sich 1933 genötigt, Deutschland zu verlassen. Er emigrierte zunächst nach London und ging 1935 nach Palästina. 1938 erhielt er einen Ruf an die Hebräische Universität von Jerusalem. 1940 schloß er sich der englischen Armee an, in der er bis 1945 diente. Seine Mutter starb in Auschwitz. Zwischen 1948 und 1949 war er Artillerieoffizier bei der jüdischen Selbstverteidigungsorganisation Haganah in Palästina. 1949 erhielt er einen Ruf an die McGill University in Montréal. Von 1950 bis 1954 lehrte er in Ottawa und danach bis 1976 in New York.

In den sechziger Jahren fragt er im Anschluß an seine Gnosis-Studien primär nach der Einbindung des Menschen in die Natur. Jonas will den traditionellen Geist-Materie-Dualismus überwinden, aber den Geist nicht auf die Materie reduzieren, wie der Materialismus das Problem zu lösen versucht. So geht es ihm um „nichts weniger, als daß das Organische schon in seinen niedersten Gebilden das Geistige vorbildet, und daß der Geist noch in seiner höchsten Reichweite Teil des Organischen bleibt". (OF[3] 11) Bereits mit den Anfängen der organischen Materie entsteht die Grundspannung zwischen Sein und Nichts, Leben und Tod: Schon die Amöbe tritt aus einer absoluten Einbindung in ihre Umgebung heraus, die alle anorganische Materie noch beherrscht. Auf der untersten Stufe der Evolution wächst das organische Leben über sich hinaus: das Prinzip der Transzendenz, das schließlich der Geist zu einem ihn selbst strukturierenden Grundsatz erhebt – ein Gedanke, den Whitehead indirekt vorprägt, der ebenfalls von der kosmischen Einbindung der Einzelheiten in Ereigniszusammenhänge ausgeht.

Eine solche philosophische Biologie plädiert zwar für eine Einbindung des Menschen in die Natur, eine Pflicht der Rücksichtnahme gegenüber deren Ganzheit folgt daraus noch keineswegs. So konstruiert Jonas im Anschluß an seine Gnosis-Studien einen göttlichen Mythos: „Damit Welt sei, und für sich selbst sei, entsagte Gott seinem eigenen Sein; er entkleidete sich seiner Gottheit, um sie zurückzuempfangen aus der Odyssee der Zeit, beladen mit der Zufallsernte unvorhersehbarer zeitlicher Erfahrung, verklärt oder vielleicht auch entstellt durch sie." (OF 332) Gott hat den kosmischen Prozeß auf den Weg gebracht – ein Abenteuer mit unsicherem Ausgang. Der Mensch als seiner selbst bewußtes Produkt der Evolution, der in der Lage ist, verantwortlich, also aus Freiheit, zu handeln, kann und muß an diesem Prozeß als Bewahrer der Schöpfung teilnehmen. Doch Jonas weiß, daß eine rein rationale Begründung solcher Verantwortung nie hinreicht. Dem modernen Denken hält er daher den Schöpfungsgedanken entgegen: „In unsern unsicheren Händen halten wir buchstäblich die Zukunft des göttlichen Abenteuers auf Erden, und wir dürfen Ihn nicht im Stiche lassen, selbst wenn wir uns im Stiche lassen wollten." (OF 338)

So zeichnen sich die Linien der Begründung des „Prinzips

---

[3] Hans JONAS, Organismus und Freiheit. Ansätze zu einer philosophischen Biologie (1966), Göttingen 1973 (Neuauflage: Das Prinzip Leben, Frankfurt/M., Leipzig 1994) (OF)

Verantwortung" ab, bei der Jonas religiösen und wissenschaftlichen Geist miteinander zu vermitteln sucht, und zwar sicher
stärker wissenschaftsorientiert, ähnlich wie James, Whitehead
und Wittgenstein – im Grunde muß man Jonas beinahe mehr
der angelsächsischen Welt als der kontinentaleuropäischen
zurechnen. Daß der Mensch die Schöpfung zu hegen und zu
pflegen hat, liegt zwar an Gott, aber an dessen Ferne, die den
Menschen zur Selbstverantwortung zwingt – eine Argumentation, die für den modernen Geist sicherlich näher liegt als die
mystische Argumentation Bergsons oder die traditionellen
Vorstellungen von Marcel und Voegelin.

3. Die politische Perspektive der Verantwortung

In *Das Prinzip Verantwortung* meidet Jonas die religiöse Argumentation. Nicht weil er sie aufgegeben hätte, sondern weil sie
in einer wissenschaftlich geprägten Welt – noch dazu in jener
der 70er Jahre – geringere Überzeugungskraft besitzt. Wo in *Organismus und Freiheit* noch an das Verantwortungsbewußtsein
gegenüber einer göttlichen Schöpfung appelliert wurde, plädiert
Jonas im *Prinzip Verantwortung* für die Qualität des Evoluti-
onsprozesses. Man darf die eigene Herkunft nicht als durchweg
schlecht begreifen, sondern muß sie bewahren; denn derjenige,
der wie heutige Marxisten in der Herkunft nur das Leiden der
Unterdrückten erkennen kann, müßte zugeben, daß just diese
Herkunft ihm die Augen geöffnet hat.

Daß ein solches weitreichendes Verantwortungsbewußtsein im Menschen wirklich angelegt ist, bestätigt sich durch
die elterliche Verantwortung für ihre Kinder: ein Archetypus
der Verantwortung, der sich als ein natürliches Produkt der
Evolution erweist. Die Verantwortung beschränkt sich in el-
terlicher Beziehung zwar auf einen unvergleichlich bescheide-
neren Umfang als im Bestandswahrungspostulat der Menschheit. Trotzdem birgt die elterliche Verantwortung bereits
dessen Kern; denn sie reicht auch in eine Zukunft jenseits der
Grenzen der eigenen Existenz.

Doch auch daraus ergibt sich noch keineswegs zwangsläufig eine entsprechende Verhaltensänderung, so daß man wirklich Rücksicht auf die Natur und die Zukunft der Menschheit nimmt. Denn die Gefahren, um die es geht, liegen in weiter Ferne und keineswegs direkt auf der Hand. Erste Forderung einer Zukunftsethik in der technologischen Gesellschaft heißt daher, daß man sich überhaupt um die Zukunft kümmern muß. Doch alle wissenschaftliche Prognostik birgt mehr als einen Funken Ungewißheit. Man mag anerkennen, daß man verantwortlich ist für die Zukunft seiner Kinder und Kindeskinder und für die Ganzheit der Natur. Dementieren kann man trotzdem, daß sich aus den Prognosen zwangsläufig bestimmte Handlungen ableiten lassen. Ergo postuliert Jonas als nächstes: „Es ist die Vorschrift, primitiv gesagt, daß der Unheilsprophezeiung mehr Gehör zu geben ist als der Heilsprophezeiung." (PV 70)

Das reicht alleine aber auch noch nicht aus, zwingt den Menschen noch nicht in die Verantwortung für die Natur als Ganzes. Da jede Prognose unsicher bleibt, soll man sie so behandeln, als wäre sie gewiß und nicht bloß wahrscheinlich. Doch selbst eine solche Gefahr, die mit Sicherheit auf einen zukommt, kann man noch verdrängen, noch dazu wenn sie in weiter Ferne liegt. Da ich mich vor dem Untergang meiner fernsten Enkel nicht selbstverständlich so sehr fürchte, daß ich mich notwendig verantwortungsvoll verhalte, bin ich schlicht verpflichtet, mich zu fürchten. Hans Jonas greift dabei auf ein sehr altes Prinzip der Apokalyptiker zurück, die den Menschen kommendes Unheil prophezeien, nicht so sehr, um sie bloß davor zu warnen, sondern um sie schlicht so sehr zu erschrecken, daß sie ihr Verhalten ändern. Das Prinzip Verantwortung stützt sich auf das Prinzip Furcht, um die Menschen wirklich zur Übernahme ihrer Verantwortung zu bewegen. Insofern stellt Jonas das „Prinzip Verantwortung" dem „Prinzip Hoffnung" entgegen, das der Neomarxist Ernst Bloch in den 40er Jahren des 20. Jahrhunderts zur Maxime politisch-sozialen Handelns erhebt.

Doch auch mit dem Prinzip Furcht kann die Ethik an den

einzelnen Menschen letztlich nur appellieren, auf dessen Einsicht wie auf dessen Verhaltensänderung nur hoffen. Was aber tun, wenn der Appell nicht schnell genug Gehör findet? Dann braucht es schnelle Eingriffe des Staates, die die Menschen zwingen, ihr Verhalten zu ändern – ein Übergang von der Ethik zur Politik, den bereits Bergson vorzeichnet und den die ökologische Debatte durchweg wiederholt. Das Prinzip Verantwortung, das Max Weber als erster in der Philosophie des 20. Jahrhundert für den Politiker entwarf, kehrt damit auch bei Jonas zur Politik zurück. Die Verantwortung für zukünftige Generationen wie die Natur als Ganzes hat vor allem die Politik zu übernehmen, da der einzelne Mensch dazu kaum hinlänglich in der Lage erscheint.

Woher aber besitzt der Politiker das zureichende Verantwortungsbewußtsein, wenn es schon dem Bürger daran mangelt? Einerseits entwickelt der Staatsmann dieselbe elterliche Fürsorge. Andererseits liegt der Staatszweck gerade in dieser Sorge um das Dasein, um die Existenzsicherung, also auch im Schutz der Biosphäre. Angesichts der drohenden Gefahren ist der verantwortungsvolle Staatsmann sogar genötigt, alles Erdenkliche zu unternehmen. Um diese Gefahren den Menschen einsichtig zu machen, darf der Staatsmann dabei auch zur Lüge greifen, ähnlich wie es Platon in seinem Dialog *Politeia* den Philosophenkönigen gestattete. Gerade auch die langsamen Abläufe innerhalb der Demokratie, ihre mühsamen Gesetzgebungsverfahren, drohen gegenüber den technologischen Gefahrenpotentialen zu spät zu kommen. Der ökologische Ausnahmezustand befindet sich für Jonas daher in greifbarer Nähe – und er gesellt sich damit jenen Denkern zu wie Bergson, Weber, Marcel und Voegelin, die nach der starken politischen Hand rufen. Das Wort von der Öko-Diktatur ist Jonas vorgehalten worden. Aber will man sie verhindern, muß man rechtzeitig Gegenmaßnahmen ergreifen.

4. Verantwortung für den erschöpften Gott

Ist verantwortliches Handeln im Dienst der Zukunft der Menschheit auch wirklich möglich? Nur wenn es begründete Aussicht auf Erfolg besitzt, wird der Mensch sich vom „Prinzip Verantwortung" leiten lassen. Nur dann muß die Verantwortung nicht notwendig scheitern. Besitzt das Handeln überhaupt eine solche Reichweite, eben in den materiellen Prozeß mit seiner ganzen Komplexität wirksam einzugreifen – eine Reichweite, die Nietzsche und Heidegger bezweifeln?

Jonas veröffentlichte 1981 ein Buch, das ursprünglich als ein Kapitel im *Prinzip Verantwortung* gedacht war, die diesem aber eine religiöse Tendenz eingebracht hätte: *Macht und Ohnmacht der Subjektivität.* Jonas versucht zu zeigen, daß der Geist prinzipiell in der Lage sei, auf die Materie einzuwirken: „Physisch ist (…) die Kraft des Bewußtseins in der Tat äußerst gering (nur nicht = 0), aber ausgeübt auf die besondere physische Organisation, deren Spitzen das Bewußtsein einnimmt (…), hat sie die Möglichkeiten ins Große gehender Wirkungen (…)."[4] Jonas begreift das Bewußtsein als einen Abfluß aus der Materie. Die Wirkung des Geistes auf die Materie stellt dann umgekehrt einen Rückfluß von Energie zur Materie dar – eine Beziehung, die Whitehead als Ereigniszusammenhang begreift.

Für Jonas zeigt sich darin die Möglichkeit des Eingriffs. Das Netz der materiellen Zusammenhänge ist nicht so engmaschig geknüpft, daß zwischen seinen Maschen nicht genug Platz für die Einwirkung des Geistes auf die Materie bliebe. Aber kann der Mensch diese Erwartung erfüllen, wenn ihm kein Gott unter die Arme greift? Warum hat Gott in der höchsten Not während des Holocaust nicht eingegriffen? „Aber Gott schwieg. Und da sage ich nun: nicht weil er nicht wollte, sondern weil er nicht konnte, griff er nicht ein. Aus Gründen, die entscheidend von der zeitgenössischen Erfahrung eingegeben sind, proponiere ich die Idee eines Gottes, (…) der dem

---

[4] Hans JONAS, Macht und Ohnmacht der Subjektivität. Das Leib-Seele-Problem im Vorfeld des Prinzips Verantwortung, Frankfurt/M. 1981, 81

Aufprall des weltlichen Geschehens auf sein eigenes Sein antwortet nicht ‚mit starker Hand und ausgestrecktem Arm', wie wir Juden alljährlich im Gedenken an den Auszug aus Ägypten rezitieren, sondern mit dem eindringlich-stummen Werben seines unerfülltes Zieles."[5] Seit Auschwitz kann Gott nicht mehr allmächtig sein, oder er ist nicht allgütig. Ein absolut unverständlicher Gott ließe sich mit der jüdischen Tradition nicht vereinbaren. Gott hilft also dem Menschen nicht, sondern setzt ihn der vollen Verantwortung aus. Ja mehr noch, mit der Schöpfung hat sich Gott selbst einem riskanten Projekt ausgeliefert, wird er zu einem gefährdeten Gott, ebenso gefährdet wie die Schöpfung selbst, sollte der Mensch seiner Verantwortung nicht gerecht werden: „Verzichtend auf seine eigene Unverletzlichkeit erlaubte der ewige Grund der Welt zu sein. (…) Nachdem er sich ganz in die werdende Welt hineingab, hat Gott nicht mehr zu geben: Jetzt ist es am Menschen ihm zu geben. Und er kann dies tun, indem er in den Wegen seines Lebens darauf sieht, daß es nicht geschehe, oder nicht zu oft geschehe, und nicht seinetwegen, daß es Gott um das Werdenlassen der Welt gereuen muß."[6]

Diese gnostische Perspektive der Schöpfung enthebt sie von der Vorstellung eines in ihr noch irgendwie agierenden Schöpfers – eine Vorstellung, die mit den Naturwissenschaften nicht so recht vereinbar wäre, weshalb Voegelin diese gnostische Perspektive kritisiert. Insofern vermittelt Jonas den Glauben mit den Wissenschaften aus einer eher diesseitsorientierten Perspektive, die derjenigen Webers ähnelt, mit dem ihn auch das Thema Verantwortung verbindet. Wenn keine göttlich vorgegebenen ethischen Orientierungen mehr als selbstverständlich anerkannt werden, dann bleibt gar keine andere Wahl für die Ethik, als das Handeln an dessen konkreten Folgen zu messen. Der Begriff der Verantwortung spiegelt die ethische Sachlage nach Nietzsches Diagnose vom toten Gott.

---

[5] Hans JONAS, Der Gottesbegriff nach Auschwitz. Eine jüdische Stimme (1984), Frankfurt/M. 1987, 41

[6] Hans JONAS, Zwischen Nichts und Ewigkeit, Göttingen 1963, 60

11. Kapitel

Emmanuel Lévinas' prophetische Motivationen der unendlichen Verantwortung

Angesichts eines in die Krise geratenen technischen und sozialen Fortschritts interessiert sich die Philosophie in der zweiten Hälfte des 20. Jahrhunderts zunehmend für das Thema Ethik. Traditionelle Modelle der Ethik, wie sie Aristoteles und Kant repräsentieren, reflektieren Nietzsches Diagnose noch nicht, daß es keine gemeinsamen obersten Werte mehr gibt. Daher sucht man nach neuen Wegen, auf denen beispielsweise Hans Jonas mit dem Begriff der Verantwortung dem mehr um die Folgen als um die Prinzipien bemühten Geist des Jahrhunderts nachspürt. Eine Wende des ethischen Denkens läutet vor allem aber Emmanuel Lévinas ein: Er schließt einerseits ebenfalls an die Verantwortungsethik an, und andererseits knüpft er an die avancierteste Philosophie des Jahrhunderts an, nämlich an die Sprachphilosophie. Doch die Orientierung an der Sprache entnimmt Lévinas dem jüdischen Denken.

1906 in Litauen geboren, 1995 in Paris gestorben, 1931 in Frankreich eingebürgert, geriet Lévinas 1940 in deutsche Kriegsgefangenschaft und dabei in ein spezielles Lager für jüdische Kriegsgefangene. Zwar überlebte er wie seine Frau die Judenverfolgung, doch mußte er nach dem Krieg erfahren, daß seine gesamte Familie in Konzentrationslagern ermordet worden war. Insofern ist Lévinas' religionsphilosophische Orientierung weniger durch Nietzsches Diagnose vom Tod Gottes motiviert, somit weniger durch eine Kritik an den Naturwissenschaften oder der Technik, als vielmehr durch das Trauma der Verfolgung und des Holocaust. Daher grenzt sich Lévinas wie Voegelin, Jaspers und Marcel vor allem auch gegenüber totalitären Ideologien ab.

1. Die Verantwortung für den Anderen

Eine andere Quelle seines Denkens, die vornehmlich sein Frühwerk durchzieht, ist die Auseinandersetzung mit Jean-Paul Sartre. Lévinas und Sartre verbindet die Erfahrung des Totalitarismus. Doch wie Jaspers und Marcel lehnt Lévinas Sartres Nihilismus ab. Dieser formuliert in aussichtsloser Lage eine Philosophie des Widerstandes, die Verantwortung auch dann verlangt, wenn gar keine Schuld vorzuliegen scheint. Dabei trage ich weniger Verantwortung gegenüber der Menschheit, meinem Volk oder meiner Klasse als mir selbst gegenüber. Dagegen gründet Lévinas die Verantwortung auf die Verpflichtung, allerdings nicht gegenüber der Menschheit, sondern aus der Begegnung mit dem anderen Menschen heraus. Denn die menschliche Aktivität ist für Lévinas nicht egozentrisch. Vielmehr wird sie altrozentrisch von vornherein vom anderen Menschen aus aufgerufen und herausgefordert.

Lévinas bleibt dem großen existentialistischen Thema der Einsamkeit treu, das Sartres literarische Gestalten prägt. Doch nach Lévinas überwinde ich diese Einsamkeit dadurch, daß ich ganz persönlich vom anderen Menschen in die Pflicht genommen werde, für ihn Verantwortung zu übernehmen: Das ist die ethische Ursituation. Allerdings bleibt Lévinas dabei nicht stehen. Vielmehr geht es ihm darum, die existentielle Einsamkeit zu überwinden. Weder steht der andere Mensch zu mir in Konfrontation, noch herrscht eine übergreifende Gemeinsamkeit, die mich mit ihm verbindet, so wie mich diese darüber hinaus mit der Welt und der Menschheit vereint. Die Begegnung mit dem Anderen erweist sich allerdings als schwierig: Ich kann mich ihm nicht einfach mitteilen. Ich kann meine Existenz nicht mit ihm teilen. Das Verhältnis zum Anderen ist viel komplizierter, als es gemeinhin erscheint, wenn man es beispielsweise darauf aufbaut, daß alle Menschen gleich sind, daß sie sich verstehen und vernünftig miteinander umgehen können. Eine solche egalitäre Beschreibung des Verhältnisses zwischen dem Anderen und mir würde zu kurz greifen, besitzt nur einen ökonomischen Sinn.

1948 schreibt Lévinas: „Durch das Sehen, durch das Berühren, durch die Sympathie, durch die Arbeit im allgemeinen sind wir *mit* den anderen. Alle diese Beziehungen sind transitiv; (...) ich sehe den Anderen; aber ich *bin* nicht der Andere."[1]

Bereits im Frühwerk von Lévinas ist der Bezug zum Anderen die herausragende Beziehung, die die Menschlichkeit konstituiert. Ich bin nämlich mit dem anderen Menschen von vornherein zusammen. Die soziale Beziehung zu ihm geht jeder beliebigen Rede über Gott und die Welt, über mich und ihn voraus, macht diese Rede erst möglich. Aber dazu ist es nötig, daß der Mensch aus der reinen Weltbezogenheit, aus der Verfallenheit an die Dinge heraustritt. Der Mensch muß sich natürlich von seinen egoistischen Bedürfnissen und Interessen befreien. Nichts anderes sagen alle bisherigen Ethiken. Vor allem aber geht es Lévinas darum, daß der Mensch ein Verhältnis zu sich selbst wie zur Welt über den Anderen gewinnt, nicht über die Gemeinschaft wie bei Aristoteles und auch nicht über eine allgemeingültige Vernunft wie bei Kant – die beiden Grundmodelle der Ethik, zu denen Lévinas ein drittes hinzufügt. Dazu ist es nötig, daß sich der Mensch von sich selbst absetzt, sich selbst gegenüber ein gewisses Desinteresse gewinnt. Er darf nicht in sich selbst und in die dingliche Welt völlig verwikkelt sein. Nur dann vermag er aus dem Zusammenhang der Welt, der vielfältigen Ablenkungen herauszutreten: „(...) die soziale Beziehung zum *Anderen,* die selbst-lose *(dés-inter-essé)* Beziehung. Ich schreibe sie in drei Wörtern, um das Heraustreten des Seins hervorzuheben, das mit ihr gemeint ist. Ich mißtraue dem Wort ‚Liebe', das verdorben ist, aber die Verantwortlichkeit für den *Anderen,* das Für-den-Anderen-Sein erweckte für mich von dieser Zeit an den Eindruck, das anonyme und sinnlose Rauschen des Seins aufzuhalten." (EU[2] 39)

Man begegnet dem Anderen nicht als Gleichem, der derselbe ist wie ich, den ich folglich auch gut verstehe und durchschaue wie vermeintlich in der Liebe. Die Bedingung, dem An-

---

[1] Emmanuel LÉVINAS, Die Zeit und der Andere (1948), Hamburg 1984, 19
[2] Emmanuel LÉVINAS, Ethik und Unendliches (1981), Wien 1992 (EU)

deren zu begegnen, ist nicht das Verständnis meiner selbst, von dem ich auf den Anderen schließen kann. Nur wenn es mir nicht bloß um mich selbst geht, indem ich von mir absehe, öffne ich mich für den Anderen. Selbstlosigkeit ist somit die Bedingung dafür, dem anderen Menschen begegnen zu können und nicht einsam zu bleiben, eben aus einer anonymen Umwelt herauszutreten. Selbstlosigkeit präsentiert sich nicht als Selbstaufgabe, sondern als ein Hinaustreten aus der eigenen Egozentrik. Selbstlosigkeit ist somit die Voraussetzung für die Verantwortung, zu der der Mensch aufgefordert wird, wenn er dem Anderen begegnet und nicht in der egozentrischen Weltverlorenheit verharrt. Eine solche Selbstlosigkeit hat aber nichts mit militärischer Opferbereitschaft zu tun, wenn Befehle ausgeführt werden und es nicht auf die zwischenmenschliche Begegnung als Ursprung der Verantwortung ankommt, sondern auf die Hingabe an Kaiser und Reich.

Lévinas studierte zwischen 1923 und 1930 in Straßburg und Freiburg bei Charles Blondel, Maurice Halbwachs, Edmund Husserl und Martin Heidegger. Seine Doktorarbeit über die *Theorie der Intuition in der Phänomenologie Husserls* machte diesen in Frankreich erst richtig bekannt. 1946 wurde er Direktor der École Normale Israélite Orientale, 1962 schließlich Professor an der Universität Paris-Nanterre.

2. Das Göttliche im Antlitz des Anderen

Lévinas verschiebt die ethische Perspektive. Er verlegt den ethischen Ausgangspunkt vom Allgemeinen ins Besondere, ins Einzelne, nämlich in die zwischenmenschliche Begegnung. Diese mündet wie bei Whitehead und Jaspers nicht in den Krieg aller gegen alle. Der Mensch braucht vielmehr die Begegnung, die ihn erst zu einem sozialen bzw. ethischen Wesen macht. Die Begegnung mit dem anderen Menschen, die von dessen Andersheit geprägt ist – nicht von dessen Gleichheit –, steht im Mittelpunkt von *Totalität und Unendlichkeit*, dem ersten Hauptwerk von Emmanuel Lévinas aus dem Jahre

1961. Die Unendlichkeit stellt Lévinas dem sozialen Denken gegenüber, das von Marx bis zur modernen Soziologie die soziale Totalität betont.

Die Unendlichkeit gewinnt eine andere Perspektive: Den moralischen Anstoß erhält die Begegnung mit dem anderen Menschen dabei nicht durch dessen bloße Anwesenheit, nicht dadurch, daß er allein der Nächste wäre. Das entspräche eher dem christlichen Denken. Daß die Begegnung mit dem anderen Menschen zum Ursprung der Ethik wird, liegt in der unmittelbaren Begegnung, in der direkten Ansprache, genauer im Antlitz des Anderen. Während mich bei Sartre der Blick des Anderen meiner Freiheit beraubt, begründet bei Lévinas das Antlitz die Freiheit, die durch Blick und Ansprache des Anderen zur Verantwortung gerufen wird. Zwischen Antlitz und Verantwortung entsteht eine unendliche Beziehung bzw. eine unendliche Verantwortung gegenüber dem Anderen. Diese zwischenmenschliche Beziehung überschreitet die reine Ich-Du-Beziehung im Sinne Martin Bubers, nach der Ich und Du als Wortpaar zusammengehören. Eine dialogische Beziehung zum Anderen begreift diesen als Freund und Partner. Ein Mensch, der sich dagegen auf das Ich konzentriert, gerät in die unwirtliche Welt des Eigenwesens, so Buber.

Die Beziehung zum Anderen durch das Antlitz erschöpft sich nach Lévinas aber nicht im Dialogischen. Unabhängig davon, ob ich den Anderen als Freund erfahre, sagt mir das Antlitz vielmehr: Du sollst nicht töten! Insofern begründet das Antlitz überhaupt die ethische Beziehung. Daß die Realität dem häufig widerspricht, ändert daran nichts. Daß man das Verbot brechen kann, eröffnet die ethische Fragestellung, eben nach dem, was ich tun soll und was nicht. Die Begegnung mit dem Anderen fordert Vorsicht sowie Verantwortung heraus. Dadurch verleiht sie mir erst mein ethisches Wesen. Dieser Anfang steht selbst nicht zur Verfügung, weder dem Denken noch dem Handeln. Dieser Anfang kommt wie der Andere auf den Menschen zu.

Das Antlitz sagt mehr, als was ich bewußt verstehen und auf einen bestimmten Begriff bringen könnte. Im Antlitz leuchtet die absolut fremde Andersheit des Anderen auf, die sich meinem Verständnis immer entzieht. Ich werde vom Anderen nicht deshalb in die Verantwortung gerufen, weil ich ihn verstehe, weil er mit mir gleich ist, sondern weil ich ihn letztlich nicht mit Sicherheit richtig verstehen kann, weil er anders ist als ich, unendlich anders.

Diese unendliche Andersheit des Anderen endet aber nicht im Unfaßlichen, sondern zeugt und kündet vom Transzendenten: In der Beziehung zum Anderen verbirgt sich die Beziehung zum Unendlichen, zu Gott. Die Religion ist für Lévinas jedoch keine höhere Welt, die das Diesseits beleuchten und ihm Sinn verleihen würde oder die das Handeln der Menschen letztlich zu motivieren erlaubte. Das Unendliche, das von der Verantwortung bezeugt wird, besitzt zwar ein Moment des Prophetischen. Aber dieses weist notorisch in die zwischenmenschliche Beziehung und kündet nur von einer jenseitigen Welt, soweit es darum geht, Menschlichkeit zu verwirklichen. Lévinas hält nur das für eine höhere Form der Religion, was im Antlitz des Anderen aufleuchtet: „Alles, was man nicht auf eine zwischenmenschliche Beziehung zurückführen kann, stellt nicht die höhere Form der Religion dar, sondern ihre auf immer primitive Form."[3]

Religion erweist sich als primär innerweltlich. Bei Lévinas siedelt das Göttliche im Verhältnis zwischen mir und dem Anderen und sonst nirgendwo. Diese Beziehung selbst ist das religiöse Verhältnis schlechthin und besitzt alle Attribute, die man dem Transzendenten zuschreibt. Das Antlitz wie meine Verantwortung erweisen sich beide als unendlich. Antlitz und Verantwortung offenbaren somit das Göttliche. Der Prophetismus, der in der jüdischen Religion eine herausragende Rolle spielt, wird von Lévinas in die soziale Beziehung verlegt. Er erhält dadurch einen beinahe innerweltlichen Status: „Ich verstehe den Prophetismus als ein Moment der Conditio humana selbst. Für den *Anderen* Verantwortung zu übernehmen ist für jeden Men-

---

[3] Emmanuel LÉVINAS, Totalität und Unendlichkeit (1961), Freiburg, München 1987, 109

schen eine Art und Weise, von der Herrlichkeit des Unendlichen Zeugnis abzulegen und inspiriert zu sein. Es gibt Prophetismus, es gibt Inspiration bei dem Menschen, der für den *Anderen* antwortet, paradoxerweise sogar bevor er weiß, was von ihm konkret erwartet wird. Diese Verantwortlichkeit, die *vor* dem Gesetz kommt, ist die Offenbarung Gottes." (EU 87)

Der innerweltliche Charakter, den die Religion erhält, muß als eher vorweltlich verstanden werden. Aller Erkenntnis von Welt geht die ethische Beziehung zum Anderen voraus. Die Ethik steigt auf zur Ersten Philosophie. Insofern entwickelt die konkrete Zwischenmenschlichkeit eine prophetische Dimension. Religion und Zwischenmenschlichkeit – oder auch Zwischenmenschlichkeit als Religion – gehen der Gesellschaft voraus. Angesichts des katastrophalen Wertezerfalls im Holocaust verlangt Lévinas ein neues ethisches Fundament, das er aber nirgendwo anders als im konkreten anderen Menschen finden kann. Wo anders kann sich das Antlitz Gottes dann noch zeigen als ebenfalls in diesem Anderen? Es ist nicht der ferne Gott wie bei Jonas, es ist der nahe Gott, der unmittelbare, der dadurch aber an mystischem Zauber wie an eherner Tradition einbüßt. Überhaupt sieht Lévinas keinen fundamentalen Gegensatz zwischen Religion und Philosophie. In diesem Sinne läßt sich sein Werk als eine Bemühung um die Vermittlung beider lesen: „Ich hatte in meinen Anfängen nicht den Eindruck, daß die Philosophie in ihrem Wesen atheistisch ist, und ich glaube es auch heute noch nicht. Und wenn Bibelverse für die Philosophie keine Beweiskraft mehr haben, so kann doch der Gott dieser Verse Maßstab des Geistes für den Philosophen bleiben (…)." (EU 16)

3. Verantwortung als Antworten

1974 erscheint Lévinas' zweites Hauptwerk *Jenseits des Seins oder anders als Sein geschieht*. Darin schreibt Lévinas die Auseinandersetzung mit Sartre fort, der den Gegensatz zwischen Sein und Nichts aufgerissen hatte, den sich Lévinas zeit seines Lebens zu überwinden bemühte. Daher sucht Lévinas nach dem dritten Element gegenüber dem Sein und dem Nichts, eben nach dem, was anders als Sein geschieht und doch nicht Nichts ist. In der Unendlichkeit, die durch das Antlitz hindurchschimmert, hatte er im Grunde dieses ausgeschlossene Dritte bereits gefunden, aber noch nicht als solches markiert und bedacht: Die unendliche Verantwortung, in die ich durch das Antlitz des Anderen gerufen werde, gewinnt ihren Grund nicht im Sein, sondern jenseits des Seins: Mit dem Antlitz blickt mich nicht das reine Diesseits an, sondern etwas davon Verschiedenes, etwas, das ich im Sein nicht entdecken kann, das vom Jenseits des Seins kündet, das Transzendente, die Herrlichkeit Gottes.

Die Unendlichkeit der Verantwortung gipfelt schließlich in einem unendlichen Für-Andere-Sein, das völlig anders als Sein ist. Das zu verstehen fällt nicht leicht: „„Die Wange bieten dem, der schlägt, und Schmach erdulden bis zur Sättigung', im erduldeten Leiden dieses Leiden fordern (...), heißt nicht, dem Leiden eine wie auch immer geartete magische Kraft des Loskaufs abgewinnen, es heißt vielmehr, im Trauma der Verfolgung übergehen von der erduldeten Schmach zur Verantwortung für den Verfolger und, in diesem Sinne, vom Leiden zur Sühne für den Anderen."[4] Die extremste These, die Lévinas hinsichtlich der Verantwortung formuliert hat, lautet: Ich bin auch noch für meine Verfolger verantwortlich. Das gilt allerdings nur für mich selbst. Für mein Volk, so Lévinas, muß ich Gerechtigkeit verlangen. Ich kann eine solche Verantwortung auch von niemandem fordern. Den höchsten ethischen Anspruch formuliert Lévinas als Geiselschaft: Indem ich ethisches Wesen bin, bin ich Geisel des Anderen. Doch die Geiselschaft meint nicht einfach das Opfer, sondern daß mein Leben durch das Sein-für-den-Anderen Sinn erhält.

Das aber ist ein sprachlicher Vorgang: Aus dem Anders-als-Sein entspringt die ethische Kompetenz, und zwar als Sprache.

---

[4] Emmanuel LÉVINAS, Jenseits des Seins oder anders als Sein geschieht (1974), Freiburg, München 1992, 246

Klang bereits in *Totalität und Unendlichkeit* das Thema der Sprache in der Ethik an, so tritt es jetzt noch weiter in den Vordergrund. Das 20. Jahrhundert entdeckt die Sprache nicht nur als Bedingung von Erkenntnis und Wissenschaft, sondern – wenn auch erheblich langsamer – als Bedingung der Ethik. An dieser Entdeckung hat Lévinas wie Wittgenstein entscheidenden Anteil, darin gipfelt seine ethische Konzeption.

Das Antlitz blickt mich dementsprechend nicht nur an, es spricht zu mir, und ich muß seine Rede vernehmen. Ich befinde mich somit nicht in einer mystisch verklärten Verantwortung, die sich aus einem transzendenten Jenseits des Seins speist. Indem mich vielmehr der Andere konkret anspricht, werde ich zu einem ethischen Wesen, das sich der Rede des Anderen verdankt und in dessen Ansprache seine Heimat findet.

Auch die absolute Andersheit des Anderen entspringt der Sprache des Anderen, den ich ja nicht vollständig verstehen kann. Das Verstehen ist ein fragwürdiges und schwieriges Unterfangen, das sich nie sicher sein kann zu glücken – das Wort vom Sprachspiel des späten Wittgenstein läßt sich hier assoziieren. So liegt auch die Unendlichkeit – und mit ihr die Religion – in der Sprache verborgen. Auch Gott spricht, und der Mensch muß versuchen, ihn zu verstehen ohne Gewißheit, daß er ihn wirklich verstanden hat. Liegt der Antrieb der Ethik in der Sprache, dann werden die traditionellen ethischen Strukturen unsicher: Die Andersheit des Anderen läßt kaum noch zu, kategorische Prinzipien in der Ethik zu postulieren, zumindest erschwert sie solche Vorhaben.

Die sprachphilosophische Perspektive der Ethik im 20. Jahrhundert besitzt bei Lévinas aber eine viel ältere Vorgeschichte, die die Sprachphilosophie immanent mit der Religion verknüpft. In seinen *Talmud-Studien* und seinen Untersuchungen zur jüdischen Religiosität spielt nämlich das Thema Sprache gleichfalls eine wichtige Rolle. Nach Maurice Blanchot ist die Sprache keine Entdeckung der Sprachphilosophie, sondern die wichtigste Entdeckung des Judentums gewesen: Gott spricht, und der Mensch spricht zu Gott. Im Hebräischen hängt nicht nur Antworten mit der Verantwortung zusammen, sondern beide beziehen sich auch unmittelbar auf den Anderen, der zu mir spricht. Im Grunde ist in der jüdischen Religiosität die gesprochene Sprache das gelobte Land; denn nicht nur Gott wird als ein Geschehen der Sprache aufgefaßt. Auch die soziale Beziehung, das Verhältnis zum Anderen, die ethische Verantwortung sind in der Sprache begründet, die diesen religiösen Hintergrund besitzt.

4. Die sprachliche Pluralität in der jüdischen Tradition

Die Sprachphilosophie des 20. Jahrhundert brachte primär bei Wittgenstein, aber auch bei Heidegger auf den Begriff, daß Sprache kein monolithisches Gebilde ist, das man genau lernen und mit dem man die Welt genau beschreiben kann, wie man es sich in den modernen Wissenschaften erhoffte. Deshalb darf es nicht verwundern, daß sich in einem solchen Sprachverständnis ein Bezug zum religiösen Glauben herstellen läßt, den die vielleicht bedeutendsten Philosophen des Jahrhunderts, Wittgenstein, Heidegger und Lévinas, einmütig bekunden. Diese Einsicht ist so neu auch wieder nicht. Sie beseelte nämlich bereits die jüdische Tradition: In der Sprache lag für die jüdischen Gelehrten die Möglichkeit der *verschiedenen* Auslegungen, somit der Pluralität. Einerseits weist der Monotheismus in die Einheit der Weltanschauung: Es gibt nur noch einen Gott und keinen Konkurrenzkampf zwischen den Göttern. Andererseits läßt sich diese Einheit nicht einlösen. Die Bibelauslegung verlangt nach der Interpretation, führt somit in die Hermeneutik, in die Lehre von der Interpretation. Doch diese weist in ein freies Verhältnis zwischen Mensch und Gott, in die Suche nach Einheit, ohne dogmatisch werden zu wollen. Sie führt ähnlich wie bei William James in die Pluralität als Phänomen der Sprache, ohne daß diese ihre religiöse Dimension verlieren müßte: „Bedeutung der prinzipiellen Möglichkeit für die Gelehrten, innerhalb einer monotheistischen Offenbarung verschiedener Meinung zu sein! ‚Die einen und die anderen sprechen die Worte des lebendigen Gottes aus', heißt es in einer gängigen Wendung des Talmud." (SN[5] 72) Die Pluralität der Gesellschaft liegt in der Sprache, gerade wenn sie die Sprache Gottes ist, weil ich durch ihre Unendlichkeit vom Anderen in die Verantwortung gerufen werde. Aber diese Situation gilt in vielfältiger Hinsicht für jeden einzelnen, und sie ereignet sich immer wieder neu. Gott ist dann das Lebendige an der Sprache, das Antlitz des Anderen, das zu mir spricht und das mich in die Verantwortung ruft, mein Ethos als Anfang meiner selbst stiftet.

Das prophetische und messianische Wesen des Judentums zeigt hier nicht nur seine Innerweltlichkeit. Bis ins 17. Jahrhundert hinein lebte das Judentum in einer messianischen Erwartung, so daß es sich jenseits der Geschichte empfand, bevor – darauf weist der führende jüdische Denker des 20. Jahrhunderts, Gershom Scholem, hin – es sich beeinflußt durch Sabbatai Zwi und den Sabbatianismus für die geschichtliche Gegenwart und damit auch für den politischen Messianismus öffnete.

Die Sprache jedenfalls wird im Diesseits gesprochen. Andererseits kehrt sich diese religiöse Perspektive vom existenzphilosophischen Humanismus ab: Nach Sartre schafft der Mensch den Sinn seiner Existenz selbst, folgt die Essenz, der Sinn, nach der Existenz. Für Lévinas stellt die Bibel jedoch einen ursprünglichen Bezug dar, der jeder existenzphilosophischen Betrachtung vorausgeht: Die Essenz kommt wiederum vor der Existenz. Die Ethik geht der Erkenntnis voraus, ist Erste Philosophie – unter Berücksichtigung der pluralisierenden Dimension, die auch die Ethik in ihre sprachphilosophische Wende führt, sie vom einzelnen ausgehen läßt, ohne daß dabei die religiöse Perspektive verlorenginge. Mit der Sprache eröffnet sich ethisch die Welt.

Das Wunder der Bibel heißt für Lévinas dabei nicht, daß in ihr nur eine Handschrift zu entdecken wäre, eben nur ein Autor, der monotheistische Gott, der nur auf eine bestimmte

---

[5] Emmanuel LÉVINAS, Stunde der Nationen. Talmudlektüren (1988), München 1994 (SN)

Weise zu verstehen wäre. Statt dessen – und das ist das Wunder – fließen in der Bibel viele Quellen zu einer Einheit zusammen, die jedoch der Auslegung, der Interpretation harrt: Das Antlitz, die Herrlichkeit Gottes, muß immer wieder erneut und von jedem einzelnen im Angesicht des Anderen verstanden werden; denn das Antlitz spricht und ruft dadurch in die Verantwortung. Auf diese Weise wird jenseits der großen Theologie die Bibel weitergeschrieben und immer wieder neu ausgelegt. Emmanuel Lévinas beendet die *Stunde der Nationen* mit den Worten: „Gottgeweihtheit: die Epiphanie Gottes wiederholt sich, jenseits aller Theologie und aller sichtbaren Bilder, wie vollständig diese auch sein mögen, im täglichen Sinai von Männern, die einem erstaunlichen Buch gegenübersitzen, das sich aufgrund seiner Vollendung selbst immer noch schreibt." (SN 163)

Doch die Pluralität der Auslegung erfährt im Talmud auch eine Einschränkung. Lévinas diskutiert das Problem, inwieweit Übersetzungen in fremde Sprachen die spirituelle Würde und die Tragweite der hebräischen Schrift zu transportieren vermögen. Der Genius der hebräischen Sprache garantierte nämlich traditionellerweise die spirituelle Authentizität: „Ist die Übersetzung fähig, dem Gläubigen die das Original belebende Ausstrahlung zu übermitteln und die jüdische Identität des Gläubigen zu bekräftigen? Durch die Zeitalter hindurch fiel diese Bekräftigung in der Tat mit der Kenntnis und dem Studium der hebräischen Bibel und der sich an sie heftenden Auslegung zusammen. Würde eine fremde Sprache nicht im traditionellen Text, der mit soviel Sorgfalt überliefert wird, das Echte fremder Welten nachhallen lassen?" (SN 64)

Lévinas fragt nach der Universalität der talmudischen Überlieferung. Ist der Sinn der Schrift so tief ins Hebräische eingeschrieben, daß anders er sich nicht entschlüsseln läßt? Liegt die jüdische Identität einzig in der Schrift selbst? Und endet hier die Universalität des jüdischen Denkens?

Zumindest aber hat sich das Hebräische in vorchristlicher Zeit dem Griechischen ausgesetzt. Gegenüber der Universalität der biblischen Texte und des Judentums begrenzt Rabbi

Schimon ben Gamliél im 1. Jahrhundert n. Chr. die Übersetzbarkeit auf das Griechische, eine die europäische Kultur zutiefst prägende Sprache. Natürlich entsteht dadurch nur ein weiterer Widerspruch. Wie kann ein buchstäblich gebundener Sinn übersetzbar sein? Warum sollte er dann nicht auch in andere Sprachen übertragbar sein, wenn man die rituellen Handlungen befolgt, die beim Übertragen von einem Skript zu einem anderen in jüdischer Tradition die Heiligkeit des Textes bestätigen?

Doch nicht alle religiösen Texte des Judentums sind in alle Sprachen übersetzbar. Es gibt nämlich eine spezifisch jüdische Erfahrung von Verfolgung und Trauma, die nur die Betroffenen nachvollziehen können. Sie drückt sich in der Esterrolle aus, dem Buch der Diaspora, der Zerstreuung unter den Nationen: „Der Schmerz der antisemitischen Verfolgung läßt sich nur in der Sprache des Opfers sagen: Er wird in Zeichen überliefert, die nicht austauschbar sind. (...) Ist das Wort ‚Holocaust' nicht bereits zu griechisch, um die Passion auszudrücken?" (SN 77)

Andererseits wurde die hebräische Bibel im 4. bzw. 3. Jahrhundert v. Chr. unter pharaonischer Ägide ins Griechische übersetzt. Diese sprachliche Verbindung nach Europa forderte das Judentum heraus, die Tora in der Klarheit des Griechischen formuliert zu sehen. Damit aber wird das jüdische Denken zugleich interpretiert, und zwar – so Lévinas – in entmythologisierender, entmetaphorisierender und konzeptualisierender Weise.

Insofern spiegelt sich denn in der lévinasschen Philosophie die interne Spannung des jüdischen Denkens zwischen einer besonderen Identität und der Wegbereitung eines universellen Denkens – zwischen der unendlichen Andersheit des Anderen und seinem Antlitz, das sprechend mich in die Verantwortung ruft.

12. Kapitel

Paul Ricœurs Prüfung des Glaubens an der Wissenschaft

Das nietzscheanische oder das existentialistische Gefühl des modernen Menschen, sich auf einem trudelnden Himmelskörper in einem abseitigen Arm des Universums zu befinden, wächst mit dem tieferen wissenschaftlichen und technischen Einblick in das Universum. Genauso sucht der Mensch in seinem Inneren vergeblich nach seinem wahren Wesen, seinem Kern: Was ist der Mensch? Wer bin ich? Diese Fragen bedrängen die Zeitgenossen. Und Antworten darauf machen sich rar. Wenn Eric Voegelin darauf beharrt, daß der Mensch nicht verändert werden könne, klingt das fast schon anachronistisch, sei es angesichts neuer gentechnologischer Schöpfungen, sei es angesichts der Psychoanalyse, deren Blicke sich in den Tiefen des Bewußtseins verlieren.

Die wirkungsmächtigste Antwort auf die Frage „Wer bin ich?" gibt im 20. Jahrhundert trotzdem die Psychoanalyse. Das Ich vermag nach Freud Triebe, Wünsche und Bedürfnisse nur mühsam zu lenken. Freuds große Entdeckung, das Unbewußte, stört die Herrschaft des Ichs, das sich mit einer dunklen Seite seiner selbst konfrontiert sieht. Wie soll ich noch wissen, wer ich bin, wenn ich mich selbst offenbar nicht richtig kenne?

Daran anschließend gibt sich Paul Ricœur, 1913 in Valence geboren, nicht damit zufrieden, Orientierungslosigkeit und Unsicherheit des modernen Menschen, also den Tod Gottes, bloß zu diagnostizieren. Dem Sinnverlust im 20. Jahrhundert versucht er vielmehr ähnlich wie Gabriel Marcel und Emmanuel Lévinas im Rückgriff auf den religiösen Glauben zu begegnen. Beispielsweise – so argumentieren auch Eric Voegelin und Karl Jaspers – lassen sich die Katastrophen des 20. Jahrhunderts nicht allein philosophisch rational erklären. Zum Versuch, das Schreckliche zu verstehen, können auch religiöse Symbole des Bösen, der Fehlbarkeit und Schuld des Menschen beitragen und vielleicht weiter deuten als rationale philosophische Begriffe. Ricœur schreibt 1960: „Wenn man die grauenvolle Geschichtsentwicklung mitangesehen und erlebt hat, die in die Hekatomben der Konzentrationslager, in den Terror der totalitären Staaten und in die Atomgefahr auslief, kann man nicht mehr zweifeln, daß die Problematik des Bösen auch auf die Problematik der Macht übergreift und daß das Thema der Entfremdung, das von Rousseau über Hegel bis Marx wandert, doch etwas mit der Anklage der alten Propheten Israels zu tun hat." (FM[1] 10)

1. Das Böse als Krise der Subjektivität

Eine religiöse Einkehr wie Voegelin oder Marcel liegt Ricœur allerdings fern: Man kann die Einsichten der modernen Wissenschaften nicht bannen. Man kann Nietzsches Wort „Gott ist tot" nicht ungeschehen machen. Man kann die Fragen nach Mensch und Welt nicht mit religiösen Mythologien beantworten, die sich durch die moderne Kritik als fragwürdig, wenn nicht sogar als obsolet erwiesen haben. Hier steht Ricœur Heidegger und Jonas näher.

Ricœur verfolgt die alte, aufklärerische Frage nach dem Subjekt. Dort, wo die Menschen im Alltag von Orientierungs- und Identitätsproblemen geplagt werden, dort propagiert die Philosophie seit Nietzsche und Heidegger die Krise des Subjekts. Im 17. Jahrhundert begann dessen Geschichte: René Descartes sah in den intellektuellen Fähigkeiten des Menschen ein Fundament für alles Erkennen und Handeln – die Entdeckung der Subjektivität bzw. des Subjekts wird eingängig formuliert: Cogito ergo sum – Ich denke, also bin ich. Mit dem

---

[1] Paul RICŒUR, Die Fehlbarkeit des Menschen. Phänomenologie der Schuld I (1960), Freiburg, München 1971 (FM)

Subjekt beherrscht der Mensch sein Denken wie sein Handeln. Er kann sich selbst durchschauen und weiß, wer er ist.

Die Krise des modernen Menschen schließt jene der modernen Technologien, der Umwelt, der politischen und sozialen Institutionen bis hin zur Unsicherheit des individuellen Selbstverständnisses mit ein. Der Mensch erfährt, daß er nicht Herr der Welt ist, und er weiß keine Antwort mehr auf die Frage: „Was ist der Mensch?"

Ist das also eine Chance für die Wiederkehr der Religion? Doch durch die Krise des Subjekts, durch die Unsicherheit des kurz zuvor noch selbstherrlichen Menschen gewinnen die religiösen Einsichten nicht automatisch ihre Wahrheit zurück. Denn das weiß Ricœur genau: Wer das Subjekt verabschiedet, der verabschiedet auch den vernünftigen Menschen, den die Religion voraussetzt, jenen Menschen, der zwischen Gut und Böse zu unterscheiden vermag, der sich schuldig macht, wenn er fehlt, wenn er sich dem Bösen hingibt.

Bereits 1950 in seinem ersten Werk *Das Willentliche und das Unwillentliche* fragt Ricœur nach den Strukturen der Subjektivität. Neben dem Willen taucht gleichzeitig und offenbar unvermeidbar etwas Unwillentliches auf, das die Möglichkeit, verantwortlich zu handeln, dramatisch gefährdet. Daher muß man die Fehlbarkeit insgesamt beachten und kontrollieren, gerade wenn man sie nicht letztlich überwinden kann, wenn man sich folglich mit ihr arrangieren muß: „Die Idee, daß der Mensch schon in seiner Verfassung zerbrechlich ist, daß er fehlgehen kann, diese Idee (…) bezeichnet einen Wesenszug des Menschseins." (FM 17)

Woher aber diese Beeinträchtigung des Subjekts stammt, was den Menschen scheitern läßt, auf diese Frage gibt nicht erst die Philosophie seit Nietzsche und Freud mit der Rede von der Krise des Subjekts eine Antwort. Diese Fragen beherrschen schon die Theologien des Alten wie des Neuen Testaments. Das läßt Ricœurs Blick bereits in seinem Frühwerk auf die Religionsphilosophie fallen. Die Krise des Subjekts wird zwar erst in der Moderne zu einem philosophischen Thema. Unterschwellig kommt sie von viel weiter her.

Ricœur führt die Schwäche des Subjekts ähnlich wie die Philosophie seit Nietzsche auf die Struktur des Menschen selbst zurück. Rein philosophisch betrachtet löst sich das Subjekt ob seiner strukturellen Schwäche auf, ist also letztlich für die großen Krisen und Katastrophen nicht verantwortlich zu machen. Oder man hält philosophisch an der Rationalität des Subjekts fest: Dann entspringt seine Schwäche jedoch der Übermacht einer bösen Außenwelt. Für deren Bosheit ist dann das Subjekt ebenfalls eigentlich nicht verantwortlich. Die Unterstellung, die Hybris des modernen Menschen hätte ihn verleitet, die Welt wissenschaftlich, technisch und ökonomisch herauszufordern, so daß er für das Scheitern des Fortschritts in den Katastrophen und Krisen des 20. Jahrhunderts verantwortlich gemacht werden kann, diese Unterstellung ist dann nicht haltbar.

Doch Ricœur sucht nach den Gründen für diese Katastrophen im Menschen selbst. Dabei hält er an der subjektiven Verantwortlichkeit dadurch fest, daß er weder einen inneren Mangel noch äußere Mächte als Gründe gelten läßt, die die Subjektivität des Menschen aufheben. „Was will man damit sagen, wenn man den Menschen fehlbar nennt? Im wesentlichen dies: daß die Möglichkeit des moralischen Bösen in die Verfassung des Menschen eingezeichnet ist." (FM 173) Die Fehlbarkeit des Menschen ist keine Frage einer unvollkommenen technischen Kompetenz. Vielmehr stellt sich die Frage, inwieweit das Böse vom Menschen selbst ausgeht.

Das Böse vermag die philosophische Vernunft nur als religiösen Mythos zu begreifen, den es zu entlarven gilt. Aber wie nicht nur die Katastrophen des Jahrhunderts gezeigt haben, ist die Rationalität selbst zutiefst mit dem Bösen verknüpft, beispielsweise bei der Herstellung von Vernichtungsmaschinerien aller Art. Insofern kann man rational dem Bösen nicht weit genug nachgehen.

Dagegen enthalten die religiösen Mythen des Bösen eine Symbolik, die eher vom widersprüchlichen Charakter des Menschen zeugt. Die Fehlbarkeit des Subjekts gleitet von der einfachen Unfähigkeit und Schwäche zur Mutwilligkeit, d. h.

zum Bösen. Im Grunde muß das Böse ein Problem im Willen oder in der Seele selbst sein. Sonst wäre der Wille in gewisser Hinsicht von etwas anderem als sich selbst beherrscht, eben den Trieben und Neigungen. Dann könnte man das Böse wieder außerhalb des Willens oder letztlich außerhalb der eigenen Seele suchen. „Selbst Platon war [sich] vollkommen darüber im klaren, daß die Gefangenschaft im Leib nicht buchstäblich zu verstehen ist, sondern als Zeichen des unfreien Willens; denn es zeigt sich schließlich, daß der ‚Kerker‘ des Leibes ‚durch die Begierde besteht‘ und ‚der Gebundene selbst am meisten immer mit angreift, gebunden zu werden‘ (…). So ist die Gefangenschaft des Leibes und gerade die Gefangenschaft der Seele im Leib das Symbol des Bösen, das sich die Seele selbst antut, (…) Selbstgefangenschaft; eben das bedeutet ‚sich verlieren‘.“[2]

Im freien Willen selbst muß die Möglichkeit des Bösen stecken. Denn auch dort, wo sich der freie Wille von der Begierde verführen läßt, wo eine andere Macht als der Wille selbst arbeitet, gerade dort beteiligt er sich an dieser Verführung, will er selber dieser Gefangene sein, hat er sich damit hin- und aufgegeben: Der verführte Wille will verführt werden. Im Lichte der Symbolik des Bösen ergibt sich die aktuelle Thematik der Krise des Subjekts bzw. das Problem der Orientierungslosigkeit des modernen Menschen nicht nur aus einer unabdingbaren Struktur des Menschen. Der Mensch sucht geradezu diese Krise des Subjekts selbst. Er gibt sich selbst dieser Unfreiheit, dieser Sinn- und Orientierungslosigkeit hin. Er verweigert schlicht seine Subjektivität.

Eine Antwort auf die Frage „Wer bin ich?“ würde demgemäß lauten: Derjenige, der nicht er selbst sein will, der selber unfrei und orientierungslos sein will. Das muß allerdings nicht in totaler Trostlosigkeit enden. Das kann man auch als gegebene Situation begreifen, mit der man lernen muß zu leben: „Man muß also den Mut haben, das Böse in das Epos der Hoff-

[2] Paul RICŒUR, Die Symbolik des Bösen. Phänomenologie der Schuld II (1960), Freiburg, München 1971, 178

nung einzugliedern; das Böse selbst kooperiert auf eine Weise, die uns unbekannt ist, mit der Ankunft des Gottesreiches. Darin besteht die Sicht des Glaubens über das Böse." (HP[3] 282)

2. Ich und Welt als Interpretationen

Doch diese religionsphilosophische Kehre zum Subjekt überzeugt nur dann, wenn man sie mit den neuesten philosophischen Entwicklungen konfrontiert, die das Subjekt hinterfragen. Den unmittelbaren mythischen Sinn religiöser Symbole kritisiert die Philosophie zu Recht: Man kann die Erbsünde in keiner wörtlichen Bedeutung und schon gar nicht im biologischen Sinn verstehen. Aber sie ist ein Symbol, das eben nicht nur eine oberflächliche Bedeutung hat, sondern auch einen tieferen Sinn besitzt. Diesem Hintergrund gilt es nachzugehen.

Ricœur studierte Philosophie in Rennes und Paris, war fünf Jahre in deutscher Kriegsgefangenschaft und war nach dem Zweiten Weltkrieg Professor für Philosophie zunächst in Straßburg, danach an der Sorbonne; in den wilden Jahren um 1968 lehrte er an der Reformuniversität Paris-Nanterre und ab 1970 auch in Chicago. Philosophisch läßt er sich schwer einer Richtung zuordnen, am ehesten noch der diffusen Strömung hermeneutischer Philosophie im Anschluß an Nietzsche, Heidegger und dessen Schüler Hans-Georg Gadamer, von denen sich Ricœur allerdings auch deutlich abhebt. Für die hermeneutische Schule ist die Welt nicht einfach objektiv gegeben. Vielmehr muß man die Welt erst interpretieren, d. h. verstehen.

Die Hermeneutik stammte ursprünglich aus der Theologie, die einsah, daß man die Bibel nicht im wörtlichen Sinn verstehen kann, daß sie vielmehr der Auslegung, der Exegese bedarf, also der Interpretation. Das betraf zuerst das Alte Testament, das man nur vermittels des Neuen im christlichen Sinne ver-

---

[3] Paul RICŒUR, Hermeneutik und Psychoanalyse. Der Konflikt der Interpretationen II (1969), München 1974 (HP)

stehen konnte. Um 1800 wurde der Begriff der Hermeneutik auf die Kunst des Verstehens zunächst vornehmlich von literarischen Texten bzw. Kunstwerken übertragen. In den Literaturwissenschaften besitzt sie seither auch eine beständige Heimat. „Die Interpretation ist jene rationale Arbeit, die im offenbaren Sinn den verborgenen entschlüsselt; sie entfaltet die Bedeutungsschichten, die in der wörtlichen Bedeutung impliziert sind." (HS[4] 179)

Seit Nietzsche spricht man davon, daß die Welt insgesamt auf viele Weisen verstanden werden kann, daß es aber keine sicheren Gewißheiten gibt. Dann gibt es nicht mehr bloß eine Welt, in der die Menschen leben, sondern sie bewegen sich in vielen unterschiedlichen Welten, die immer anders ausfallen, weil sie verschiedenen Interpretationen der Welt entspringen – eine Einsicht, die gerade von Heidegger entworfen wurde: Das Subjekt geht in einem sprachlichen Spiel der Weltverständnisse auf, gerät somit in viele Welten, verliert folglich den Überblick und damit auch die subjektive Mächtigkeit, die Welt noch nach Gutdünken zu beherrschen.

Ricœur folgt zwar der hermeneutischen Philosophie. Doch er hält nicht nur anders als Heidegger am Subjekt fest, sondern auch anders als Nietzsche daran, daß es *eine* objektive Welt gibt, obwohl diese selbst wiederum erst verstanden werden muß. Doch die objektive Welt hat sich deswegen nicht aufgelöst. So präsentiert sich jedes Leben auf eine zu verstehende Weise.

Einerseits hatte Ricœur bereits in seiner Frühphase nachgewiesen, daß die Krise der Subjektivität mit einer immer schon vorhandenen Problematik der Freiheit zu tun hat, die in der Theologie längst formuliert wird. Andererseits ist ihm klar, daß man nicht einfach auf die theologischen Einsichten zurückgreifen kann, ohne deren Kritik durch die moderne Philosophie zu beachten. In der mittleren Phase seines Schaffens, die im wesentlichen die 60er und 70er Jahre umgreift, setzt er

---

[4] Paul RICŒUR, Hermeneutik und Strukturalismus. Der Konflikt der Interpretationen I (1969), München 1973 (HS)

sich daher vornehmlich mit der Philosophie des 20. Jahrhunderts auseinander, mit genau jener Philosophie, die sich in der Krise des Subjekts fühlt, also mit der Existenzphilosophie, dem Strukturalismus und der Sprachphilosophie. Ihnen gegenüber betont er – ähnlich wie James und Whitehead – die materiell gegebene Wirklichkeit der Welt, die viele Positionen der Philosophie im 20. Jahrhundert ob ihrer sprachphilosophischen Orientierung eher unbeachtet lassen.

Daher richtet Ricœur sein Augenmerk vor allem auf die Psychoanalyse. Die Einsichten Freuds verschärfen die Krise des Subjekts, wenn Freud mit dem Unbewußten eine Instanz entdeckt, die die Leistungen des Ichs beeinträchtigt. In diesem Sinne entspricht die Psychoanalyse dem hermeneutischen bzw. sprachphilosophischen Zug der Moderne, wenn es ihr darum geht, die Äußerungen des Ichs wie des Unbewußten zu verstehen. Und doch – das macht Freud für Ricœur beinahe zum interessantesten zeitgenössischen Denker – läßt Freud die Welt nicht in der Sprache aufgehen, sondern hält an einer materiellen Gebundenheit der Welt fest, die er auch nachweisen kann: Die Äußerungen des Unbewußten, beispielsweise im Traum, sind nicht die Triebe des Menschen selbst. Aber es sind Äußerungen dieser Triebe und Bedürfnisse, die körperlicher, also materieller Herkunft sind. Die Psychoanalyse bezeugt folglich hermeneutisch die Realität der materiellen Welt.

Eine zentrale Konzeption der Psychoanalyse ist sicherlich der Ödipus-Komplex, der vor allem auch kulturphilosophische Perspektiven eröffnet. Freud unterstellt, daß die Menschen in einer vorgeschichtlichen Urhorde unter dem Diktat des Urvaters, des stärksten Mannes der Horde, standen, der alle Frauen für sich beanspruchte. Irgendwann verabredeten sich die Brüder, den Vater zu ermorden. Um eine Wiederholung solcher Umstände zu vermeiden, wurde dann der Inzest tabuisiert. Seither galten auch genaue Heiratsregelungen. Gegenüber dem ermordeten Vater aber entwickelte die Bruderhorde Schuldgefühle, die dazu führten, daß man einerseits den toten Vater vergöttlichte. Andererseits entwickelte sich daraus die

Instanz des Gewissens, die Freud Über-Ich nennt. Mythen und Religionen haben sich, so Freud, immer schon mit dieser Thematik auseinandergesetzt. Ja, sie entstanden überhaupt durch Verarbeitung dieser Schuldgefühle. „Jede Religion ist nicht nur Reue, sondern auch verkleidetes Gedenken des Sieges über den Vater, also versteckter Sohnestrotz; (...) Christus ‚ging hin und opferte sein eigenes Leben und dadurch erlöste er die Brüderschar von der Erbsünde'. In diesem Opfer finden sich die beiden Ambivalenzzüge wieder: einerseits wird die Schuld am Mord des Vaters eingestanden und gebüßt; aber gleichzeitig wird der Sohn selbst zu Gott und ersetzt die Religion des Vaters durch die seine."[5]

Ricœur interpretiert Freuds Ödipus-Komplex von seiner zweiten Hälfte und seinem Ende her. Die Tragik des Ödipus ist, daß er nicht einsehen will, selbst derjenige zu sein, den er verflucht hat: Das ist sein Problem, nicht der Mord am Vater. Der *König Ödipus*, wie ihn die antike Tragödie des Sophokles schildert, verkörpert den egozentrischen Wahn, die Hybris eines einzelnen, der glaubt, sich gegen die Welt durchsetzen zu können, der sich beinahe göttlich – pharaonenhaft – im Grunde außerhalb der Zusammenhänge der Welt sieht und der die eigene menschliche Schwäche natürlich nicht ertragen kann. Wenn Ödipus erfährt, wer er ist, blendet er sich. Er kann der Antwort auf die Frage „Wer bin ich?" nicht ins Auge sehen. Seine narzißtische Selbstliebe ist zutiefst gekränkt. „Das kritische Moment des Ödipus liegt in der ursprünglichen Konstitution des Wunsches, nämlich in seiner Selbstüberschätzung, im infantilen Allmachtswahn." (HP 318)

Sowohl in seinen psychoanalytischen als auch in seinen kulturtheoretischen Schriften setzt sich Freud kritisch mit den Mythen und religiösen Symbolen auseinander – eine Kritik, die nach Ricœur nicht unbeachtet bleiben darf. Man kann den mythologischen Gehalt religiöser Symbole heute nicht mehr wörtlich verstehen. Insofern trägt Freud zu einer kriti-

---

[5] Paul RICŒUR, Die Interpretation. Ein Versuch über Freud (1965), Frankfurt/M. 1974, 251

schen Sicht der Religion bei, genauso wie man ihn ob seines interpretativen Verfahrens zu den Wegbereitern eines sprachlich orientierten, hermeneutischen Weltbildes der Moderne zählt.

3. Psychoanalytisches und christliches Liebesgebot

Dabei steht Paul Ricœur Freud durchaus mit gemischten Gefühlen gegenüber. Trotz dessen Beitrag zu einer kritischen Interpretation von Religion und Kultur sieht Ricœur auch gewisse Beschränkungen. „Daß die Kritik der Religion als Illusion die Bedingungen jeder Bewußtwerdung tiefgreifend verändert hat, daran ist nicht zu zweifeln (...); dennoch hat die Psychoanalyse keinen Zugang zu den Problemen des radikalen Ursprungs (...)." (HP 64) Die Richtung aber, in die die Religion schon vorher fragte und in die sie im Sinne Ricœurs weiterhin forschen wird, diese Richtung deutet sich in der Psychoanalyse wenigstens an, wenn das Ich im Ödipus-Komplex tief gekränkt wird. Denn Kulturleistung erreicht man nur durch Triebverzicht, also durch Leiden. „Der Prozeß der Bewußtwerdung, den die Psychoanalyse beim modernen Menschen bewirken will, hat etwas Mühsames und Schmerzhaftes an sich, gerade aufgrund der narzißtischen Kränkung, die sie ihm zufügt; um diesen Preis aber nähert sie sich jener Versöhnung, deren Gesetz Aischylos schon formuliert hat: ‚durch Leiden verstehen lernen'." (HP 81) Ricœur aber interpretiert die Psychoanalyse nicht nur gemäß ihrem kulturkritischen Ansatz, der in der Thematisierung des Leidens eine Parallele zum Christentum anklingen läßt. Durch das Leiden hindurch verstehen, heißt für Ricœur nicht nur Hingabe an das Leiden, das sich im Kreuzestod symbolisiert. Für Ricœur klingt vielmehr in der Psychoanalyse auch ein Moment der Befreiung an, das das Bewußtsein der Menschen im 20. Jahrhundert angerührt hat und das zum Christentum nicht so recht zu passen scheint. Ricœur konstatiert „eine neue Fähigkeit, zu genießen. (...) die Psychoanalyse [möchte] einen Beitrag zur Umerziehung des Wunsches leisten; diese Umerziehung betrachtet sie als die erste Voraussetzung für jede Erneuerung des Menschen, sei diese intellektueller, politischer oder sozialer Art." (HP 122)

Da die Psychoanalyse den verdrängten Wunsch zur Sprache kommen läßt, lernt der Mensch seine Wünsche auszudrükken. Er lernt sprechen, und zwar jenseits jener technischen, politischen oder auch religiösen Weltbilder mit ihren rigiden Sprachen, an die er sich immer nur anpassen muß und die ja zur Vergessenheit des Heiligen beitragen. Durch eine kritische Reflexion hindurch stabilisiert die Psychoanalyse das Subjekt wieder, das sich durch sie von einigen Illusionen befreit. Die Psychoanalyse befördert „nicht mehr die freie Willkür, sondern die Befreiung. Darin sehe ich die radikalste Möglichkeit, die uns von der Psychoanalyse erschlossen wird. (…) Die Befreiung, die ich meine, möchte ich in zwei Formeln ausdrükken: sprechen können und lieben können; aber es liegt mir daran zu zeigen, daß es sich hier im Grunde doch um einen einzigen und einheitlichen Entwurf handelt." (HP 120)

Für Ricœur beschränkt sich die Psychoanalyse zwar auf einen bestimmten Bereich der Religions- und Kulturkritik, eben auf den Bereich der Interpretation dynamischer Triebverhältnisse. Doch indem sie Triebe und Wünsche zur Sprache bringt, trägt sie nicht nur zum Selbstbewußtsein des Menschen bei. Sie befähigt ihn nämlich, über ansonsten unbedachte Wünsche zu sprechen. Damit fördert sie vor allem seine Kommunikations- und Liebesfähigkeit. Psychoanalyse und Christentum tangieren sich also nicht nur hinsichtlich der Einsicht in das kulturell unvermeidbare Leiden, sondern auch beim Liebesgebot – ein sozialer Anspruch, der sich gerade in der zweiten Hälfte des 20. Jahrhunderts nicht mehr nur auf das Geistige, sondern zunehmend auf das Körperliche und auch auf Gefühle bezieht. „In welchem Maß ist unser Wunsch frei und wieweit steht er unter Zwängen? Zuallererst geht es darum, daß wir zur Fähigkeit, frei zu sprechen und zu genießen, zurückfinden, alles andere wird uns darüber hinaus gegeben werden. Heißt das nicht, daß wir hier auf das Wort des Augustinus zurückkommen: ‚Liebe, und dann tu, was du willst'? Wenn unsere

Liebe den rechten Weg eingeschlagen hat, wird auch unserem Willen Gerechtigkeit widerfahren – doch eher als eine unverdiente Gabe denn als ein Lohn, auf den wir begründeten Anspruch hätten." (HP 124)

4. „Welche Art von Glauben verdient es, die Kritik Nietzsches und Freuds zu überleben?"

Saugt damit die Psychoanalyse die religiösen Gehalte einfach auf? Besetzt sie nun nach der Kritik an der Religion auch noch positiv die Perspektiven des Glaubens? Was bleibt vom Christentum eigentlich noch, was nicht auch in wissenschaftlichen Begriffen moderner gedacht wird? Philosophie und Glauben verbindet zunächst eine methodische Gemeinsamkeit in der Hermeneutik, die ja der Theologie entstammt und die gerade in die Einsicht geführt hat, daß die menschliche Lage in der Welt nicht auf eine einzige bestimmte Weise hinlänglich erklärt werden kann. Daher kann auch der Glaube an religiöse Erzählungen nicht mehr einfach als irrational abgetan werden. Im Gegenteil, gerade religiöse Symbole, beispielsweise vom Bösen, der Schuld und der Sünde, verhelfen zum Verständnis der menschlichen Situation in der Welt.

Hermeneutisch gewinnt daher die Exegese, d. h. die Text-, genauer die Bibelauslegung, auch für die Philosophie an Bedeutung. Es kann nach Nietzsche und nach Freud nicht darum gehen, sich theologisch durch die Bibel bestimmte Gottesvorstellungen bestätigen zu lassen. Statt dessen kann man diese hermeneutisch bzw. exegetisch in der Bibel verfolgen: „Die Exegese destruiert die Theologie bis auf ihre ursprünglichsten Vorstellungselemente und führt uns dadurch mitten in das Wechselspiel der Gottesbezeichnungen hinein; sie wagt es, uns deren ursprünglichste Intention und Dynamik sichtbar zu machen. Darum betone ich immer wieder, daß sich der Philosoph, der über die Religion nachdenkt, eher den Exegeten als den Theologen zum Gesprächspartner wählen soll." (HP 332)

Die Vorstellung eines christlichen Gottes, der den Menschen vorausschauend lenkt und beschützt, eine solche Vorstellung ist heute für Ricœur nicht mehr haltbar. Und doch ist der Glaube nicht an sein Ende gelangt. Vielmehr ahnt Ricœur, daß der wissenschaftlich kritisierte Glaube – von heute unhaltbaren Mythologien gereinigt – die wissenschaftliche Welt auch wieder tangiert. „Welche Art von Glauben verdient es, die Kritik Nietzsches und Freuds zu überleben? (...) Es wäre dies ein Glaube, der im Dunkel voranschreitet, in einer neuen ‚Nacht des Verstandes' – um mit den Mystikern zu reden –, vor einem Gott, der sich nicht mit den Attributen der ‚Vorsehung' umgibt, einem Gott, der mich nicht beschützen will, sondern mich vielmehr den Gefahren eines Lebens aussetzt, das allein menschenwürdig genannt werden könnte. Ist dieser Gott nicht der Gekreuzigte, der Gott, der mir, wie Bonhoeffer sagt, allein durch seine Schwäche helfen kann?" (HP 305)

Die wissenschaftliche Entmythologisierung stellt für Ricœur keinen Gegensatz zur christlichen Offenbarung dar. Vielmehr realisiert sich der Glaube in dieser Entmythologisierung und kehrt die Schwäche Christi hervor, die der menschlichen Lage in der Welt entspricht. Die Krise des Subjekt in der Orientierungslosigkeit des Menschen führt damit nicht zum Ende des Subjekts oder zum Ende der Humanität. Das Bewußtsein der Krise drückt vielmehr eine Einsicht aus, die sich in der christlichen Offenbarung längst vorformulierte, daß der Mensch nämlich nicht der Herr der Welt ist, daß er aber gerade in seinem Elend Subjekt ist, Mensch ist, und zwar ein Mensch, wie ihn Christus aufgezeigt hat. Die Entmythologisierung ist – und hier schließt Ricœur an Kierkegaard an, so daß sich der Kreis schließt, den Nietzsches These vom Gottesmord in Bewegung gesetzt hat – „der Wille, den falschen Skandal, den die Absurdität der mythologischen Weltvorstellung für einen modernen Menschen darstellt, zu zerschlagen und den wahren Skandal, die Torheit Gottes in Jesus Christus – ein Skandal, der für alle Menschen und für alle Zeiten ein Skandal bleibt –, zum Vorschein zu bringen." (HS 185)

Die Herausforderungen der Religionsphilosophie als Perspektiven des 21. Jahrhunderts

Strukturell wird die Religœnsphilosophie im 20. Jahrhundert von der Frage herausgefordert, ob sie sich gegenüber den Einflüssen der wissenschaftlich-technischen Welt abschotten oder ob sie sich ihr gegenüber öffnen soll. Keine der hier behandelten Positionen grenzt sich völlig ab. Wenn man die Religion aus philosophischer Perspektive betrachtet, so ist das auch schwerlich denkbar. Dann würde man eher den philosophischen Standpunkt aufgeben. Nur Eric Voegelin, der eine primär christlich-traditionelle Konzeption entwickelt, möchte grundsätzlich die von ihm so benannten gnostischen Tendenzen hintergehen, zu denen er nicht nur die materialistisch eingestellten Wissenschaften zählt. Dazu müßte er auch zahlreiche religionsphilosophische Positionen wie diejenigen von Whitehead, Jonas oder Ricœur rechnen.

Dagegen dementieren die meisten anderen Philosophien zumindest implizit nicht die Gültigkeit von Nietzsches Diagnose, daß Gott tot sei: daß es also keine gemeinsamen obersten Werte und kein allgemein anerkanntes höchstes Ideal mehr gibt, daß sich die Welt eben veränderlich als Ereigniszusammenhang präsentiert ohne stabile Wesenskerne, wie sie sich Voegelin dagegen vorstellt. Daraus ergibt sich das Grundproblem der Religion in der Moderne: Religion erklärte traditionellerweise, wie Welt und Wirklichkeit zustande kommen, während seit der Neuzeit diese Aufgabe immer stärker zunächst von den Wissenschaften und später von den Technologien okkupiert wird. Deren Erfolg schwächt die weltdeutende und somit sinnstiftende Kraft der Religion auf ihrem ureigensten Gebiet. Die perspektivische Frage, die sich für das 21. Jahrhundert aus den vorhergehenden religionsphilosophischen

Konzeptionen stellt, lautet dann: Kann die Religion ihre Antworten auf die Fragen der Menschen so an deren technisch geprägte Lebenswirklichkeit anpassen, daß sie sich nicht völlig innerweltlich verliert, daß sie dabei vielmehr ihre spirituelle Kraft wiederfindet und neu entfaltet?

1. Wissenschaft und Technik als religiöse Herausforderungen

Wenn man die Entwicklung, die zum Gottesmord geführt hat, wie Voegelin als einen fatalen Niedergang der abendländischen Kultur begreift – solche pessimistischen Stimmungen finden allerdings während des ganzen 20. Jahrhunderts und längst nicht nur in der religiös orientierten Philosophie weite Verbreitung –, dann erscheint der Anspruch durchaus als angemessen, Wissenschaft und Technik wieder unter ein theologisches Primat zu versetzen oder doch zumindest die soziale, politische und wissenschaftliche Rolle der Religion deutlich aufzuwerten. Selbst immer noch marxistisch orientierte Theoretiker wie der slowenische Philosoph Slavoj Žižek erkennen heute im Christentum einen Bündnispartner sowohl gegenüber dem globalisierten Kapitalismus als auch gegenüber dem religiösen Fundamentalismus.[1]

Die Einschätzung, in der Katastrophe des totalen Verlusts religiöser und ethischer Werte zu leben, animiert andererseits Alasdair MacIntyre – einen der Hauptvertreter des US-amerikanischen Kommunitarismus, einer politischen Philosophie, die sich gegen Ende des Jahrhunderts vom individualistischen Liberalismus abkehrt –, den Rückzug in kleine Gruppen von ethisch-religiösen Virtuosen zu propagieren. Diese sollen während der langen Nacht der Katastrophe, die nun seit der Aufklärung, also seit gut 200 Jahren tobt, den traditionellen religiös-ethischen Werten eine Heimstatt sichern und dabei auf die Wiederkehr eines neuen religiösen Genies warten: „Dies-

---

[1] Slavoj ŽIŽEK, Das fragile Absolute, Berlin 2000, 6

mal warten die Barbaren allerdings nicht jenseits der Grenzen; sie beherrschen uns schon seit einer ganzen Weile. Und gerade das mangelnde Bewußtsein dessen macht einen Teil unserer mißlichen Lage aus. Wir warten nicht auf einen Godot, sondern auf einen anderen, zweifelsohne völlig anderen heiligen Benedikt."[2]

Entfernt erinnert diese Position an Bergsons Hoffnung auf ein mystisches Genie, vielleicht noch an Heideggers Warten auf die Ankunft des letzten Gottes. Doch selbst Marcel, der zu den traditionellen katholischen Werten zurückkehren möchte, begeht dabei moderne Wege der existentiellen Interpretation der Lage der Menschen heute und setzt durchaus die wissenschaftliche Betrachtungsweise als erste Reflexion voraus. Sogar Bergson erwartet letztlich von den Wissenschaften Erkenntnisse, die auf die Gefahren der technischen Entwicklung aufmerksam machen und somit einen harten, fortschrittsbesessenen Positivismus wieder in Frage stellen werden.

Diese Hoffnung hat sich einerseits längst bestätigt, wie die ökologische Diskussion am Ende des 20. Jahrhunderts vorführt, indem in ihrem Horizont auch esoterische Lehren entspringen, die neue Formen der Religiosität mit sich bringen. Deren prophetisch engagierte Eliten – das bekräftigt der politische Philosoph Peter Cornelius Mayer-Tasch im Sinne von Bergsons mystischem Genie – warnen zwangsläufig in apokalyptischer Manier vor den drohenden Gefahren, wenn die öffentliche Wahrnehmung der ökologischen Krisenerscheinungen notorisch zu gering ausfällt.[3] Klaus Michael Meyer-Abich, ebenfalls Vordenker der grünen Bewegung in den achtziger Jahren des letzten Jahrhunderts, kritisiert die Anthropozentrik von Naturwissenschaft und Industriegesellschaft, die in die ökologische Krise geführt habe. Er sucht den Frieden mit der Natur dabei nicht nur durch ganzheitliche Einbindung des

---

[2] Alasdair MACINTYRE, Der Verlust der Tugend (1981), Frankfurt/M. 1995, 350

[3] Peter Cornelius MAYER-TASCH, Ein Netz für Ikarus, 2. Aufl., München 1987, 39

Menschen in ein Mitsein mit der Natur, sondern propagiert ein kosmisches Christentum, das dazu den spirituellen Weg bereiten soll.[4]

Andererseits stellt gerade die ökologische Debatte den Sinn des wissenschaftlichen Fortschritts nicht generell in Frage, insofern die Wissenschaften selbst diese Debatte maßgeblich losgetreten haben. Bergson behält insofern doppelt recht: Die Selbstkritik der Wissenschaften führt zu einer Abkehr vom Positivismus. Doch andererseits bestärkt diese Selbstkritik den wissenschaftlichen Geist wiederum, indem er unter seine Leistungen letztlich auch die warnenden Prognosen subsumieren kann, die in der ökologischen Debatte eine zentrale Rolle spielen.

Während Bergson darauf wartet, daß sich der religiöse Glaube durch die innerweltliche Entwicklung wieder festigt, trennt der frühe Wittgenstein Diesseits und Jenseits schier unüberbrückbar voneinander ab, verteidigt damit zumindest den außerweltlichen Raum der Religion. Allerdings darf sich dann die Religion in wissenschaftliche Angelegenheiten auch nicht mehr einmischen, was aber gerade nicht bedeutet, daß sie nun dem Leben der Menschen nichts mehr zu sagen hätte. Auch Weber folgt hier eindeutig dem innerweltlichen Weg der Wissenschaften. Nicht nur indem er deren Ansprüche auf religiöse Orientierungen zurückführt, auch indem er ähnlich wie Wittgenstein den Bereich der Wissenschaften auf das Objektive eingrenzt, bietet er nicht nur der Politik Raum für eigene Entscheidungen, sondern erwartet sogar, daß religiöse Orientierungsmuster zurückkehren. Schwerlich – das ist Webers Einsicht im Anschluß an Nietzsche – stärkt das einen wieder zentrierenden Monotheismus, sondern befördert eher die Wiederkehr der vielen Götter – einen religiösen Pluralismus, den schon William James für unabdingbar hält und der zweifellos in einer globalisierten Welt die Religion noch im 21. Jahrhundert massiv herausfordern wird.

---

[4] Klaus Michael MEYER-ABICH, Praktische Naturphilosophie, München 1997, 465

Daß sich die Religionsphilosophie im 20. Jahrhundert an den Wissenschaften nicht vorbeimogeln kann, das führen auch ihre technikphilosophischen Analysen vor. Die Technikphilosophie bleibt im 20. Jahrhundert erstaunlicherweise ein Randbereich der Philosophie, der durch Religionsphilosophen wesentlich angeschoben wird. Vor allem wiederum Bergson prägt die Strukturen der späteren ökologischen Debatte vor, die von Jonas weitgehend übernommen werden. Bergson, Marcel, aber auch Weber begreifen die Entwicklung der Industriegesellschaft im Anschluß an Nietzsche als einen Prozeß der Sinnentleerung, der Vereinzelung und der Einsamkeit des Menschen – eine Diagnose, auf die sogar noch Lévinas zurückgreift. Wenn die Fortschrittshoffnungen der Moderne gescheitert sind, eröffnet das Leben in einer kalten, herz- und hoffnungslosen Welt der Religion die Chance, wie in den Epochen zuvor wieder gehört zu werden. Viele Menschen gerade mit spirituellen Bedürfnissen wenden sich an sie, und diesen sollte sie antworten.

Dabei kommt natürlich die Frage auf, inwieweit sich die Religion auf die Lebensbedingungen der Moderne, also die Bedingungen der Globalisierung, einlassen darf, soll oder muß. Bergson und Marcel hoffen sicherlich eher auf die Wiederkehr traditioneller Formen des Glaubens, während sich für Weber und Jonas der Glaube eher verweltlicht, und zwar durchaus als Erfüllung religiöser Vorstellungen. Zweifellos werden die Debatten des 21. Jahrhunderts zwischen diesen beiden Polen forciert weitergehen, da sich der technologische Prozeß noch immer beschleunigt und global intensiviert.

2. Die Zeit der Weltbilder als religiöse Kehre

Heideggers Technikanalysen eröffnen traditionellen religiösen Formen kaum einen Spielraum. Die Technik läßt sich nicht als Instrument zurück in den Dienst eines religiösen Glaubens stellen, wie es Bergson hofft: Vielmehr beherrscht die Technik das Denken und damit die Religion. Die neuzeitliche Entwicklung von Wissenschaft und Technik unterwirft nämlich auch die Religion dem Zwang, sich als Weltbild zu präsentieren, was sie – so Heidegger – weder im Mittelalter noch in der Antike war. Insofern insistiert auch Voegelin zu Recht darauf, daß sich die Denklinie von Platon über Augustinus zu Thomas von Aquin nicht als eine schlichte Konstruktion einer Weltanschauung verstehen läßt. Für Heidegger nimmt diese Tradition allerdings Teil an einer Entwicklung metaphysischen Denkens, die letztlich selbst in das moderne globale Weltbild führt und dieses gerade nicht hintergeht, wie es Voegelin annimmt.

Doch der Fortschritt der modernen Technik birgt nicht nur die Gefahr, den Menschen bloß noch technisch denken zu lassen, und zwar so, daß er das gar nicht merkt. Sie gewährt auch Einblick in die „Zeit des Weltbildes", führt sich selber als Weltbild und dieses zugleich in seiner Relativität vor: Jedes Weltbild stellt letztlich doch nur ein Weltbild unter vielen dar. Das eröffnet für Heidegger durchaus die Chance zu einem anderen Denken jenseits der Technik, und zwar im Rückgriff auf die philosophische Tradition. Es birgt zugleich eine religiöse Hoffnung auf die Ankunft eines letzten Gottes. Die Vorbereitung darauf findet wiederum ähnlich wie bei Voegelin ziemlich weit jenseits von Wissenschaft und Technik statt, aber nicht in der Einkehr in eine bestimmte religiöse Tradition. Im Grunde erwartet Heidegger neue, bisher noch unbekannte Formen der Religiosität. Man wird im 21. Jahrhundert sehen, inwieweit sich diese Erwartungen erfüllen werden, Erwartungen, die in ähnlicher Weise auch schon Weber und vor diesem Nietzsche hatten.

Denn die „Zeit des Weltbildes" reflektiert vor allem die Situation nach Nietzsches Diagnose, daß Gott tot sei. Einerseits läßt sich danach nicht mehr von einem einzigen, richtigen Weltbild sprechen, sondern nur noch von vielen Weltbildern, die miteinander konkurrieren. Nicht zuletzt entspringt das auch der mit dem Tode Gottes verbundenen Einsicht, daß keine allgemein anerkannten obersten ethischen Werte mehr herrschen. Schon Kierkegaard hatte zuvor festgestellt, daß sich die Ethik jetzt primär mit der individuellen Existenz zu befassen habe und nicht mehr so sehr mit deren Unterordnung unter eine sittliche Gemeinschaft. Kierkegaard verabschiedet Hegels Primat des Staates gegenüber dem Individuum im Rückgriff auf den Glauben Abrahams, der auf Befehl Gottes gegen jede Sittlichkeit verstoßen habe. Auch Heidegger glaubt nicht mehr, daß man mit der Ethik die technische Entwicklung wieder unter Kontrolle bringen könne.

Einer Ethik, die sich auf allgemeine Prinzipien stützt – gleichgültig, ob diese der Vernunft oder der Tradition entstammen –, fehlt das von allen Menschen anerkannte, gemeinsame Band, fehlt der allgemeine Konsens. Die Prinzipienethik gerät nach Weber in den Verdacht einer Gesinnungsethik, mit der sich das Zeitalter der Ideologien an die „Zeit des Weltbildes" anschließt und in die großen Totalitarismen ausartet. Das einzige Kriterium für die ethische Beurteilung von Handlungen, über das man noch gemeinsam diskutieren kann, stellen dann deren Folgen dar. Die Verantwortungsethik kommt gerade zu dem Zeitpunkt auf, als sich der Konflikt der Ideologien verschärft und sich die Ethik individualisiert. Auch der Pragmatismus reagiert auf diese Situation mit einer Orientierung am Nutzen von Handlungen wie Wahrheiten gleichermaßen – eine empirische Ausrichtung, die jedoch keineswegs die Religion ausschließt. William James versucht sogar die Realität einer religiösen Dimension durch deren Auswirkungen in der Erfahrungswelt zu beweisen. Wittgenstein, James und Whitehead kritisieren wie Jaspers und Marcel das abstrakte wissenschaftliche Prinzip des Verallgemeinerns, des Absehens vom Einzelfall, was das Individuum bedeutungslos werden läßt. Religiosität begreifen sie dagegen als Chance für das Individuum, sich seiner Entwertung zu widersetzen. Auch bei Whitehead wurzelt die individuelle Kreativität wie deren Einbindung in kosmische Zusammenhänge im Bezug zum Göttlichen.

Am Ende des 20. Jahrhunderts nehmen in der sozialen und technologischen Welt Individualisierungsprozesse freilich wieder zu: Die moderne Soziologie diagnostiziert, daß die Lebenswege der Menschen diffuser werden, daß sich ihre sozialen Lagen wie auch ihre politischen und ethischen Einstellungen immer häufiger wandeln, daß sich die Menschen nicht mehr so sehr an traditionelle Ordnungen und Institutionen gebunden fühlen, daß sie größere Spielräume genießen, aber auch größeren Gefahren ausgesetzt sind. Dementsprechend stellt sich die Frage: Kehrt die Religion gemäß ihren Einsprüchen gegen die modernen Wissenschaften und durch ihr Plädoyer für das Individuum in diesen Entwicklungen wieder?

3. Verantwortungsethik oder Prinzipienethik?

Schon Weber ist sich dessen bewußt, daß auch eine Verantwortungsethik Prinzipien braucht, nach denen die Verantwortung beurteilt wird. Die rein individualisierte Ethik, die sich wie bei Kierkegaard, Wittgenstein und Sartre auf persönliche Glaubensentscheidungen beruft, wirkt trotz ihrer teilweisen religiösen Rückbindung willkürlich und fragil.

Zweifellos gibt es auch weiterhin gemeinsame Prinzipien, denen die Menschen in den westlichen Gesellschaften, vielleicht sogar in der ganzen Welt folgen. Seit Jahrzehnten bemüht sich Hans Küng darum, nicht nur aus den Gemeinsamkeiten zwischen den Religionen, sondern auch in der Philosophie eine ethische Basis für alle Menschen zu gewinnen. Sein Konzept vom „Weltethos" setzt philosophisch in der Tat die Weltphilosophie von Jaspers fort. Doch auch Küng geht es um die innere Grundhaltung des einzelnen, um die konkreten Werte und Normen, denen der einzelne folgt, nicht um ein bestimmtes ethisches System, sei es das von Kant oder das des Aristoteles. Insofern fragt das „Weltethos" auch nicht primär nach der Wahrheit, sei es nun die wissenschaftliche oder die einer der Religionen. Weltethos sucht vielmehr eher pragmatisch nach der gemeinsamen Praxis, nach dem richtigen Handeln.[5] Damit reflektiert auch Küng die Lage von Ethik und Religion nach dem Zerfall gemeinsamer oberster Werte,

---

[5] Hans KÜNG, Wozu Weltethos? Religion und Ethik in Zeiten der Globalisierung. Im Gespräch mit Jürgen Hoeren, Freiburg, Basel, Wien, 2002, 31

auf die man sich eben nicht mehr selbstverständlich berufen kann, die man jetzt erst entdecken, finden, vielleicht sogar entwickeln muß. So sollte man im küngschen Sinne des Konzeptes vom „Weltethos" eher von gemeinsamen Basis-Werten sprechen, während die höchsten Werte und letzten Zwecke zu besonderen Orientierungen von Gruppen, Institutionen, Kirchen oder einzelnen avancieren.

Auch Hans Jonas entwickelt sein *Prinzip Verantwortung* genausowenig jenseits jeglicher ethischer Prinzipien. Im Gegenteil, Jonas insistiert auf einem neuen grundlegenden ethischen Imperativ: „Daß eine Menschheit sei!" Dieses Bestandswahrungspostulat – man könnte von einer Basisnorm sprechen – geht allen ethischen Überlegungen voran. Jonas ist vielleicht das beste Beispiel dafür, wie Religion, Ethik und Wissenschaften innerweltlich zusammenspielen: Die Gefährdung der Menschheit durch die Technologien verlangt eine ethische Begrenzung dieser Entwicklung. Das läßt sich letztlich nur religiös begründen, ist aber innerweltlich, also verantwortungsethisch, umzusetzen – was wiederum notwendigerweise zu pragmatischen Antworten zwingt, die im Sinne von James unendliche Diskussionen vermeiden.

Doch Verantwortung versteht sich gleichzeitig auch nicht einfach von selber, sondern verlangt wiederum eine prinzipielle ethische Einbettung. Der katholische Philosoph Robert Spaemann geht noch einen Schritt weiter und verlangt die Begründung der Verantwortung in einer Theorie des Absoluten, beispielsweise des absoluten Wertes des menschlichen Lebens (die dessen bedingungslosen Schutz fordert): „Nur in diesem Rahmen läßt sich eine Theorie der Verantwortung fundieren. (...) Die Unbedingtheit im Phänomen der Verantwortung scheint ja schwer vereinbar zu sein (...) mit der Asymmetrie, die darin liegt, daß zwar die Sittlichkeit einer Handlungsweise immer abhängig ist von der Situation, bestimmte Handlungsweisen dagegen immer unsittlich sind und wir daher die Folgen von deren Unterlassung nicht zu verantworten haben."[6]

---

[6] Robert SPAEMANN, Glück und Wohlwollen, Stuttgart 1989, 237

Vor dem Hintergrund des Holocaust stellt sich dieses Problem noch nicht für Lévinas, abgesehen davon, daß auch er für die Verantwortung eine Theorie des Absoluten als Perspektive des Unendlichen entwirft. Die Verantwortung gewinnt im Anderen zugleich eine religiöse Dimension, ohne die sie ihren unendlichen bzw. absoluten Charakter verlöre. Die Frage ist in der Tat, ob eine rein säkulare Ethik den einzelnen gegenüber dem anderen Menschen in dieselbe Reichweite der Verpflichtung einbinden könnte. Oder braucht die Ethik wieder den religiösen Glauben – auch nach Nietzsches Wort vom Tode Gottes, da die Aufklärung eben mit ihrem Bemühen um eine rationale Begründung der Ethik gescheitert ist? Wie durch die Lage des Menschen in der technischen Welt gewinnt die Religion auch durch dessen ethische Situation zweifellos eine neue Relevanz. Diese hat sich längst ins 21. Jahrhundert fortgesetzt, wie sich unter anderem an den Debatten um die Gentechnologie und die Medizinethik zeigt. Hierbei spielen die großen Kirchen keineswegs eine Nebenrolle – auch wenn sich Whiteheads Vision einer neuen Reformation wohl kaum schon erfüllt haben dürfte. Gerade wenn sich ethische Probleme nicht einfach rational lösen lassen, weil hier gegensätzliche Werthaltungen und unterschiedliche Einschätzungen aufeinanderprallen, eröffnen sich ethische Debatten, in denen der religiöse Glauben zunehmend an Bedeutung gewinnt. Deutlich wird hier eine Konfliktlinie zwischen der Prinzipien- und der Verantwortungsethik, wobei sich niemand weder der einen noch der anderen Fragestellung entziehen kann, auch wenn er selbst zu einer der Seiten neigt. Sicherlich bevorzugt die Verantwortungsethik die sachliche Rationalität, ohne sich deren religiösem Hintergrund sowie ethisch prinzipiellen Herausforderungen wirklich entziehen zu können. Umgekehrt steht die Prinzipienethik dem religiösen Glauben näher, ohne jedoch die Verantwortung für die Folgen völlig abweisen zu können.

4. Die Sprache als Öffnung des religiösen Horizontes

Lévinas reflektiert diese Konfliktsituation des Zerfalls gemeinsamer oberster Werte und des sozialen Pluralismus, wenn er die Ethik grundsätzlich auf die zwischenmenschliche Beziehung gründen will. Verantwortung als Antworten heißt nicht nur, daß die Ethik gar nicht mehr von allgemein verbindlichen Werten ausgeht, sondern daß sie individuellen Orientierungen entspringt, von denen aus erst Konsens und Gemeinsamkeit herzustellen wären. Verantwortung als Antworten situiert aber die Ethik vor allem in der Sprache.

So wie die Sprachphilosophie des 20. Jahrhunderts die Sprache analysiert, läßt sie sich aber nicht mehr als Gottes Wort oder Botschaft verstehen. Gerade der späte Wittgenstein weist nach, daß Worte und Sätze keine situationsunabhängigen Bedeutungen haben, ja daß sich ihre Bedeutungen nur im Gebrauch eröffnen und sich insofern wandeln können. Derart führt sich die Sprache als Sprachspiel mit unzähligen Varianten vor. Mit Heidegger wird die Welt zum sprachlichen, weniger zu einem faktischen Ereignis wie bei Whitehead. Sie läßt sich aber bei beiden Varianten auf keine letztlich gesicherte, materiell objektive Theorie aus Wissenschaft und Technologien bringen. Dann aber muß es auch religiösen Auffassungen von der Welt nicht mehr notwendig an Objektivität mangeln. Dann kann die Religion Antworten auf die Welt geben, die sich wissenschaftlich nicht entkräften lassen bzw. mit den wissenschaftlichen Antworten vermittelbar sind – man denke hier vor allem an James und Whitehead. In der jüdischen Tradition war man sich dessen ja auch schon längst bewußt, so Lévinas.

Wenn es folglich um die Grundfrage der Religionsphilosophie im 20. Jahrhundert geht, die deren Geschick im 21. Jahrhundert bestimmen wird, ob sich die Religion von den Wissenschaften abschotten oder sich ihnen gegenüber öffnen soll, dann muß sich die Religion vor dem wissenschaftlichen Einspruch nicht unbedingt fürchten. Natürlich wird sie sich wohl auch der Frage Ricœurs stellen müssen: „Welche Art von Glauben verdient es, die Kritik Nietzsches und Freuds zu überleben?" Religion und Wissenschaft könnten sich durchaus im Sinne des frühen Wittgenstein getrennt voneinander halten. Ob es sich dabei jedoch nicht eher um eine künstliche Scheidung handelt, die sich nur mühsam aufrechterhalten läßt, darf man in einer zunehmend vernetzten Welt wohl annehmen. Dann sollte sich die Religion sogar der Frage stellen: Kann eine Religion weiter bestehen, die sich nicht mit dem Stand des Wissens auseinandersetzt, sich diesem nicht aussetzt? Auch Religionen sind schon abgestorben, seit man es wagte, den Olymp, den Sitz der Götter, zu kontrollieren.

Andererseits – gerade nach den Einsichten der Sprachphilosophie in die sprachliche Undurchschaubarkeit der Welt – müßte sich die Religion auch gar nicht so sehr vor der Begegnung mit der Welt fürchten. William James sah bereits zu Beginn des 20. Jahrhunderts vielmehr Chancen der gegenseitigen Befruchtung: Die Lehre Darwins ist als wissenschaftliche Theorie in der Tat eine Hypothese und kann die Genesis gar nicht widerlegen. Umgekehrt mangelt der Genesis jedoch dieser hypothetische wissenschaftliche Charakter. Die Religion könnte das auch als Chance begreifen.

In diesem Sinne – unter der Voraussetzung, daß sich auch das religiöse Verständnis einer absoluten Wahrheit des Glaubens wandeln muß – sieht die ungarische Philosophin Agnes Heller, 1929 in Budapest geboren, eine Chance der Ökumene der großen monotheistischen Weltreligionen: „Da keine Religion mehr totale Macht über den Verstand besitzt, muß sich ihre Selbstidentifikation wandeln, sie muß detotalisiert werden." (A[7] 80) Der absolute und totale Wahrheitsanspruch läßt Religionen unvereinbar mit anderen werden. Im Zeitalter der Globalisierung, in der der interreligiöse Dialog dringend geboten scheint und alle Wahrheitsabsolutismen fragwürdig werden, stellt sich eher die Frage nach dem, was die Weltreligionen verbindet. „Man kann vom Neuen Bund sprechen – das

---

[7] Agnes HELLER, Die Auferstehung des jüdischen Jesus (2000), Berlin, Wien 2002 (A)

christliche Dogma verlangt dies –, aber man muß nicht hinzufügen, daß mit dem Abschluß des Neuen Bundes der Alte Bund nichtig geworden sei. So ist also die Detotalisierung der Wahrheit die praktische Bedingung für den Ökumenismus." (A 111) Die Globalisierung, die mit dem Niedergang von Wahrheitsansprüchen einhergeht, birgt also durchaus gerade eine Chance der Ökumene.

Der italienische Philosoph Gianni Vattimo, 1936 in Turin geboren, einer der Vordenker der sogenannten postmodernen Philosophie, die im Anschluß an Nietzsche und Heidegger die Paradigmen der modernen Wissenschaften in Frage stellt, erkennt denn in dieser wissenschaftlichen Lage explizit eine Chance für den Glauben. Das wissenschaftlich-technologische Wissen ist trotz aller Erfolge, aber auch wegen der damit verbundenen Bedrohungen und Mißerfolge schwach geworden, liefert dem Menschen die Welt nicht mehr, wie sie wirklich ist. Ergo: „Heute gibt es keine plausiblen starken philosophischen Gründe mehr dafür, Atheist zu sein oder doch die Religion abzulehnen."[8] Gerade wenn es mit Nietzsche keine letzten Gewißheiten mehr gibt bzw. wenn Gott tot ist, schwächt dies eben auch jene modernen Theorien, die den sozialen, technischen und wissenschaftlichen Fortschritt propagiert haben.

Die Lehre von der Menschwerdung Gottes in Christus, die *kenosis*, interpretiert Vattimo gleichfalls als Abschwächung der starken metaphysischen Glaubensvorstellungen, die die Naturreligionen überlieferten. Wenn Gott dagegen in die Welt kommt, setzt er sich allen Relativitäten, Fragwürdigkeiten und Ungewißheiten der Welt aus. Der Glaube und mit ihm die Lehre vom stabilen Sein sind beide schwach geworden, haben ihre harten metaphysischen Strukturen verloren.

Nun könnte man einerseits einwenden, daß existentialistische Religionsphilosophen wie Kierkegaard oder Jaspers die natürliche Theologie, die glaubt, die Existenz Gottes als Ursache bzw. Schöpfer der Welt beweisen zu können, längst ver-

---

[8] Gianni VATTIMO, Glauben – Philosophieren, Stuttgart 1997, 18f.

abschiedet haben. Andererseits folgern sie die Notwendigkeit Gottes aus der tragischen Situation des Menschen in der Welt: Gott muß existieren, weil der Mensch ihn braucht. Vattimo widerspricht mit dem Theologen Dietrich Bonhoeffer: Das Bedürfnis des Menschen sei ein schlechtes Argument für die Existenz Gottes. Bonhoeffer polemisiert gegen diesen Gott als Lückenbüßer. Vattimo setzt eine religiös wieder bewußt gewordene Philosophie einer traditionellen Theologie entgegen, die sich an metaphysischen Orientierungen labt. Der Prozeß der Schwächungen des starken Denkens entspreche – so Vattimo – dem Wesen des Christentums selbst, nämlich dem Gedanken der Menschwerdung Gottes, der *kenosis*. Denn die Menschwerdung selbst realisiert sich als ein Prozeß der Schwächung.

Im Christentum schwächen sich demgemäß die starken sakralen und transzendenten Strukturen der Religion. Insoweit Gott als eine bestimmte Ursache der Welt dieser eine feste Ordnung verliehen hat, die den Menschen zu bestimmten Lebensformen nötigt, bestimmte Völker oder soziale Gruppen bevorzugt, weicht die christliche *kenosis* diese ausschließenden Strukturen auf. Jesus wendet sich an alle Menschen, ohne jemand ob seiner Herkunft oder ob seines Geschlechtes abzulehnen. Die Marginalisierten werden im Christentum in die Gemeinde der Gläubigen integriert. Gott ist nicht mehr der Herr der Menschen, sondern, so Vattimo, ihr Freund, der die Pluralität ihrer Lebensformen akzeptiert, sie zu Wort kommen läßt, sie anhört. Insofern schließt Vattimo auch dezidiert an die pragmatische Orientierung der Philosophie bei William James an.

Vattimo möchte ein postmodernes Denken, das Nietzsche und Heidegger folgt, als originär christlich fortschreiben. Ja er begreift die postmoderne Philosophie insgesamt wie seine eigene Theorie eines schwachen Denkens[9] sogar als Vollendung des Christentums. Doch abgesehen von derartig hohen An-

---

[9] Gianni VATTIMO, Dialektik, Differenz, schwaches Denken, in: Hans-Martin Schönherr-Mann (Hg.), Ethik des Denkens. Perspektiven von

sprüchen und angesichts von sich beschleunigenden sozialen Individualisierungsprozessen sollte es nicht verwundern, wenn die Religionsphilosophie, die im 20. Jahrhundert eher eine Nebenrolle in der Philosophie spielte, im 21. Jahrhundert wieder eine Hauptrolle übernimmt.

Entscheidend wird dabei sein – das möchte ich im Anschluß an Kierkegaard zumindest annehmen –, inwieweit es den vielfältigen Religionen gelingt, auf die individuellen Situationen der Menschen wirklich einzugehen.[10] Inwieweit gelingt es der Religion, diese individuellen Situationen auszudrücken, den Menschen also eine Stimme zu verleihen? Schwerlich wird es reichen, ihnen dabei bloß eine alte Ordnung wieder überstülpen zu wollen, selbst wenn viele Menschen solche metaphysischen Bedürfnisse weiterhin entwickeln.

Ulrich Beck, Paul Ricœur, Manfred Riedel, Gianni Vattimo, Wolfgang Welsch, München 2000, 79

[10] Hans-Martin SCHÖNHERR-MANN, Das Mosaik des Verstehens. Skizzen zu einer negativen Hermeneutik, München 2001, 40

Anhang

Biographische Eckdaten und wichtigste religionsphilosophische Werke

Sören Kierkegaard
Geb. 5.5.1813 in Kopenhagen; gest. 11.11.1855 in Kopenhagen;
Vater, ein wohlhabender Händler, war tief geprägt durch die
Herrnhuter Brüdergemeine;
Magisterexamen in Theologie; danach freier Schriftsteller

wichtigste religionsphilosophische Schriften:
Furcht und Zittern (1843), Gesammelte Werke, 4. Abteilung,
2. Aufl., Düsseldorf, Köln o.J;
Die Krankheit zum Tode (1849), Gesammelte Werke, 24. u. 25.
Abteilung, Düsseldorf, Köln 1957;
Einübung im Christentum (1850), Gesammelte Werke,
26. Abteilung, Düsseldorf, Köln 1955.

William James
Geb. 11.1.1842 in New York; gest. 26.8.1910 in Chocorua/
New Hampshire;
Vater war calvinistischer Theologe;
lehrte Medizin, Psychologie und Philosophie in Harvard

wichtigste religionsphilosophische Schriften:
The Will to Believe (1897), Essays on Faith and Morals, Cleveland,
New York 1968;
Die Vielfalt religiöser Erfahrungen. Eine Studie über die mensch-
liche Natur (1901/02), Olten, Freiburg im Breisgau 1979;
Der Pragmatismus. Ein neuer Name für alte Denkmethoden
(1907), 2. Aufl., Hamburg 1994.

Friedrich Nietzsche
Geb. 15.10.1844 in Röcken bei Lützen; gest. 25.8.1900 in Weimar;
Vater war evangelischer Pfarrer;
Professor für klassische Philologie in Basel, danach freier Schrift-
steller;

wichtigste religionsphilosophische Schriften:
Also sprach Zarathustra (1882–84), KSA Bd. 4, München, Berlin, New York 1988;
Zur Genealogie der Moral (1887), KSA Bd. 5, München, Berlin, New York 1988;
Der Antichrist (1888), KSA Bd. 6, München, Berlin, New York 1988.

Henri Louis Bergson
Geb. 18.10.1859 in Paris; gest. 4.1.1941 in Paris;
Mutter Engländerin, Vater Pole; die Familie jüdischen Glaubens lebte in der Schweiz;
Professor für Philosophie am Collège de France in Paris;
wichtigste religionsphilosophische Schriften:
Die schöpferische Entwicklung (1907), Jena 1912 (Nobelpreis für Literatur 1927);
Die beiden Quellen der Moral und der Religion (1932), Materie und Gedächtnis und andere Schriften, Frankfurt/M. 1964;
Denken und schöpferisches Werden. Aufsätze und Vorträge (1939), Hamburg 1993.

Alfred North Whitehead
Geb. 15.2.1861 in Ramsgate (England), gest. 30.12.1947 in Cambridge (Mass., USA);
Vater war anglikanischer Pastor;
lehrte angewandte Mathematik in Cambridge und London, Philosophie in Harvard;
wichtigste religionsphilosophische Schriften:
Wie entsteht Religion? (1926), Frankfurt/M. 1985;
Prozeß und Realität. Entwurf einer Kosmologie (1927/28), Frankfurt/M. 1984;
Immortality (1941) – Essays in Science and Philosophy (1948), New York 1968.

Max Weber
Geb. 21.4.1864 in Erfurt; gest. 14.6.1920 in München;
bürgerlich-protestantischer Herkunft;
lehrte Geschichte, Nationalökonomie und Soziologie in Freiburg, Heidelberg und München;

wichtigste religionsphilosophische Schriften:
Die protestantische Ethik I (1904), 5. Aufl., Gütersloh 1979;
Gesammelte Aufsätze zur Religionssoziologie, I–III (1920), 4.
Aufl., Tübingen 1947.

Karl Jaspers
Geb. 23.2.1883 in Oldenburg; gest. 26.2.1969 in Basel;
Vater begüterter Bankdirektor protestantischer Herkunft;
Bedrohung und Verfolgung durch die Nationalsozialisten, da er
mit einer Jüdin verheiratet war;
Arzt, habilitiert in Psychologie, Professor für Philosophie in Heidelberg und Basel;

wichtigste religionsphilosophische Schriften:
Vernunft und Existenz. Fünf Vorlesungen (1935), München 1960;
Der philosophische Glaube (1948), München 1954;
Der philosophische Glaube angesichts der Offenbarung,
München 1962.

Ludwig Wittgenstein
Geb. 24.4.1889 in Wien; gest. 29.4.1951 in Cambridge;
Vater war einer der reichsten Industriellen in der Monarchie; Familie war jüdischer Herkunft und zum Katholizismus konvertiert;
Volksschullehrer, Professor für Philosophie in Cambridge;

wichtigste religionsphilosophische Schriften:
Tagebücher 1914–1916, Schriften Bd. 1, Frankfurt/M. 1960;
Vorlesungen und Gespräche über Ästhetik, Psychologie und Religion (1938), Göttingen 1968;
Vermischte Bemerkungen (1947), Frankfurt/M. 1977.

Martin Heidegger
Geb. 26.9.1889 in Meßkirch; gest. 26.5.1976 in Freiburg i. Br.;
Herkunft aus einer einfachen, katholischen Familie;
Professor für Philosophie in Marburg und Freiburg;

wichtigste religionsphilosophische Schriften:
Beiträge zur Philosophie (Vom Ereignis) (1938), Frankfurt/M.
1989;
Die onto-theo-logische Verfassung der Metaphysik, in: Identität
und Differenz, Stuttgart 1957.

Gabriel Marcel
Geb. 7.12.1889 in Paris; gest. 8.10.1973 in Paris;
er entstammte einer aufgeklärten jüdischen Familie und
konvertierte zum Katholizismus;
Gymnasiallehrer, Verlagslektor, freier Schriftsteller;

wichtigste religionsphilosophische Schriften:
Sein und Haben (1935), 2. Aufl., Paderborn 1968;
Philosophie der Hoffnung (1944), München 1957;
Gegenwart und Unsterblichkeit (1959), Frankfurt/M. 1961.

Eric Voegelin
Geb. 3.1.1901 in Köln; gest. 19.1.1985 in Stanford;
er entstammte einer protestantischen Familie aus eher bürgerlich
bescheidenen Verhältnissen;
er lehrte Staatswissenschaften und Politische Philosophie in
Wien, Baton Rouge (Louisiana) und München;

wichtigste religionsphilosophische Schriften:
Das Volk Gottes. Sektenbewegungen und der Geist der Moderne
(1939–1947/48), München 1994;
Die Neue Wissenschaft der Politik (1951), 4. Aufl., Freiburg,
München 1991;
Der Gottesmord. Zur Genese und Gestalt der modernen politi-
schen Gnosis (1959), München 1999.

Hans Jonas
Geb. 10.5.1903 in Mönchengladbach; gest. 5.2.1993 in New York;
entstammte einer jüdischen Familie;
kämpfte in der englischen Armee und in der jüdischen Selbstverteidigungsorganisation Haganah; lehrte Philosophie in Jerusalem,
Montréal, Ottawa und New York;

wichtigste religionsphilosophische Schriften:
Gnosis. Botschaft des fremden Gottes (1958), Frankfurt/M., Leip-
zig 1999;
Macht und Ohnmacht der Subjektivität. Das Leib-Seele-Problem
im Vorfeld des Prinzips Verantwortung, Frankfurt/M. 1981;
Der Gottesbegriff nach Auschwitz. Eine jüdische Stimme (1984),
Frankfurt/M. 1987.

Emmanuel Lévinas
Geb. 12.1.1912 in Kaunas (Litauen); gest. 25.12.1995 in Paris;
seine Familie jüdischen Glaubens wurde im Holocaust ermordet;
er lehrte Philosophie in Paris;

wichtigste religionsphilosophische Schriften:
Totalität und Unendlichkeit (1961), Freiburg, München 1987;
Ethik und Unendliches (1981), Wien 1992;
Stunde der Nationen. Talmudlektüren (1988), München 1994.

Paul Ricœur
Geb. 27.2.1913 in Valence;
entstammt einer protestantischen Familie;
Professor für Philosophie in Straßburg, Paris und Chicago;

wichtigste religionsphilosophische Schriften:
Die Symbolik des Bösen. Phänomenologie der Schuld II (1960),
Freiburg, München 1971;
Hermeneutik und Strukturalismus. Der Konflikt der Interpreta-
tionen I (1969), München 1973;
Liebe und Gerechtigkeit, Tübingen 1990.